新型城镇化道路理论与实证研究

——基于人本"五维融合"视角

陈志平 著

科学技术文献出版社
SCIENTIFIC AND TECHNICAL DOCUMENTATION PRESS

·北京·

图书在版编目（CIP）数据

新型城镇化道路理论与实证研究：基于人本"五维融合"视角 / 陈志平著. —北京：科学技术文献出版社，2017.11（2018.8重印）
ISBN 978-7-5189-3651-9

Ⅰ.①新⋯　Ⅱ.①陈⋯　Ⅲ.①城市化—研究—中国　Ⅳ.① F299.21

中国版本图书馆 CIP 数据核字（2017）第 289508 号

新型城镇化道路理论与实证研究——基于人本"五维融合"视角

策划编辑：孙江莉　　责任编辑：杨瑞萍　　责任校对：张吲哚　　责任出版：张志平		

出　版　者	科学技术文献出版社	
地　　　址	北京市复兴路15号　　邮编 100038	
编　务　部	(010) 58882938，58882087（传真）	
发　行　部	(010) 58882868，58882870（传真）	
邮　购　部	(010) 58882873	
官 方 网 址	www.stdp.com.cn	
发　行　者	科学技术文献出版社发行　全国各地新华书店经销	
印　刷　者	北京虎彩文化传播有限公司	
版　　　次	2017 年 11 月第 1 版　2018 年 8 月第 2 次印刷	
开　　　本	710×1000　1/16	
字　　　数	287千	
印　　　张	17	
书　　　号	ISBN 978-7-5189-3651-9	
定　　　价	68.00元	

前 言

城镇化事关中国现代化建设全局，是中国现代化的必由之路。

2001 年，诺贝尔经济学奖获得者、前世界银行副行长斯蒂格利茨预言"中国城市化与美国高科技发展将是影响 21 世纪人类发展的两大主题"。中国是世界上人口最多的发展中国家，中国的城镇化发展将对全球经济发展产生极为深远的影响。从国际经验来看，历年世界各国的城镇化率百分点与人均 GDP 对数值的相关系数基本稳定在 0.85 的水平。1978—2015 年，中国城镇化率百分点与人均 GDP 对数值的相关系数为 0.9 左右。可以说，城镇化对中国经济乃至全球经济起着举足轻重的作用。

改革开放以来，中国开启了人类历史上规模最大、速度最快的城镇化进程，仅用 30 年的时间就走完了一些欧美发达国家近百年走完的城镇化道路，使得 6 亿~8 亿人从农村转移到城市，是世界上单个城镇化转移人口最多的国家。由于城镇化的发展受到地理、政治、经济和文化等多种因素的影响，以及受制度、经济、社会和工业化阶段的制约，城镇化质量有待提高。采取有效有力的措施，对提高城镇化质量具有重要和突出的现实意义。

2012 年，党的十八大明确表明："坚持走中国特色新型工业化、信息化、城镇化、农业现代化道路，促进工业化、信息化、城镇化、农业现代化同步发展。"《国家新型城镇化规划（2014—2020 年）》指出，"四化同步，统筹城乡。推动信息化和工业化深度融合、工业化和城镇化良性互动、城镇化和农业现代化相互协调，促进城镇发展与产业支撑、就业转移和人口集聚相统一，促进城乡要素平等交换和公共资源均衡配置，形成以工促农、以城带乡、工农互惠、城乡一体的新型工农、城乡关系。"2015 年 4 月 25 日通过的《中共中央、国务院关于加快推进生态文明建设的意见》，明确提出"协同推进新型工业化、城镇化、信息化、农业现代化和绿色化。"党中央关于推进新型城镇化的新思想、新观点、新部署，要求新型城镇化建设走出一条不同于以往城镇化的建设之路。

《新型城镇化道路理论与实证研究》以中央关于推进新型城镇化的新思想、新观点、新部署为指导，以中国城镇化为研究对象，以人本"五维融合"为视角，充分结合国内外成功案例，围绕"是什么""为什么""怎么样""怎么办"这一研究思路，多角度探索适合中国国情的新型城镇化"五维融合"建设之路，以期对新型城镇化战略的顺利推进有所帮助。

本书注重学理支撑。在分析新型城镇化的人本逻辑、人本内涵、人本要求的基础上，进一步探寻"城产融合""城乡融合""城数融合""城绿融合""城人融合"的理论依据，以期研究成果能拓展马克思主义经济学的时代维度，推进充分体现中国特色、中国风格、中国气派的经济学科建设，不断完善中国特色社会主义政治经济学理论体系。

本书注重问题导向。在分析新型城镇化进程中"城产融合""城乡融合""城数融合""城绿融合""城人融合"的"五维融合"现状描述的基础上，进一步分析问题及原因所在，并有针对性地提出了相应的具有一定可操作性的政策建议。

本书注重实证分析。规范分析与实证分析都是科学研究中被广泛应用的方法，一般来说，前者侧重于对研究对象的理性判断，后者倾向于对研究对象的客观描述。本书既运用规范分析方法，对目前中国城镇化"五维融合"进程中存在的相关问题进行了理性分析，又以人本城镇化建设的国内外案例及湖南实践为样本，对新型城镇化的"五维融合"发展做进一步的实证研究。

作者

2017 年 9 月于长沙

目 录 CONTENTS

第一章 绪 论

一、研究背景

城镇化，是人口向城市地区集中和农村地区转变为城市地区的过程，是工业革命的伴生现象。由于经济社会发展水平、区位特点、资源禀赋和环境基础的不同，各国城镇化的速度、特点与动力机制等存在显著差异。城镇化程度也是一个国家经济发达程度，特别是工业化水平高低的一个重要标志。中国城镇化水平已经从 1978 年的 17.9% 发展到 2015 年的 56.1%，目前正处于快速发展中。

从时间上来看，英国和欧盟的城镇化基本上用了 200 年的时间完成；美国的城镇化用了 100 年的时间完成；紧接着是拉美和其他发展中国家，其城镇化的时间更短。而中国的城镇化时间预计比美国更短，从现在算起来可能有 30 年的时间就可以完成。中国的城镇化，使得 6 亿~8 亿人从农村转移到城市，是世界上单个城镇化转移人口最多的国家。

既有的全球现代化国家的发展经验表明，没有充分的城镇化和工业化，就不会有一个国家的现代化。城镇化之路已经成为并将继续成为中国确定性的变革方向。改革开放以来，伴随着工业化进程加速，中国城镇化经历了一个起点低、速度快的发展过程。"十二五"时期，中国城镇常住人口从 1.7 亿人增加到 7.3 亿人，城镇化率从 17.9% 提升到 56.1%，年均提高 1.02 个百分点；城市数量从 193 个增加到 658 个，建制镇数量从 2173 个增加到 20 113 个。京津冀、长江三角洲、珠江三角洲三大城市群，以 2.8% 的国土面积集聚了 18% 的人口，创造了 36% 的国内生产总值，成为带动中国经济快速增长和参与国际经济合作与竞争的主要平台。城市水、电、路、气、信息网络等基础设施显著改善，教育、医疗、文化体育、社会保障等公共服务水平明显提高，人均住宅、公园绿地面积大幅增加。城镇化的快速推进，吸纳了大量农村劳动力转移就业，提高了城乡生产要素配置效率，推动了国民经济持续快速发展，带来了社会结构深刻变革，促进了城乡居民生活水平全面提升，取得的成就举世瞩目。

在中国城镇化取得巨大成就的同时，我们也清醒地认识到，前进道路中还面临着诸多困难和挑战，主要有以下四个方面：

第一，城镇化发展可持续性的挑战。土地、水、能源等是城市发展的重要物质基础，而中国人均资源和能源都相对匮乏。同时，城镇化的低密度化倾向比较严重，城镇空间增长快于城镇人口增长。城镇化进程中占用国土空间过多，耕地减少过多、过快，不仅威胁到国家粮食安全，也威胁到国家生态环境安全。

第二，城镇化空间布局的挑战。中国城镇化水平呈现明显的东高西低特征，东部一些地区人口资源矛盾加剧，中西部许多地区的潜力还没有得到充分发挥。城市群数量不足与质量不高并存，中小城市潜力还没有得到充分发挥，小城镇数量多、规模偏小，集聚产业和人口能力有限。城镇空间分布和规模结构不合理，导致人口大规模流动、资源大跨度调运，既增加了社会成本，也加剧了人口资源环境间的矛盾。

第三，城市公共服务供给能力的挑战。由于城市教育、医疗、社会保障、保障性住房等公共服务供给能力薄弱，大量进入城市的农民工并没有感受到与城市居民平等的公共服务。大量在城市工作半年以上的农民工及其家属，他们已经成为产业工人的主体，却不能完全融入城市生活，处于"半市民化"状态，长此下去，容易引发社会矛盾。

第四，城市治理能力的挑战。随着人口向城市快速集中，城市配套设施建设与管理服务水平却难以适应，未能同步提升。近年来，一些城市出现交通拥堵、住房紧张、环境污染、事故灾害等问题，对城市治理能力形成新的挑战。同时，从规划、建设和运营等环节创新城市基础设施管理模式，也对城市管理提出新的要求。

面对这些新情况、新问题，我们对中国未来城镇化的总体判断是中国城镇化已进入质量与速度并重发展的新阶段，其基本态势如下。

城镇化仍将处于较快发展阶段。按照城镇化发展规律，城镇化率在30%~70%的区间是快速发展阶段，目前中国仍处于这个阶段。城镇化持续快速发展将推动中国经济持续快速增长，而伴随经济持续快速增长，城镇化进程也将不断向前深入发展，特别是扩大内需战略和区域发展战略的深入推进，将会进一步激发城镇化内在潜力，增强城镇化发展动力。

　　城镇化发展模式亟待转型。中国城镇化率已经突破 50%，这是城乡社会结构发生历史性转折的重大标志。同时城镇化发展的外部条件和内在动力正在发生深刻变化，传统速度型城镇化发展模式越来越难以为继。随着农民生活水平的提高，主要依靠农村廉价剩余劳动力供给推动城镇化快速发展的模式越来越难以持续；随着资源环境约束日益加剧，主要依靠消耗大量土地资源推动城镇化快速发展的模式越来越难以持续；随着公共服务供求矛盾日益凸显，主要依靠低成本公共服务推动城镇化快速发展的模式也越来越难以持续。城镇化发展由速度扩张向质量提升转型势在必行。

　　城镇化转型发展条件日趋成熟。中国城镇经济实力、基础设施和服务功能不断增强，城镇从外延扩张转向品质提升的物质基础已经具备。基本公共服务制度不断健全，农村转移人口市民化面对的社会福利阻力正在逐步弱化。基础设施，特别是交通设施网络不断完善，城镇化布局和形态优化的基础条件日臻完备。同时，近年来，中国在一些地方开展统筹城乡综合配套改革试点，为破除城镇化发展的制度障碍积累了丰富的经验。

　　在当下中国经济结构调整、转型升级的战略背景下，城镇化发展战略或将成为中国未来 10 年乃至更长时间内的国家核心战略。党的十八大明确指出："坚持走中国特色新型工业化、信息化、城镇化、农业现代化道路，促进工业化、信息化、城镇化、农业现代化同步发展。"2014 年，国务院出台专门的战略安排《国家新型城镇化规划（2014—2020 年）》，为推进中国城镇化的快速发展、中国经济的持续增长提供了不小动力。

　　城镇化趋势不可阻挡，城镇化发展机遇与挑战并存，新型城镇化是良性发展的必然选择。在中国，新型城镇化从概念的提出，到迅速发展并持续升温，还只是最近几年的事情。然而，由于新型城镇化道路发展本身涉及的经济、社会和城市发展水平等问题的复杂性和阶段性，新型城镇化的发展呈现许多盲目性和不确定性，对新型城镇化发展过程中出现的问题进行研究就尤为重要。

　　未来城镇化研究将转为如何在这个转型时期建立新的"城产""城乡""城绿""城数""城人"互动关系，真正实现协调发展的局面，提升城镇化质量。本书从人本角度探索新型城镇化的多维融合，将对中国新型城镇化发展具有一定的借鉴意义。

二、研究综述

实现城镇化是中国现代化建设的重要目标。中国城镇化发展存在很多的问题，要解决问题就需要一些理论成果做支撑。学者们围绕这一议题展开了分析研究，并且取得了相当多的理论成果。

（一）中国城镇化发展现状研究

中国城镇化现阶段处于快速发展时期，城镇化取得了一定的成果，但是在发展的过程中，中国城镇化还存在着中国特色和特征。学者们对其进行了详细的研究。

部分学者是从区域的角度对城镇化发展现状进行研究。例如，有学者对中国四大区域城镇化发展现状进行了比较，或者分析某两个区域的发展差异，或者对某个区域内的一些省（市、自治区）的城镇化现状进行了详细的分析，也有研究只聚焦于某一省份城镇化发展现状。尽管不同的学者从不同的角度对城镇化现状进行分析，但是得出的结论却是非常相似的。中国东部地区城镇化领先，中部地区居中，西部地区较低，东西部地区城镇化的发展还存在很大差距，中部地区城镇化发展虽然居中，但是与东部地区相比也存在很大的差距，甚至省（市、自治区）域之间差异也较为悬殊。

部分学者通过比较法对城镇化发展现状进行研究。例如，有学者对中国不同地区，各省（市、自治区）域城镇化水平、工业化水平和非农化水平进行了比较，或者对中国和国际的城镇化率进行比较研究，还有的研究是通过分析城市的人口密度和经济密度的变化趋势并与国际进行比较。不管是国内比较还是国际比较都可以得出以下结论：中国的城镇化滞后于工业化、非农化，工业化明显超前于城镇化，并且中国城镇化的发展方式较为粗放。

部分学者是对城镇化发展的指标与不同的领域进行研究。有的学者运用中国的人均 GDP、农村居民的恩格尔系数、九年义务教育的普及率、每位医生服务的人口数和农民人均纯收入等指标数据对城镇化发展现状进行了分析，研究表明，这些指标与城镇化建设所要达到的目标还有相当的距离。也有学者对城镇化发展过程中土地配置的主要特征进行研究，或者对城镇化的融资现状进行分析。尽管学者们研究的领域不同，但是，可以得出一个共同的结论：中国的城镇化发展速度快，但在很多领域中城镇化发展仍存在很多问题。

（二）中国城镇化存在的问题研究

随着经济的快速发展，中国的城镇化发展取得了很大的进步，但是不可否认，快速发展的过程中还存在很多问题。学者们对这些问题进行了全面深入的研究。

部分学者从多个角度进行了探究。例如，马凯认为中国城镇化发展过程中出现了一些必须高度重视和着力解决的问题：城镇化发展水平总体滞后；城镇发展方式粗放；城镇空间分布规模及结构不尽合理；城镇化发展的产业支持、支撑不强；城镇化过程中城乡矛盾突出；城镇化发展的体制机制障碍亟待破除。王建志等认为中国城镇化发展存在如下问题：城镇建设政策替代城镇化政策；城镇化滞后于工业化；缺乏区际城镇化的协调政策；城乡分割的政策壁垒严重；城镇的经济聚集和辐射功能不突出；城镇化进程中忽视与社会的协调发展；城镇的生态环保功能脆弱。沈和认为当前中国城镇化发展存在的矛盾和问题表现在以下五个方面：城镇发展体系有待优化；农民市民化存在制度障碍；城镇化发展方式不够集约；城镇综合管理能力不强；投融资体制机制不活。王宝民等认为中国城镇化发展进程中存在的制度性障碍，包括城乡分割的户籍制度；城乡差异明显的土地使用制度；城乡不平等的社会保障福利制度。

还有部分学者从单一角度进行分析，学者们主要是从城镇化发展过程中户籍制度问题、土地问题、"三农"问题、环境问题等方面对中国城镇化存在的问题进行详细的研究。

（三）中国城镇化发展道路研究

"小城镇为主、大中城市为辅"的城镇化道路。一些学者认为，根据中国的具体国情，中国应大力发展小城镇，走"以小城镇为主、大中城市为辅"的城镇化道路。

中等城市为重点的城镇化发展道路。有学者认为，中国城镇化应以发展中等城市为重点，发挥中心城市的作用，因为中等城市兼有大小城市的优点而少有两者的不足，中等城市在城镇体系中具有独特作用、发展潜力和良好效益。

大城市为重点的城镇化发展道路。有学者认为，人口向城市集中，尤其是向大城市集中，是社会经济发展的共同规律，中国也不能例外。大城市发展起来就可以带动中小城市和小城镇的发展。中国城镇化应该走大城市扩容、以发展大城市为主的道路。

均衡发展道路。有学者认为，中国的城镇化建立以大城市为主导，以中等城市为骨干，以各类小城镇为基础的多层次、多功能的网络系统。

多元模式发展道路。有学者认为，中国地域辽阔，各地发展现状不同，不能采用单一的发展模式，而应从实际出发，因地制宜向多元化目标逐步推进。

都市圈化发展道路。都市圈化是一种新型的中国城镇化战略，它是世界城市化趋势在中国合乎逻辑的结果，契合中国"人多地少、资源短缺"的国情，适应可持续城市化发展的要求。

（四） 中国城镇化发展路径研究

学者们从不同的视角对城镇化发展路径进行了详细深入的探究。部分学者从宏观角度对发展路径进行研究，认为中国城镇化的发展要与新"四化"同步，要完善市场机制，要注重制度环境建设。部分学者从政策的建立与改革方面对发展路径进行了研究，认为良好的政策实施机制是促进城镇化健康发展的健全的公共政策体系必不可少的，要创新户籍和人口管理政策；改革土地流转和征用制度；建立城乡平等的就业政策；完善社会保障体系；建立公正的政策执行机制。

（五） 新型城镇化理论研究

近年来，学者们在继续研究新型城镇化的理论内涵、本质特征、建设意义的基础上，重点围绕以下几个问题展开讨论。

质量和效益仍然占据首位。近年来，中国新型城镇化发展的速度越来越快，在追求速度的同时，我们也要牢牢把握发展的质量和效益。部分学者认为，中国城镇化的概念被片面地理解为追求做大做强，忽视了能源利用问题，推进城镇化的粗放型经济。显然，我们过去追求"土地城镇化""规模城镇化"等空间扩张和经济粗放增长的发展速度，严重制约了城镇化的可持续发展，尤其明显的现象是造成近年来大量"城市病"等问题的出现。我们知道，没有城镇化的可持续发展，就不能有真正现代化的中国，所以发展新型城镇化要从过去的重速度到重质量和效率的转变，正确处理资源、环境和经济之间的关系，进一步推进人口城镇化，促进城乡一体化发展，走真正适合中国国情的高质量、高效率的发展之路。

内容和形式同样追求创新。中国的新型城镇化道路是一条在传统城镇化基础上的创新之路，但在这一过程中，我们既要追求内容上的创新，也要追求形式上的创新。在具体内容上，部分学者认为，我们要结合本国的实际国情，树立资源节约型的城镇化新思路，把节约理念贯穿于城市发展的各个领域，通过采取一系列措施，走出一条兼顾质量和效益的城市健康发展之路。在形式上，我们要根据地理环境的特点，使城市向生态型发展，努力完善与构建城市生态安全格局的新局面，避免由于盲目扩大城市规模而造成土地失控、环境破坏等现象的发生。在推进城镇化新思路的过程中，我们要因地制宜，构建城市低碳经济，同时，也要能体现地方特色。

遵循自身发展规律搞建设。充分认识和了解中国城镇化发展的自身规律有助于我们更好地探寻城镇化之路。一些学者指出，我们应该充分认识城市发展的有限承载力与城市空间定向扩展之间的规律，包括土地、水、能源和环境等在内的各种资源，既是城市发展的基础，也是城市可持续发展的依托和城市未来发展方向的重要因素，因此，在新型城镇化道路推进的过程中，只有充分考虑资源与环境的承载能力，才能保持可持续发展，才能走健康发展之路。

拓展新型城镇化外延研究。一些学者对于新型城镇化的外延方面，尤其是在新型城镇化的背景下老年人口的赡养问题、农民工子女的教育问题、公共文化服务和基础设施建设问题等方面很少进行详细的研究和比较。

（六）中国城镇化问题研究存在的问题及研究趋势

学者们对城镇化的研究，结合本书上述的分析，可以看出，已有研究对城镇化的发展现状、存在的问题与影响因素、发展模式和发展路径等问题进行了比较广泛和深入的研究，这些问题对中国城镇化的不断发展提供了有益的指导和借鉴，也为理论界进一步开展该课题的研究提供了基础和方向。但是，已有的研究是否能真正解决城镇化的实际问题，是否能为国家城镇化发展提供有用的政策建议，这些问题值得思考。已有的研究仍存在以下几个方面的不足：在研究视角方面，学者对城镇化的研究多从宏观方面展开，缺乏对微观具体问题的研究；在研究方法方面，更多的是理论研究，缺少实践研究；在研究内容方面，学者们大多只针对热点问题，却忽视了一些更应该去关注，更需要去关注的问题，如关于城镇化发展中的"三农"、土地、户籍、生态环境问题等。

针对已有研究存在的不足，未来关于城镇化这一议题的研究应更加关注实际问题，更加注重理论联系实践，更加关注热点以外的问题。

三、研究意义

（一）理论意义

首先，本书为分析城镇化问题提供一种新的理论研究范式。本书运用辩证唯物主义和历史唯物主义分析现实重大问题，为中国新型城镇化实践提供指导。本书从人本角度对新型城镇的融合发展展开深入探讨，明显有别于以往其他学科的分析视角，也与学术界不同，是从理论角度来重新审视新型城镇化发展的现状和前景。

其次，研究新型城镇化理论可传承和发展马克思主义中国化理论研究。马克思主义中国化理论是关于当前社会经济重大难题的研究，而新型城镇化理论具有鲜明的时代性、系统性和复杂性，内容涉及各个学科领域，也是针对当前亟须解决的经济社会任务。由此可知，两者的任务目标是一致的，新型城镇化理论的研究一定程度上是对马克思主义中国化理论的深化和创新。

最后，可以加大和加深新型城镇化理论研究的力度和深度。来自不同学科的国内外专家学者们大多从实践视角揭示了城镇化发展的规律，虽然对中国城镇化建设具有一定的指导意义，但是，针对中国新型城镇化理论研究，还有待深入挖掘。研究新型城镇化理论是对以往城镇化理论的继承和发展，也是对城镇化发展规律的深入探索，可以进一步丰富城镇化理论。

（二）现实意义

城镇化的快速发展已成为当今世界不可阻挡的历史潮流。中国用 30 多年走完了西方国家 150 年甚至 200 年的城镇化历程，城镇化率从 1978 年的 17.9% 提高到 2015 年的 56.1%。城镇化快速发展的同时也出现了社会经济一些紧迫难题，引起党中央和全国人民的高度重视。因而深入开展新型城镇化理论研究有以下现实意义。

一方面，新型城镇化理论研究可以为新型城镇化长远发展提供理论支撑。新型城镇化在发展理念和发展模式上挣脱传统城镇化的束缚和西方城市化的窠臼，从以物为本升华到以人为本的境界，二元结构发展转变为一体化协调持续发展。研究新型城镇化理论不只是对世界城市化发展规律的新认知，更是对中国城镇化发展规律的深刻把握，为城镇化发展提供理论指导。

另一方面，研究新型城镇化理论有助于全国人民增强对党领导下的中国特色社会主义道路的自信。中国特色社会主义道路是包含经济建设、政治建设、文化建设、社会建设和生态文明建设在内的"五位一体"的统一格局。新型城镇化理论是坚持以人为本的城镇化，也是关于城乡经济转型和城乡社会协调发展的理论指导。加大对新型城镇化理论的研究力度，不仅可以加深对新型城镇化道路的认识，也可以为中国城镇化发展指明方向，可以更加坚定全国人民对党领导的中国特色社会主义道路的信心。

同时，当前研究人本城镇化还有着特殊意义。新时期推进新型城镇化的战略价值有：一是有利于推动调结构促转型的实现；二是有利于拉动经济增长。

四、研究内容

全书正文分为 10 章，具体如下。

第一章，绪论。主要阐述本书的研究背景、研究综述、研究的理论意义和现实意义、研究的主要内容，在宏观层面阐述为什么要推进新型城镇化，以及中国新型城镇化发展的现状和前景。

第二章，城镇化理论和实践的历史考察。在梳理国内外城镇化发展的历史脉络和现状问题的基础上，提出了总论点，即建设城镇化的重点和本质是坚持以人为核心或以人为本的新型城镇化道路。同时，结合中国城镇化发展实践，总结国内外城镇化发展的经验与得失，从中汲取经验与启示。

第三章，新型城镇化的人本机理。从新型城镇化的人本内涵出发，阐述新型城镇化的人本理论基础，分析新型城镇化的人本取向，提出新型城镇化的人本要求，即"城产融合""城乡融合""城数融合""城绿融合""城人融合"的"五维融合"。

第四章，人本城镇化的"城产融合"。"城产融合"是人本城镇化的立足点。本章深入阐述"城产融合"的理论依据，分析"城产融合"的内在机理，并结合中国现阶段实际，分析现阶段中国城镇化发展过程中"城产融合"的发展困境，进而提出推进"城产融合"的具体路径。

第五章，人本城镇化的"城乡融合"。"城乡融合"是人本城镇化的基础。本章着重阐述新型城镇化建设中"城乡融合"的理论依据，分析现阶段中国"城乡融合"的科学内涵，并从内涵要求出发，进一步分析"城乡融合"存在的问题与成因，进而从体制机制角度，提出深入推进"城乡融合"的对策措施。

第六章，人本城镇化的"城数融合"。信息化，特别是大数据是人本城镇化的新动力。本章主要阐述新型城镇化建设中"城数融合"的理论依据，探讨大数据在"城数融合"中的功能及运用，分析现阶段中国"城数融合"的成效及不足，并结合实际，提出化解当前"城数融合"发展困境的对策建议。

第七章，人本城镇化的"城绿融合"。"城绿融合"是人本城镇化的底色所在，本章主要阐述新型城镇化建设中"城绿融合"的理论依据，探讨现阶段中国"城绿融合"的现状，并结合实际，提出推进"城绿融合"发展的因应之策。

第八章，人本城镇化的"城人融合"。"城人融合"是人本城镇化的目的所在，本章主要阐述新型城镇化建设中"城人融合"的理论基础，探讨现阶段中国"城人融合"的现实难题，并结合实际，提出推进"城人融合"发展的政策建议。

第九章，人本城镇化的建设实例。本章选取国内外有代表性的城镇化案例，详细地对其城镇化建设进行分析研究，以期为中国深入推进新型城镇化实践起到直接的借鉴意义。

第十章，人本城镇化的湖南实践。本章立足湖南实际，以湖南新型城镇化建设实践为样本，总结湖南新型城镇化建设"五维融合"的发展成效，分析湖南新型城镇化建设面临的"五难并存"系统难题，提出推进湖南新型城镇化建设"五管齐下"的具体路径。

第二章 城镇化理论和
实践的历史考察

城镇化或城市化是古典社会学的重要研究命题。

特殊的历史背景、庞大的人口规模、等级化的行政管理体制，以及渐进式的城镇化历程等因素，决定了中国要走具有中国特色的城镇化道路。新中国成立后，经过 60 多年的风雨兼程，中国的城镇化已取得了辉煌的成就，但也存在一系列亟待解决的深层次问题。面对后金融危机和互联网交融的时代背景，重物轻人、高代价、粗放型的传统城镇化模式已难以为继。2012年，党的十八大提出把城镇化战略作为新时期拉动经济增长的新引擎，在新时期必须立足于中国人口规模众多、资源短缺、环境压力大等基本国情，以全新视角、全新思路谋划一条区别于西方国家的、具有中国特色的新型城镇化道路。

一、国内外城镇化理论的历史回顾

（一）城镇化理论概述

1. 城市化与城镇化概念解析

城市化也称城镇化，是当今世界上重要的社会、经济现象之一。是城市化还是城镇化？在国际上，西方国家更多采用城市化概念，而中国称之为城镇化，主要基于城市与城镇、城市化与城镇化基本概念的产生阶段和中国特殊的国情、发展动力及历史背景等差异。

1867 年，西班牙工程师塞达在《城市化基本理论》中首先使用了Urbanization一词。20 世纪 50 年代，随着世界范围内城市化进程加快，Urbanization一词开始风行于世。20 世纪 80 年代初，中国学者在研究城市化问题之初多把 Urbanization 翻译成 City 和 Town，对应汉语就是城市和镇，将Urbanization 一词翻译为城镇化更为妥当。在中国，镇和市都属于都市型居民点，因此，"城市化"和"城镇化"两者完全同义。

由于对城市和城镇概念的混淆，所以出现了"城市化"和"城镇化"两种译法，其实在英文中都是一个词（Urbanization）。在日本和中国的台湾又将其译成"都市化"。如果大家对城市和城镇的含义认识比较一致，即广义的城市和狭义的城镇是相同的，那么，对城市化和城镇化就不会产生歧义。中国城市与区域规划学界和地理学界于1982年在南京召开的"中国城镇化道路问题学术讨论会"上，明确指出，城市化与城镇化为同义词，并建议以"城市化"替代"城镇化"，以避免误解。

2001年，中国公布的《国民经济和社会发展第十个五年计划纲要》中首次提出："要不失时机地实施城镇化战略。"在党的十六大上，"城镇化"被正式确定下来，并作为中国经济发展的大战略出现在中国各种场合。目前户籍制度改革进展较快，虽然中央没有明文规定，但许多地方的城市化政策趋向于就地城镇化，即在乡村所在地进行城镇化建设，以避免人口过度集中。显然，这种做法，与国外广义的城市化有显著区别，城镇化一词到处流传是有现实意义的。

进入21世纪之后，"城镇化"的提法越来越受到广大学者的青睐，其原因大致有以下几点。

第一，与党和国家公布的正式文件的提法相一致。学者们对城镇化的研究成果多是针对政策方针的建议。所以，多数学者采用"城镇化"的提法，是为了与官方称呼相统一。

第二，更符合中国的实际。中国自古城镇的概念就包括城市和城镇，近代以来形成的"市"和"镇"五个层面的行政建制。其中县级市及以上，包括直辖市、省会城市、地级市、县级市四个层面，在中国一般称为"城市"。而建制镇一般要求镇区常住人口在2500人以上，非农业人口比例达到70%以上。不过，如广东东莞的长安镇、虎门镇等建制镇人口规模虽然超过百万人，却依然还是建制镇。因此，中国城市等级的人口标准只是必要前提，关键还是要得到国家的行政批准。相对而言，西方国家关于城市的划分标准则宽松得多，在美国只要人口规模达到3000人，就可以得到城市的认可。丹麦、瑞典、挪威为200人，法国、德国为2000人，英国为3000人，奥地利、瑞士为5000人，意大利、西班牙等为10 000人，同属欧洲国家最高与最低相差50倍。

国务院2014年10月发布的《国务院关于调整城市规模划分标准的通

知》（国发〔2014〕51 号）将城市划分为五类七档，其中城区常住人口在50 万以下的都属于小城市的范畴，小城市之下还有近 2 万个建制镇，这个数量相当庞大，且在国民经济体系中占有非常重要的地位。因此，单纯用"城市"是无法概括像镇这样处于低等级的经济实体。广义的城镇则不仅包括设市城市和建制镇，还可外延到乡间小集镇（不是建制镇）。这相对而言更符合中国的实际情况。

第三，在中国目前的现代化进程中，农业仍然是中国最基础的产业，农村人口数量仍然庞大，"三农"问题仍然突出。而且，在中国的城镇化进程中，城乡之间人口、资本等要素的流动和城乡之间关系的改善始终是重中之重。小城镇为中国的城镇化进程做出了巨大贡献，其地位无可取代。

第四，中国学者大都怀揣一种"乡土情结"。无论是在学术文章还是在文学作品中，学者们都喜欢将目光聚集在中国经济发展的基层——农村。例如，著名学者费孝通的《乡土中国》观念影响了一大批学者。尤其是在"城镇化"的发展道路被纳入国家发展战略之后，学者们的"乡土情结"也得以"官方化"地抒发出来。

城市化和城镇化这两种表述在今后相当长的一段时间内会并存下去。"城市化"容易被与城市有关的规划、建设、管理和科研部门接受，并可以较好地体现社会发展的前进方向。"城镇化"则与城镇人口增长和城镇体系发展直接联系，且有助于防止忽视发展小城镇的倾向。因此，我们在理解这两个概念的时候，不能把"城市化"片面理解为主要发展现有大中城市，也不能把"城镇化"片面理解为重点发展小城镇，这都是对"城市化"或"城镇化"本意的扭曲。

事实上，城市化和城镇化没有本质上的不同。西方国家的城市化因工业化而兴起，城市化与工业化相伴而行。第一次和第二次的城市化都是依靠工业化驱动发展的。中国的城镇化并不是直接由工业化过渡而来，而是非农化的过程，其最重要的特征是伴随着农村人口不断转移到城市，农业种植的职业身份不断向非农业产业身份转变，相伴而生的是大、中、小城市不断扩张的演进过程，可以说是走了一条先农村改革、后城市发展的渐进式发展道路。从这个意义上讲，中国之所以叫"城镇化"而不叫"城市化"是基于特殊发展阶段的基本国情，不同的动力机制与发展背景等因素。其中一个重要原因是中国幅员辽阔、人口众多、情况复杂、资源相对短缺的特殊国情。目前中国仍然有近 6.2 亿农业人口，是传统的农业大国，未来农业转移的压力很大，且至今"三农"问题仍相当突出，13亿中国人要实现现代化，重点是要实现以县域为中心的城镇化发展。另外，从基本国情出发，中国要完成城镇化需要工业化，不可避免会出现二氧化碳排放过量的问题。过去西方国家在城市化进程中也排放了大量的二氧化碳，到了中国城镇化阶段却遇到非常严格的环保和低碳排放要求。同时，中国需要保障国家粮食安全、推进农业现代化，还需要有"镇"作为依托，发挥中介作用，决不能忽视小城镇的特殊作用。因此，从某种程度上讲"城镇化"更加适合中国的实际，更加具有中国特色。

2. 城镇化的基本内涵

城镇化的定义也有不同的提法。在城镇化各种各样的定义中，有一种较为普遍的提法是：农村人口向城市集中的过程即为城镇化。由于农村人口向城镇集中或迁移的过程包含了社会、人口、空间、经济转换等多方面的内容，加上可以采用比较简单易行、有一定可比性的以城镇地区人口占全地区总人口的百分比这一指标衡量城镇化水平，故这一城镇化定义为人口学、地理学、社会学和经济学界普遍接受。但是，城镇化除了包括农村人口迁移和集中的过程外，是否还包括其他的过程？对此，各个学科做出了不同的解释。

（1）城镇化的核心在化人。人类学研究城镇以社会规范为中心，城镇化意味着人类生活方式的转变过程，即由乡村生活方式转为城镇生活方式。由于社会规范的概念比较抽象，难以度量，所以少量人类学家为使其探讨有实用价值，曾采用文盲率、语言统一率及大众传播普及率作为两种生活方式的度量方法。其意思是，一个社会的教育普及化，即文盲率下降，带来高社会转移性，乡土情感随之相应减少，促使城镇生活方式广泛传播。此种城镇化度量指标是间接的，较少为其他学者所采纳。尽管如此，城镇化包含生活方式转变这一概念逐渐为其他学科所认可。例如，中国城镇中存在大量的从农村来的流动人口，中国城市社会学界特别强调流动人口的"市民化"，认为城镇生活方式若不能扩展到城市的流动人口中，就不是完整意义上的城镇化。

（2）城镇化的基础在化业。经济学认为城镇是人类从事非农业生产活动的中心，没有产业结构的转换，即农业活动向非农业活动的转换，并由此产生的大量新的就业机会，就不会有农村人口大规模地向城市的流动。因此，经济增长，特别是产业结构的变化是城镇化的核心内容。经济学界也重视生产要素流动，即资本流、劳动力流在城镇化过程中的作用，同时也注重从世界经济体系的角度探讨一国一地区的城镇化问题。

（3）城镇化的前提在化地。地理学主要研究地域空间与人类活动之间的关系，研究经济、社会、政治和文化等人文因素在地表上的分布规律及形成的空间结构，其研究具有综合性。地理学除了认识到城镇化过程中的人口与经济的转换与集中外，特别强调城镇化是一个地域空间的变化过程，包括区域范围内城市数量的增加和每一个城市地域的扩大两个方面。美国学者弗里德曼将城市化过程区分为城市化Ⅰ和城市化Ⅱ。前者包括人口和非农业活动在规模不同的城市环境中的地域集中过程、非城市型景观转化为城市型景观的地域推进过程；后者包括城市文化、城市生活方式和价值观在农村的地域扩展过程。因此，城市化Ⅰ是可见的物化了的或实体性的过程，而城市化Ⅱ则是抽象的、精神上的过程。福柯（1986）注意到，在对待时间与空间议题上，哲学认识论存在扭曲现象：时间往往被视为动力、过程、运动、发展、辩证等要素，而空间则被视为固定、死亡、外在于社会环境的要素。如此说来，城镇化实践与理论构成了对本体论空间观的超越。马克思指出，社会整体变迁意义上的进步莫过于城市社会取代农业社会。从表面动态过程考察，城镇化是人口从乡村流入城镇及人口在城镇集中，城镇空间扩大的过程。深层结构呈现的则是城镇体系与农村特征发生了巨大变化，是城镇之间、城镇与农村之间土地利用模式的改变，社会生态的改变、建筑环境的改变和城镇生活的本质变化。毋庸置疑，由于工业化、商业化及科学技术的升级换代，城镇化成为人类社会发展的必然趋势。有关城镇化的研究自然也就成为中外学术界的主要议题。

（二）世界城市化理论发展

1. 以"空间"为核心的城市化理论

有学者从政治、哲学视角将林林总总的城市化理论梳理成三大类：第一类城市化理论遵循自然演化规律，探究城市的自我成长与演化及城市权力的集中过程；第二类城市化理论根源于新自由主义，强调城市的多中心与地方分权；第三类根源于新地方主义理论，这一派学者相信，经济、社会、政治、环境要有利于城市团结，城市的权力结构需要适宜于城市新的社会、经济、空间与全球秩序。也有人从城市化的动力与城市结构变迁视角将城市化理论做了归类，指出人口理论、政治经济理论、城市偏好理论是解释与展望城市化的三条路径，其共同特点是在相关政策中凸显经济、政治、文化、社会与地理价值的重要性，以及因为流动而导致的机会差异，差异的存在与消除构成城市化的可能空间。

由于城市化的核心内容涉及空间变动，因此，空间议题一直是城市化理论的核心。相关理论更是极其丰富，我们大致可以将之分为四类：第一类为区位理论。区位理论强调不同区位空间的生产要素之间交换会产生重要价值，要素在空间上集聚也会产生效益，处于中心区位的空间会因为要素集聚获得挤压性发展优势。区位理论经历了古典区位理论、近代区位理论，再到现代区位理论的发展历程。古典区位理论重视"成本"，冯·杜能的农业区位理论和德国经济学家阿尔弗雷德·韦伯的工业区位理论是其代表；近代区位理论强调"市场"，其代表是奥古斯特·勒施的市场区位理论；现代区位理论则在专注总体经济结构转变的同时也考虑到人及其行为的影响，其关注范围还在拓展。区位理论强调"集聚"思想，认为经济集聚会导致财富增加，人与人之间在工作与生活上的相邻会带来经济利益。集聚会导致劳动分工更多、更细，商品快速增加，劳务与信息的交流机会增多，这又进而激发财富投资住房、设备与基础设施，雇用更多劳动力，转而又引发更大规模集聚，更多的财富又会带来对基础设施与技术的更多投入，继而形成更大规模的城市化，以致投资技术与基础设施逐步演变为城市的基本功能。第二类为结构转换理论。这一理论路径从二元结构分裂与融合视角来分析人口迁移，认为人口迁移会导致城乡融合。刘易斯二元经济结构论认为因为收入差异，农业部门会有大量劳动力涌入到工业部门，人口流动会促使农村收入和城市收入趋向一致，城乡差别慢慢消失，城市化得以完成。摩尔的接纳理论（Reception Theory）注意到城市中的人们活动时选择的路径及其见闻，城市居民与流动人口在城市中通过日常活动、特定仪式等，对建筑环境的经验与共有的意识。英国的哈维和美国的麦纽尔·卡斯泰尔、麦吉等学者认为，城市化的最终目的是实现城乡一体化。克拉克还提出"城市世界"概念，认为整个世界正在变成城市地区。金斯等人于20世纪后期系统分析了中国、印度、巴西、印尼等人口大国的城市化，指出城乡结构的融合趋势。第三类为空间非均衡发展理论。这一理论从区域发展、过程与区域结构变迁展开研究。我们知道，"非均衡"是区域经济学的研究主题，并且已经有比较多的理论。这些理论在"分化"与"均衡"两种不同的方向上发展，分析可能的结局。前者由于"中心区"效应、回流效应、极化效应等作用，经济发展效率会高些，但是，分化、不平衡现象会很突出；后者由于"外围区"效应、扩散效应、涓滴效应的存在，均衡发展的可能性增加，而效率则可能降低。这一流派学者相信，随着发展的推进，二元经济必然会向更高层次的区域经济一体化过渡。因此，非均衡化理论暗含的"美好图景"可能会实现。第四类为协调基础上的有机疏散理论。这一理论将主要精力放置在人与自然的和谐发展与可持续发展方面。代表性理论有：霍华德的田园城市论、恩维（Unwin）的卫星城市论和沙里宁的有机疏散理论等。霍华德指出理想城市应该是"田园城市"，集城市和乡村优点于一身。恩维针对中心大城市内部，人口与工业过于拥挤等问题，提出了卫星城设想，试图通过卫星城市的设置来分散中心城市的人口和工业，解决中心城市过度膨胀问题。我们注意到，"卫星城"从提出到现在已经有了很大的发展，经历了卧城、半独立的卫星城、独立的卫星城（新城）3 个阶段。沙里宁的"有机疏散理论"，基于2 个空间布局原则：集中安排城市居民个人日常生活区域和工作区域，分散安排居民不经常的"偶然活动"场所。城市努力将前者的交通量减到最低，或采用步行；而将偶然活动区域安排在离城市较远的地方，让城市居民使用较高速的交通工具实现迅速往返。沙里宁认为如此安排与配合可以实现城市的协调发展。另外，哈格斯特朗、佩鲁、弗里德曼等也有类似的理论观点。

随着城市化的拓展，城市规划模型（City Planning Model）逐步得到重视。规划的目标在于突破城市发展限制，进而控制城市增长。规划模型利用空间策略激发经济竞争、社会团结与地方凝聚。因此，规划模型在城市化过程中发挥了巨大作用，产生了丰富的成果，相应的子类有：①传统规划模型（Traditional Planning Models）。起源于 20 世纪 50 年代的理性主义思想，控制土地使用是其目标，主要行动者是政治官员与规划师，规划师的角色是专家，使用科学的、理性的与统计的方法，决策程序是中心式的、垂直的、权威的，尽可能采用全球性标准从事城市化建设。②策略规划模型（Strategic Planning Model）。起源于 20 世纪 80 年代的新自由主义思想，强调有效性，主要参与者是政治官员与资本拥有者，规划师的角色是城市化实务的协调者，采用积极的、选择性、策略性及情境性的方法，决策程序为以掌权者的要求为基准，决策内容上体现一些空间特色及在具体事务上的中心特征。③沟通规划模型（Communicative Planning Model）。这一模型发展于 20 世

90 年代的社会运动，其目标是构建共识，参与各方有较均等的权力，规划者的角色仅为谈判、沟通、互动、达成共识，决策程序公开与合作，强调空间特色与社会底层动力。④合作规划模型（Collaborative Planning Model）。在合作规划中不同的利益相关者面对面对话，采取行动，形成行动机制，解决共同面对的问题。合作规划的方案既可以由底层社会（社区）提出，也可以由高层（国家发展要求）提出，这种合作规划模型目前在发达西方国家的城市发展规划中已经占主要地位。⑤生成式规划理论（Generative Planning Theory）。这一理论关注城市增长与管理的从下至上的逻辑，它以社区为基本层面，不让城市建筑物处于零散、无序状态。⑥标准城市理论（Normative Urban Theory）。规划师们逐步相信"良好城市设计"这一思想，认为一些城市在宜居性、安全性、有效性、可持续性及其他一些正向的社会价值方面会"更好"。以这一理论为指导的城市规划与建设往往会有较好的宇宙观，如中国古代建筑就有很丰富的宇宙象征符号，以及由此而表现出的宗教观。神圣往往成为传统皇家城市建筑的基本表达，而现今的建筑符号更多与财富、科技、权力等意蕴关联。20 世纪，迅速发展的技术与交通工具突破了早期诸多对城市规模的生物与物理空间上的限制。我们知道，地理特征（地貌、水资源、空气）对城市发展的制约性很强，而现今人类的技术更新可以改善人们的生活与地球环境，技术上的突破与基础设施的完善又会逐步突破城市既有的限制，形成新的扩散，城市拓展的边界从有形逐步走向无形，如纽约、伦敦、东京等大都市那样。于是，城市的生物物理环境与人类地球的生物物理环境会被整合到一起，那时地球层面的城镇化最终得以完成。因此，由技术快速创新发展而来的城镇化模式或许会成为一种新的霸权模式：技术统治使地球逐步成为无特征的航空器，自然环境的多样性被终止，各个国家的城市逐步演变为无差别的同心圆组成的圆圈。与此相伴随，人们在满意甚至兴奋于技术在城市化过程中实现的一个又一个奇迹的同时，却又不得不因为技术的标准化结局而倍感忧心。

2. 城市化理论转向以"环境、生态与人"为核心

随着城市化推进，环境行为理论（Environment Behavior Theory）逐步得到重视。这一理论集中研究人的行为与他们所建设的环境之间的关系。正如温斯顿·丘吉尔所说，"我们建造建筑物，然后建筑物形塑我们。"环境行为理论依据 3 个问题设定理论方向：①人们的哪些特征会影响建筑环境特征？

②建筑环境又如何影响人？③什么机制才可以将人与建筑环境联系在一起？这一理论使用"持久性""中心""普遍性""规模"与"可见性"5个概念解释环境与行为的关系，并在3个层面展开研究：第一个层面研究有关环境给人们带来的记忆线索，包括建筑场景，城市社会物理环境，可预见的行为、隐私、方便、视觉上的穿透性，甚至城市座椅等方面的安排等内容；第二个层面则提升到建筑沟通理论；第三个层面讨论城市建筑物、城市空间的规范性问题。上述问题与概念的运用还催生了"建筑交流理论"（Architectural Communication Theory）。建筑交流理论关注城市建筑物传达的信息，区分这些信息中包含的有关社会与政治的属性。身份认同、阶层位置、财富、权力和其他一些特质都通过建筑物在城市中得以传播、交流与沟通。"物质化观念（Materialization of Ideology）"凸显建筑物的重要性。有人甚至提出"规模等同于权力"（Scale Equals Power）的思想。

一些学者着重研究建筑物与等级制社会、霸权之间的关系，也有学者注意到民间特色建筑风格所传达的民俗、民间文化传统。除此以外，还有城市形态学（Urban Morphology），这一理论则关注城镇风光（Townscape）这样一个集城市的物理环境、视觉环境等功能于一身的概念。此时的城镇风光主要包含建筑风格、建筑物用途与城市空间。

而从生态学分析，城市化正在将地球的自然环境向城市人为环境转变。城市化似乎正在使地球整体地貌碎片化，人居环境也呈现碎片化隔绝。城镇化还通过削减生物多样性、降解自然生境、更改地貌与水系，引进他国物种、控制洪灾与森林大火、变换能源流动秩序与更改营养物质循环方式等一系列进程，改变自然环境。自然环境正在加速人为化。我们知道，城市生态理论致力于可持续发展，探索自然环境与人文环境变动，寻找解决生态问题的方案。一些学者发现，与杂乱无章的城市相比，生态环境规划良好的城市可以获得更多收益。所以，城市的可持续发展需要良好的自然生态。为此，许多国家尤其是发达国家相继成立生态与环境研究机构。为了凸显生态的重要性，生态学家已经发展出一个被称为"社会生态耦合框架"的工具，以帮助研究者理解城市生态功能为何是一个复杂的、自适应的体系。城市应该被视为人与环境并行的体系，城市化理论需要将自然科学与社会科学并入城市生态理论之中。城市生态比较梯度法（Comparative Gradient Approach）有五大假设：①大城市生态系统的规模、结构与功能可以预示小城市的发展轨迹；②城市成长时间可以解释城市生态结构与功能的差异；③随着时间的推移，城市生态系统的形式与功能会趋于同化；④随着城市人口的增加，城市生态会趋向社会性隔离与生态型碎片化；⑤大城市在处理城市生态时更有创造性。生态梯度理论的优势在于其视野不是只局限于单个城市，而是更关注到不同发展阶段序列中的城市群。不仅意识到城市内部，也关注到城市外部及城市之间及其各部分之间不是彼此分裂的，而是"开放的、嵌入的及相关的"，会形成某种"梯度"，如空气污染的扩散梯度逻辑。

城市化需要依据前述相关维度获取数据做推演，计算出城市化模型与城市化预测框架。近10年来，学者们纷纷运用梯度法解析土地价值、土地用途、社会结构、物种分布、土壤性质、生态系统功能等方面的差异，并进行城市化预测，最近开始围绕城市内部及周边生物有机体的多样性展开研究，以期规划可持续的城市化模式。

大多数人口居住城市正成为现实。联合国预测，到2030年全世界城市人口所占份额会增加到60.0%，2050年会达到66.4%。针对城市人口急剧增加的态势，西方学者较早关注到城市化需要以人为中心。W. L. 托马斯和F. 兹纳涅茨基在对身处欧美的波兰农民的研究中关注到移民文化身份的转换所引发的适应问题。由于城市化加速，流动人口现象变得日益复杂、越来越不同于以往，针对如何让流动人口快速融入城市等议题，学术界出现了一些新思路，提出了一些有影响的理论和模式。首先，在分析城市化过程中新市民身份的转变时，社会结构嵌入、政治与社会系统整合、市场结构性动力、推-拉理论、新经济移民理论（New Economics of Migration）、劳动力市场分割理论、移民系统理论等较宏观理论视角有比较强的发现能力，这些理论发现人口迁移与城市化过程中具有的逻辑耦合关系。其次，社会资本理论、社会网络理论、社会政策、社会空间理论、移民网络理论、公民权理论、社会孤立（Social Disaffiliation）假设、贫穷集中、社会分割（Social Segregation）或网络分割（Segregation of Network）理论、生命周期迁移理论，以及社会排斥理论、社会整合理论等，这些理论从微观层面追求社会平等与正义，更具操作性。再次，资源动员理论、社会认同理论、群体适应理论、社会距离研究、社会建构理论、框架建构理论、社会融入与融合、集体认同、多元文化、文化生成与适应、复杂网络生长模型、集体行为的发生机理、相对剥削感的形成与突变、政治过程理论及雇佣关系与心理契约理论等则对人口城镇化的内容、实施步骤、操作指标设计具有推进与评价作用。

通过对上述理论及议题的梳理，我们发现当今的城市化理论越来越指向以人为核心，也日益将包容性、可持续性、多元融合性、脆弱性发展、生活质量提升等作为关键词，同时将融合性、一体化基础上的多样性、可持续生计型发展作为城市化的基本底线。值得注意的是，城市化实践与城市化理论并不鼓励消除人与人之间的差异，进而实现无差别化"平等"，而是更加推崇差别基础上的系统融合，承认并强调公正基础上的差异性。

（三）　中国城镇化理论的历史发展

费孝通于 1983 年提出"小城镇论"。他的核心意图是希望在不干扰大中城市发展的基础上实现农村与小城镇的发展，实现城市与农村之间各自无干扰的发展。在实践中人们发现，小城镇存在发展水平低，社会分工不充分，吸纳农村人口能力有限、低水平竞争、粗放发展、浪费现象突出等问题。于是，中等城市模式、大城市模式、卫星城市模式、多元城市模式、城市群模式、城市带模式等概念与规划相继提出。

除此以外，一些有地方特色的城镇化模式也被总结归纳，如苏南模式、温州模式、珠江三角洲模式、胶东模式、六里坪模式、舞钢模式、德阳模式等。不少学者提出了很多新的概念，如清华大学李强教授创建性地提出"乡村城市化"模式或称"乡村生活的城市化"；有人注意到西方的城市化梯度理论，提出了中国的"多梯度城镇化策略"，多元城市目标；还有人注意到城市流动人口初期的生活与工作特征，提出了"落脚城市"概念。随着城市化问题研究的深入，脆弱性、可持续生计理论、可持续生态理论、权益赋予与保护理论、"包容性城市化""零失误城镇化"等概念相继被提出。总而观之，30 多年的市场转型催生了经验丰富、特征鲜明的中国城镇化现状，理论界为此而总结的经验成果也日益丰厚，新的概念、新的议题、新的理论模型不断出现。应该说，新的概念、新的议题与新的理论模型的产生有助于中国城镇化理性、有序地推进。

20 世纪 90 年代中期到现今是中国城市化、城镇化国家层面的加速推进期。孙立平将 1995 年定为中国步入快速城市化的"前夜"年。这以后，中国各城市政府逐步认识到流动人口对城市建设的重要性，开始吸引人口流入。2000 年以后，新型城镇化概念被提出并逐步得到重视，最终被确定为国家重点发展战略。2015 年 2 月 2 日，国家发展改革委等 11 部门联合下发《关于开展国家新型城镇化综合试点工作的通知》（以下简称《通知》），《通知》确定了 62 个国家新型城镇化综合试点区，试点区域涵盖了省、市、县、镇 4 个层次。这一国家层面的城镇化战略被概括为"两横三纵"城市化格局，试点时间从 2014 年年底至 2020 年。中国政府希望用 6 年左右的时间获得中国城镇化可以复制与推广的经验，再实质性地全方位地推动整个国家层面的城镇化发展。以国家名单为基础，各省又确定了更多的城镇化试点名单与框架。例如，湖南于 2015 年 7 月 21 日就公布了 5 个地级市、15 个县市区、28 个建制镇作为湖南新型城镇化试点地区，其战略被概括为"一核三极四带多点"新格局；四川的城镇化规划被描绘为"一轴三带四群一区"格局等。照此速度，我们有理由推断，最晚到 2050 年左右，中国将整体上实现城镇化、城市化。

根据上述梳理的城市化理论，我们认为，中国目前正在积极推进的新型城镇化需要从宏大叙事走向接纳人、尊重人的方向。随着城镇化战略的推进，复杂性程度提高，城镇化问题不再是单一视角下的农村人口向城市流动的问题，也不是简单"造城运动"问题，城镇化是一个涉及社会结构、制度变迁、社会治理、群体心理、社会意识、身份转变、就业创业、价值文化等多层次的转换过程，它是一个动态、异质化、持久的整合过程，这些过程都需要以人为核心，并且会引发许多新的议题。对这些过程及由此产生的新的议题的本质的认识、接受及积极行动，考验着当代政府、市场、各相关群体及相关人员对基本问题的把握与坚守。

中国城镇化通过宏大叙事正在展示其变动社会结构的巨大能量。置身于这一巨大变迁过程，我们或许应该期待：城乡之间刚性二元结构获得最终消解，更具包容性的多样化、异质性的发展型的一体性结构格局得以提升，社会的公平正义实现提质性普及，个人心智、群体规范得以向适合城市社会异质性和谐共处发展的逻辑转型。要达成上述目标，我们认为首先需要在理念与路径方向上达成新的共识。因为如前所述，尽管技术的发展可以提升城市建设与规划的统一性，但是，"以人为本"的城镇化方向，特别需要在城镇化的理念与路径上有新的元素。

1. 新理念

"造城运动"仍然在各地各具特色地展开，说明目前中国城镇化战略正面临复杂、多样性实践。我们不能奢望高水平、抽象力强、同时又具操作指导性的城镇化理论迅速产生。然而，为了减少失误，我们需要对新型城镇化理念有基本共识。

（1）以人为本，促进人的发展与幸福。李克强指出"推进城镇化，核心是人的城镇化，目的是造福百姓和富裕农民"。以"人为本"促进人的幸福感提升的新型城镇化模式体现了中国城镇化发展理念的转向。经过 30 多年的经济改革与快速发展，城镇化理论的核心思想经历了从"强调经济和产业发展"向"重视人本、生态建设"的价值取向转变、促进人的发展的"幸福型"理论转向。在城镇化的物理空间上由生产要素的聚焦向以人为核心的转变，走"以人为本、统筹城乡发展"的城市化道路，倡导城市发展中自然属性和历史人文要素的"复兴"，关照对自然环境与社会环境中的脆弱性要素的保护，引导自然原生态要素"入城"，建构"感恩自然文化要素"，创造"田园型适度紧缩的城市空间结构"，一条以人为本、四化同步、优化布局、生态文明、文化传承的中国特色新型城镇化道路。总而言之，新型城镇化需要走以人为核心、集约、智能、绿色、低碳的道路，以社会和谐、促进人的发展与幸福的城镇化道路。

因此，现有的城镇化理论必须回应与满足"以人为本"的战略内涵：一是人与人之间的和谐。能够保障异质性很强的城市居民各自的基本的合理要求，如居住空间、公共空间、公共服务等；满足包括发展在内的人们的基本权利；不同阶层居民之间互相尊重、和谐共处；工作、生活、休闲等要求得到尽可能满足；在公平正义的基础上各主体的效率得以激发。二是人与环境的协调发展。首先是人与城市人文环境之间实现传承性发展与协调。城市承载的历史能够通过城市古迹、建筑物、道路、山水、神话传说、戏剧及书本等将人文元素反复灌入城市居民心智，锤炼城市居民性格。城市居民对城市的历史人文拥有敬畏、崇敬之心，保护之意，建设之行动。其次是人与自然环境之间的协调与幸福。城市空气、水、食品等符合人体生活质量要求，城市交通设计嵌合人性结构，城市居民免于环境恶化及由此带来的恐惧。自然环境质量适合人的可持续性生存与发展。

（2）多元、复合与容纳。城市之间需要形成有机结构整体日益成为理论共识，多元城镇化理论受到重视，近年来越来越多的学者呼吁中国城镇化需要实施多元并进战略，既有"以小为主"也有"以大为主"策略，还需要在"中"上做足文章。中国的城镇化理论一定要是多元型、多模式、多类型、多层次的城镇化理论，不同区域环境条件的城市需要有不一样的城镇化理论。湖南、四川等省份出台的城镇化规划在宏观上体现了这一理论要求。一般来说，推进多元城镇化必然会催生、完善复合型城镇化体系。我们认为，复合型的城镇化理论需要有两个面向。第一个是区域层面的面向，是指城市、城镇、农村之间形成一种有机复合格局，在这一格局中各特定城市、城镇与农村的功能定位、主体能量、要素形成与发育、实体与虚拟的沟通管道、能量交换，能够实现复合型动态均衡。同时，又不排斥区域内各城市、城镇与农村创新要素的显现、培育与成长，既有区域结构的重组，既定"中心—外围"格局的足够弹性，要素之间可以实现创新性发展基础上重组，而且重组结果有利于城镇化体系整体提质与升级换代，有利于城乡协调发展，有利于城乡之不平等差异的消除。第二个是区域内部的面向，是针对农村、城镇、城市内部，即无论在哪个特定的农村、城镇或城市，或其内部的某个区域，其生存生活工作逻辑、市场逻辑、行政逻辑、社会关系逻辑及发展逻辑都遵循基本公正底线基础上的多元复合价值指向。在社区内部的每一个平面，传统与创新获得尊重，保守与改革在对话与实践中获得均衡，弹性与容纳是生活其中居民的基本心智倾向，民生、人性、规则、秩序、和谐与幸福成为所有居民的核心追求。社区居民的生活方式、工作职业、人生目标、幸福观、创新欲望、人格品性呈现多元复杂型融合局面。

2. 新路径

城镇化路径大致有 3 种：一是政府调控下的市场主导模式，以西欧各国为代表。这种模式以市场为主导，政府通过行政、法律等手段，发挥引导作用，城市化与工业化总体保持比较协调的互动关系，实现同步型城市化。二是自由的市场化的城市化模式，以美国为代表。三是受殖民地经济制约的被动城市化模式。拉美和大部分的非洲国家的城市化属于此类，这种模式容易产生"城市病"和"农村病"。中国新型城镇化路径应该综合上述 3 种路径并在扬弃基础上实现创新，创建一种中国特色的城镇化模式。具体路径需要体现以下机制。

（1）建立"市场主导、政府规划并监督、社会参与"的责任分担、成果分享机制。目前中国城镇化的既有路径大致可以归纳为："政府主导、大范围规划、整体推动、土地的国家或集体所有、空间上有明显的跳跃性、民间社会尚不具备自发推进城镇化的条件"。以此为背景，中国城镇化路径在过去的 30 多年里一直以围绕"建立开发区、建设新区和新城、城市扩展、旧城改造、建设中央商务区、乡镇产业化和村庄产业化"等宏观空间调整为主线。应该说，这种政府与市场联盟所产生的空间结构变动，在城市化实践中产生了巨大效能。然而，由于社会力量参与不够，调查研究不足，宏观上规划的造城运动在各省也产生了很多负效益，大量失地农民利益受损，脆弱性加剧。因此，新型城镇化需要修正传统城市化路径，允许并吸引社会力量加入，建立起长期的成果分享机制。同时还要以真实城镇化指标体系为依据建立对做决策相关的领导干部的责任追究机制，免除或抑制地方政府好大喜功的浪费行为，遏制"死城""空城"现象的蔓延。鉴于城市具有的多样化特征，新型城镇化在"成果分享"路径方面至少要抑制可能出现的底层化现象，推动五大工程：一是各城市根据其城市战略功能定位公平而有效率地吸纳已经流入城市的人口。例如，北京、上海、广州等一线城市，可以根据流动人口流入年限，采取"指标法"有序推进流动人口的城市实质性融入。二是对失地农民积极实施市民化工程。三是确定并严格实施征地补偿红线，让被征地对象的意见建议反映到各类补偿方案中，确保被征地对象的各项权利。四是实施就地城镇化与就近城镇化工程，通过产业布局合理调整现有人口分布。五是实施城镇化过程中的责任追究制度。针对日益增多的"空城""鬼城"现象，制定制度追究主要领导及相关人员责任。

（2）多梯度复合型发展路径。全域城市化理论强调城市化模式由人口和产业向城区（点状）集中，向人口与产业全域（网络状）布局转变，实现城乡一体化和城乡统筹发展，空间上表现为人口、产业、设施全域布局，共融发展。李强指出："我国未来的城市化并不会雷同于世界上其他国家的城市化，而会是具有中国特色的城市化，而且会是城市与农村的一体化，走城乡一体化发展的道路。"农民能够享有市民的生活品质和公共服务的同时，农村还能保持田园风光，农村和城市构成一个有机整体，城乡居民能够生活在同一个世界，城乡之间的"极化"得以消除，大中小城市和小城镇均衡有效率地发展。资金、劳动力、信息、技术、人才等生产要素能够自由流动，民间力量得以充分发挥。鉴于现实上中国东中西部发展的梯度特征明显，中国新型城镇化必须走复合型多梯度城镇化道路。多梯度复合型发展路径必须包含：一是全域型发展，即中国范围内的全面发展。这需要变更行政管理上的"有所为、有所不为"思想，让每个要素都能够动起来。尽管发展速度与程度会有不同，但是全域型发展是战略目标。二是去极化。当下城市体系内部极化现象严重，因此，国家需要让发展水平高的城市带动发展严重滞后的城镇与区域，或者国家集中一些资源重点扶植发展水平差的城市与城镇。另外，积极鉴别城市中的困难个体与群体，帮助其获得发展的能力与机会。

三是城乡统筹型发展。城乡之间建构起各具特色的发展序列，资源的多样性得到体现。在基本面上，需要构造城乡之间大体一致的发展逻辑与保障政策，保护与发展农民生计，拓展农民就地城镇化渠道，给农民个体与家庭在承包地、宅基地等方面更多权限，成立相关农民资产监管机构，避免农民个人与家庭资产的损毁性流失。

二、城镇化实践的国际比较

以工业革命为开端，西方各国在工业化的驱动下先后开始了城市化，在历经几十年到上百年的发展后，它们在人类历史上率先实现了城市化，完成了从以农业和乡村为主的传统社会向以工业和城市为主的现代社会的转变。自第二次世界大战结束以来，伴随着经济社会的发展，西方发达国家的城市化在向高度城市化迈进的同时也明显表现出一些新的特征和趋势，如郊区化、大都市区的多中心化等。虽然西方发达国家的城市化道路不可避免地存在着各种问题，但从结果来看，它基本上是一条成功的城市化道路。因此，分析和比较西方发达国家的城市化道路，有助于把握城市化的一般规律，有利于吸取有益的经验和方法。

（一）主要发达国家的城市化历程

从世界历史进程来看，西方发达国家是最先实现工业化、城市化和现代化的区域，它们的发展历程不仅是近代以来人类社会发展进步的生动写照，也为我们研究城市化的发展规律提供了重要的历史借鉴。将发达国家归为一个整体，则它们的城市化进程可分为以下几个发展阶段。

1. 城市化兴起和逐步扩散（18 世纪到 19 世纪中叶）

城市虽早已有之，但现代意义上的城市化是从工业革命开始的。18 世纪 40 年代，第一次产业革命首先在英国兴起，它的主要标志是蒸汽机的发明和使用。蒸汽机的广泛应用使机器大工业逐渐代替了工场手工业，集中化的大规模生产逐渐成为生产的主流方式。生产的集中带来了人口的聚集，大批工业城镇诞生，规模也不断扩大，城市化进程随之兴起。恩格斯曾对英国早期的城市化过程做过生动的描述："大工业企业需要许多工人在一个建筑物里面共同劳动；这些工人必须住在近处，甚至在不大的工厂近旁，他们也会形成一个完整的村镇。他们都有一定的需要，为了满足这些需要，还须有其他的人。于是手工业者、裁缝、鞋匠、面包师、泥瓦匠、木匠都搬到这里来了……当第一个工厂很自然地已经不能保证一切希望工作的人都有工作的时候，工资就下降，结果就是新的厂主搬到这个地方来。于是村镇就变成小城市，而小城市又变成大城市。"历史学家芒福德也认为："到17世纪时，资本主义已改变了整个力量的平衡。从那以后，城市扩展的动力主要来自商人、财政金融家和为他们的需要服务的地主们。只有到了19世纪时，城市扩张的力量，由于机器的发明和大规模的工业生产，才大大增强。"

在第一次产业革命的推动下，英国是第一个走向城市化的西方国家。按照英国经济史学家约翰·哈罗德·克拉潘的观点，英国城市化大约始于1775年前后。历经几十年的发展，英国的城市人口比重于1850年首次超过50%，成为世界上首个基本实现城市化的国家。与此同时，随着产业革命的扩散，城市化也逐渐在欧洲大陆和北美地区兴起，一些国家也先后开始了城市化进程。据法国教授菲利普·潘什梅尔的分析，法国城市化开始于19世纪30年代。美国的城市化水平则在1840年达到10.8%。德国、加拿大等其他一些国家则在更晚的时期开始启动城市化进程。但总体来看，19世纪中叶发达国家的城市人口比重整体上超越了城市化起步阶段的临界水平。早期城市化阶段的"城市病"相当突出，以至于当时研究者对城市究竟是罪恶之源还是文明之果和进步之源进行过激烈的争论。但这一阶段的城市从形态和功能上还只是近代城市，其城市病的根源主要在于工业化还处于初期阶段，城市规划、建设和管理的技术水平还很落后。

2. 城市化全面推进和基本实现（19世纪到20世纪中叶）

19世纪40年代至20世纪50年代，第二次产业革命在美、德、英、法等主要资本主义国家兴起，其主要技术标志是电气化、石油化、钢铁化，它使得重化工业取代轻工业成为主导产业。这一次产业革命在极大地推动生产力发展的同时，进一步改变了人口的空间布局，促进了人口大规模地向城镇集中，并形成了成熟的城市布局和城市体系。

在此阶段，城市化在西方发达国家全面展开，发展速度逐渐加快，最终基本实现了城市化。发达国家的城市化水平从1850年的11.4%上升至1950年的52.1%，城市人口已经超过了农村人口。此时，主要的西方发达国家都已经不同程度地实现了城市化。1950年，英国依然保持领先位置，其城市化水平为 79%，实现了高度城市化；其他一些发达国家的城市化水平，如瑞典为 65.7%，德国为 54.7%，奥地利为 64.6%，美国为 64.2%，加拿大为 60.9%，法国为 55.2%，意大利为 54.1%，西班牙为 51.9%，而日本在战后经历短暂的恢复后，1950 年城市化水平依然为 34.9%，明显落后于其他发达国家。

工业化为城市化提供了必要的物质技术条件，推动发达国家的城市化水平大幅跃升，使得原有的近代城市发展为现代城市，其主要标志是城市基础设施的大规模建设，城市的生活和工作条件显著改善，这也使得城市规模的扩大和新兴城市的崛起成为可能。然而，现代城市的问题仍然积累成堆。不仅过去的贫民窟和各种社会问题没有从根本上解决，而且又增加了有组织的犯罪和环境污染等新问题，发达国家还在不同程度上面临着"过度城市化"的困扰。

3. 信息化推动的现代城市化（20 世纪中叶至今）

20 世纪 50 年代以来，主要发达国家经历第三次产业革命，以信息化为核心的高新技术产业逐渐取代重工业的主导产业，推动着发达国家由工业经济时代向知识经济时代或信息经济时代迈进，并对发达国家的城市化进程和城市人口的分布形态产生了重要影响。

总体而言，自 1950 年以来，发达国家在基本实现城市化的基础上，继续向更高水平发展。纷纷实现了高度城市化，并同时实现了城市的现代化。从城市人口分布的变动趋势来看，发达国家在第二次世界大战后的城市化发展可以分为以下 3 个阶段。

（1）"二战"后城市化恢复发展阶段。由于受世界大战的破坏，绝大多数卷入战争的发达国家的城市经济遭受了重创，人口大量死亡，一些幸存者纷纷逃到农村地区躲避战火，使得城市化进程出现停滞和倒退。战后，世界经济政治秩序初步建立起来，各西方国家纷纷开始了大规模的战后重建工作，城市再次吸引大量农村人口迁入，从而带动了战后西方发达国家城市化的恢复和发展。例如，法国城市化水平从 1946 年的 53.2% 恢复发展到 1954 年的 55.9%，1962 年则达到 61.6%，这一时期成了法国城市化加速发展的阶段；日本城市化水平从 1940 年的 37.7% 下降到 1947 年的 33.1%，到 1950 年恢复到 37.5%，1955 年迅猛提升至 56.3%，1960 年已经达到 63.5%。

（2）20 世纪 60—70 年代的逆城市化或郊区化阶段。在战后经济恢复发展的同时，西方发达国家的城市经济在第三次科技革命的推动下出现了新的发展趋势，即高服务化和高信息化。在经济结构服务化、城市中心过度拥挤及城市交通越来越便捷的背景下，发达国家的人口城市化从以集中为主的阶段走向了以分散为主的阶段，郊区化或逆城市化特征明显，即中心城区人口不断减少，郊区人口相应增加，城市人口分布趋于分散化。

从本质上看，西方发达国家出现的逆城市化或郊区化趋势，并不是对城市化进程的否定和反向运动，而是在高度城市化基础上的城市人口分布的调整和完善。事实上，这一阶段的城市化趋势还使得城市文明在郊区和农村地区加速扩散和普及，进一步缩小了发达国家的城乡差距。与此同时，这一趋势也带来了城市过度蔓延、中心城区衰落、通勤成本快速上升等负面效应。

（3）20 世纪 80 年代以来的城市人口再集中阶段。这一时期，一些发达国家中又出现了再城市化的趋势。由于城市建设的发展、公共交通的完善、环境治理水平的提高、城区居民能够享受更多更好的服务、汽车燃油成本高涨导致的通勤成本上升等原因，发达国家的城市居民从市郊返回中心城区逐渐成为一种新的趋势。这说明，自发达国家在实现了高度城市化之后，城市人口随着城市居住环境和生活成本等因素的变化不断地调整其居住地，在动态调整中实现城市人口的均衡布局。

历经上述几个阶段的发展，发达国家城市化总体上已经实现了高度城市化。据统计，至 2005 年，发达国家总体的城市化水平达到 74.1%，日本、意大利、奥地利的城市化水平超过了 65%，法国、德国、西班牙超过了 75%，英国、美国等国的城市化水平达到 80% 以上。同时发达国家城市人口的分布也不断优化调整，在这些国家中整体上有 46.6% 的城市人口居住在 50 万人口以上的城市中，37.5% 的城市人口居住在 100 万人口以上的城市中。但欧洲、北美洲和大洋洲的城市人口分布情况差异明显，如欧洲只有 32.8% 的城市人口居住在 50 万人口以上的城市中，其中北欧这一比重为 34.5%，西欧仅为 28%；而北美洲有 63.7% 的城市人口居住在 50 万人口以上的城市中，53.5% 的城市人口居住在 100 万人口以上的城市中；澳大利亚和新西兰有 63.4% 的城市人口居住在 100 万人口以上的城市中。这反映了欧洲国家的城市化以中小城市的发展为主，而北美洲和大洋洲国家的城市化以大城市的发展为主。

必须说明的是，由于西方各国进入工业革命的时间不同及国情和国家政策存在差异，各国城市化起步时间差异很大，发展速度各不相同，城市化水平差异很大。如果以一个国家城市人口超过乡村人口作为该国基本实现城市化的依据，那么达到此标准，英国是在 19 世纪中期，德国是在 1891 年，美国是在 1920 年，法国迟至 1931 年。从城市人口占全国总人口的 32% 提高到超过半数，德国只花了 1/4 个世纪（1865—1890 年前后），美国花了 1/3 个世纪（1885—1920 年前后），英国花了半个世纪（1801—1850 年前后），法国却花了半个多世纪（1876—1930 年前后）。因而，从城市化速度看，在近代主要资本主义国家的城市化中，如果说英国、法国是速度缓慢型城市化，德国、美国则是速度较快型城市化。

（二）主要发展中国家的城市化综述

发展中国家城镇化主要集中在"二战"结束以后，随着旧的殖民体系的瓦解，发展中国家的城市化迅速推进，其速度远远超过发达国家。例如，美国城市化水平 1900 年为 40%，1960 年为 70%，1990 年超过 75%。美国用了近 90 年才达到的城市化水平，巴西只用了 30 年。1999 年，世界低收入和中等收入国家的城市化水平平均已达到 41%。

许多发展中国家在快速城市化的过程中，也出现了一些严重的问题。其中，最大的问题是，大城市人口的过度密集，表现为发展中国家首位城市人口比率偏高。在撒哈拉沙漠以南非洲地区，首位城市人口比率达 29%；在拉丁美洲、加勒比海地区、中东和北非地区，首位城市人口比率达 25%。而在经济发达的欧盟，首位城市人口比率只有 15%。

发展中国家的城市化与发达国家模式呈现较大的差异。发达国家的城市化是在本国工业增长、农业进步的基础上推进的，城市化过程中的人口环境也比当前的发展中国家宽松得多。相反，大多数发展中国家由于在近代世界经济体系中处于依附发展的地位，城镇往往是宗主国控制殖民地的行政中心，成为输出原材料、输入宗主国制成品的"飞地"。由于发展中国家自主的工业化迟迟未能启动，农业发展停滞，大批农村人口被推向城市，出现"城市病"和"过度城市化"现象。中国作为世界人口最多的发展中国家，的确很难一般性地以主要发达国家城市工业化进程来带动城市化，而是应该更多参考其他人口过亿的大型发展中国家城市化的经验和教训。

1. 发展中国家的城市化水平在总体上大大落后于发达国家

1950 年，西方发达国家城市化水平达到 52%，已经基本实现了城市化，而发展中国家的城市化水平仅为 18.1%，仍处于城市化起步阶段，远落后于发达国家，差距为 34%。此后，发达国家的城市化继续向高度城市化迈进，而发展中国家则开始进入了城市化快速发展的历史新阶段，直到今天仍然处于这一进程之中。2005 年，发达国家城市化水平为 74.1%，发展中国家为 42.3%，两者的差距为 31.8%，略有缩小。据联合国预测，到 2030 年发展中国家的城市化水平将达到 56%，几乎是 1950 年的 3 倍；发达国家的城市化水平在 2030 年将达到 81%。届时，发展中国家与发达国家城市化水平的差距为 25%，差距将进一步缩小。

2. 发展中国家城市化的内部差异很大

在发达国家中，城市化最低水平在 1950 年仅为 7.3%，到 2005 年也只有 26.7%，而其他欠发达国家在 1950 年的城市化水平为 19.5%，2005 年上升到 45.6%，两者的差距呈现不断扩大的趋势。据预测，到 2030 年，最不发达国家与其他欠发达国家之间城市化水平的差距仍然维持在 19% 左右。从区域来看，2005 年非洲城市化水平为 38.3%，但东部非洲仅为 22.1%；亚洲城市化水平为 39.5%，但富裕的西亚城市化水平为 64.8%；拉丁美洲与加勒比地区的城市化水平高达 77.4%，超过了大洋洲的水平，且南美洲城市化水平达到 81.6%，已经超过了欧洲和北美洲的水平。这充分说明了发展中国家城市化水平的巨大差异。

虽然与发达国家城市化水平相比，发展中国家城市化水平总体上较低，但由于人口基数大，发展中国家的城市人口规模是发达国家城市人口的 2 倍多，1968 年发展中国家的城市人口数量首次超过发达国家城市人口数量。而且，发展中国家城市人口的增长速度快于发达国家同期水平，预示着发展中国家与发达国家的城市人口规模的差距将越来越大。到 2030 年，发展中国家城市人口规模将接近发达国家城市人口规模的 4 倍。从城市人口年均增长率看，2000—2005 年发达国家城市人口年均增长率普遍低于 1.4%，拉丁美洲和加勒比地区处于 1.5% ~ 2.9%，亚洲和非洲大部分地区处于 3.0% ~ 4.4%，其中部分国家的城市人口年均增长率超过了 4.5%。

发展中国家与发达国家城市化进程中的另一个重要差别是农村人口的增长。发达国家的农村人口在 20 世纪下半叶开始稳定地减少，但发展中国家的农村人口依然保持着增长。2000—2005 年，发达国家农村人口的年均增长率为 - 0.4%，发展中国家为 0.5%。2005—2030 年，发达国家农村人口将继续减少，但发展中国家农村人口将持续增长，直到 2019 年左右才将开始缓慢减少。2005 年世界 91% 的农村人口居住在发展中国家，农村人口超过 5000 万的 9 个国家（孟加拉、中国、埃塞俄比亚、印度、印度尼西亚、尼日利亚、巴基斯坦、越南、美国）中除美国以外都是发展中国家。这说明在发展中国家城市化水平快速提高的过程中，不仅城市人口在增加，农村人口同时也在增加，只不过城市人口增加的速度明显地快于农村人口，这就意味着发展中国家在城市化进程中同时还面临着农村人口持续增长的巨大压力。

城市规模结构的变化是城市化发展的重要方面。发展中国家与发达国家城市化的另一个区别在于千万人口以上的特大城市的情况。据联合国的数据显示，2005 年世界上最大的 20 个城市中有 15 个在发展中国家，到 2015 年，世界上人口过千万的 22 个特大城市中将有 17 个属于今天的发展中国家。

发达国家是在工业化快速推进的基础上出现人口向城市集聚的城市化，具有必然的内生性。发达国家的政府花费了上百年的时间，从社会制度创新、基础设施建设、城市规划、城乡发展等多个层面进行治理，才缓解了"城市病"问题。相比而言，目前发展中国家面临的城市化问题严重得多。出现这种现象的一个重要原因是，它们的城市化带有很强的被动性，而不是内生的、与经济发展相协调的城市化，尤其是缺乏合理有效的社会制度建设。发展中国家中大量人口涌入城市，并不完全是城市经济发展带动的，有时是战争或是农村衰败等原因带来的。从这一点来看，统计中呈现的快速城市化对许多发展中国家来说并不是一种福音，反而预示着更大的困难。

（三）国外城镇化过程中成功经验总结

按照政府与市场机制在城镇化进程中的作用、城镇化进程与工业化和经济发展的相互关系，可以将世界城镇化发展概括为以下 3 种模式：一是以西欧为代表的政府调控下的市场主导型城镇化；二是以美国为代表的自由放任式的城镇化；三是以拉美和非洲部分国家为代表的受殖民地经济制约的发展中国家的城镇化。发达国家不同类型的城镇化模式所获取的成功经验值得我们研究、汲取和借鉴。

1. 制定并实施完善的公共干预政策

英国是工业革命的发源地，也是全球第一个实现工业化和城市化的发达国家。19 世纪前半叶，英国工业化和城市化高速发展，以蒸汽机和铁路为代表的技术创新推动工业向城市大规模集中。从 15 世纪末的"圈地运动"开始到 19 世纪中叶，英国大约用了 3 个世纪的时间完成城市化。1760 年，英国城市化水平为 10%，1800 年为 26%，到 19 世纪中叶便超过 50%，1900年达到 75%。

但是，由于城市基础设施匮乏、劳工住房短缺、生活环境恶化，导致传染疾病蔓延，危及社会安定和经济发展。多次惨痛的教训和日益觉悟的民众的呼吁，促使欧洲各国政府相继采取了有力的行政干预来改变城市的环境。事实上，西方国家政府对城市化的引导和规划首先着眼于城市卫生防疫和环境保护。例如，在卫生部成立后的 50 年中，英国的城市规划一直由卫生部负责。面对日益严重的城市问题，英国先后制定了《公共健康法》（1848年、1875 年）、《住宅补贴法》（1851 年）、《住宅改进法》（1875 年）、《工人阶层住房法》（1890 年）、《住宅与规划法》（1909 年）等一系列有关环境卫生和住房标准的法规，采取公共干预政策引导城市化发展。

从 20 世纪 20 年代开始，英国北部的传统工业城市出现经济衰退的迹象。为解决城市化发展中区域经济发展不均衡的问题，政府始终扶持北部区域的发展，防止南部区域的过度发展，在一定程度上缓解了区域经济发展的不均衡。"二战"结束以后，随着大规模重建、人口快速增长和小汽车日益普及，英国出现郊区化趋势。对此，政府采取设置环城绿化带和建设新城的城市规划政策，强调新城居住人口和就业岗位之间的相对平衡，较为成功地遏制了大城市的无序蔓延。20 世纪末，英国的城市人口比重近 90%。

英国是最早把城市规划作为政府管理职能的国家，城市规划的卓著成效引起世界各国的广泛关注。1909 年颁布的《住宅与规划法》是世界上第一部城市规划法律。1947 年颁布的《城乡规划法》，奠定了英国现代规划体系的基础。中央政府在城市规划体系中发挥显著的主导作用。

日本政府在工业化和城市化发展中发挥积极的干预作用，根据人多地少和资源匮乏的国情，以较小的社会和环境代价获得了较快的经济发展。20 世纪 50—70 年代，以技术进步为主导的工业高速增长，带动城市化的加速发展，为大量农村富余劳动力提供了就业岗位，城市化水平从 1950 年的37.3% 迅速上升到 1975 年的 75.9%，年均递增 15 个百分点。为了缓解大都市圈的过度集聚所带来的区域发展不平衡问题，日本政府自 20 世纪 60 年代起，先后制定 5 次全国综合开发规划（分别是 1961—1968 年、1969—1976

年、1977—1986 年、1987—1997 年、1998 年至今）和一系列法规，并编制三大都市圈发展规划。

韩国政府也在城市化过程中发挥了十分重要的作用。但是在工业化和城市化初期，由于忽视农村发展，导致城乡差距不断扩大。从 20 世纪 70 年代初开始，韩国政府将农村发展列入国家战略，开展了声势浩大的"新农村运动"，在工业化和城市化过程中同步推进农村现代化。针对首尔和首都圈的过度集聚发展，韩国政府在各个时期制定了相应的法律、政策和规划，特别是先后 4 次编制了《国土综合开发规划》，但政府的区域发展政策成效有限。20 世纪 90 年代以来，为了应对经济全球化的挑战，改善区域发展的不均衡状态，韩国政府实施地方都市圈战略，实现地方与首都圈经济的协调发展。

2. 形成合理的城镇体系

首先，形成合理的城镇体系［大城市化和城市群的地位将会更加突出；中小城市（镇）占有重要地位］。以美国、巴西为例，美国共有 51 个州，3043 个县（郡），35 153 个市（镇）。其中，300 万以上人口的城市有 13 个，20 万～100 万人口的城市有 78 个，10 万～20 万人口的城市有 131 个，3 万～10 万人口的城市有 878 个，几千到 3 万人口的小城市（镇）达 34 000 多个。可见，美国城市的规模差别很大，但以 10 万人口以下的小城市（镇）居多，大约占城市总数的 99.3%。

巴西共分 26 个州和 1 个联邦区。1999 年，全国共有 5509 个市。其中，100 万人口以上的城市共有 12 个，15 万～100 万人口的城市有 79 个，15 万人口以下的城市有 5428 个，占城市总数的 98.6%。美国、巴西不仅城市数量多，以中小城市（镇）为主，而且城市的聚集度很高。大量小城市（镇）在快速发展过程中，围绕大中城市周围布局，逐步形成密集的城市群（带），从而形成了大中小城市（镇）相互配合、错落有致的城镇体系。

从区域布局看，美国有 3 个主要的城市群（带），分别是东北部都市群、五大湖南部的工业城市连绵带、加州城市群。巴西的城市群（带）尽管没有美国那么明显和完善，但在城市化过程中城市带的特点也已凸显。例如，从圣保罗、里约热内卢到贝洛奥里藏特的大都市区已经基本成形，周围聚集了大批中小城镇。

再看德国的情况。据统计，2004 年德国城市化率达到 88%，位居世界前列。与法国巴黎的"一枝独秀"相比，德国城市分布形成了"多中心"

格局，共有 11 个大都市圈，分布在全国各地，聚集着 4430 万人口，占全国总人口的一半。德国的中小型城市星罗棋布，数量多且分布均匀。全国大中小城市 580 多个，其中百万人口以上城市只有 3 个，而人口在 2 万~20 万的城市却占了 60% 左右。全国 8200 多万人口，1/3 左右居住在 2000~20000 人口规模的小城镇里。

日本、法国等发达国家也以发展中小城市为主，如日本到 1980 年，全国共有城市约 670 个，而百万人口城市只有 20 个，中小城市占 97%。

城市带的形成和大量卫星城的兴起，首先，不仅有效地解决了传统上靠无限扩张中心城市管辖范围来实现城市规模扩张所带来的缺陷，抑制了大城市规模过于膨胀的问题，而且有利于大中小城市在空间和产业布局上相互依存和配套，形成功能互补的城镇体系。

其次，大城市化和城市群的地位将会更加突出。1957 年，美籍法国地理学家戈特曼在他发表的《大城市群：东北海岸的城市化》中首先使用了大城市群这一概念。他将大城市群归纳为两大功能，即枢纽功能和培养功能。从世界城市化未来发展的基本趋势来看，大城市化和城市群的地位将会更加突出。大都市带或城市群成为全球经济竞争的重要节点，当今世界一些最为发达的国家的大城市地区已经成为世界经济、贸易、金融中心。例如，美国的纽约—波士顿—华盛顿城市带，人口约占美国的 25%，不仅是美国最大的商业贸易中心，还是世界最大的国际金融中心。加拿大、美国西海岸的城市带也成为很重要的经济中心区，城市发展呈现区域内城市优势互补、联动发展的态势，形成更大范围、更高层次的都市圈甚至跨国的城市圈。

据联合国经社理事会的研究，未来将会有更多的城市人口居住在 50 万以上人口的大城市中，尤其是 500 万以上人口的城市占比将有一个较大的提高，从 2007 年的 15.2% 上升到 2025 年的 17%，其中规模在 500 万~1000 万的城市数目将从 30 个上升到 48 个，人口规模超千万的城市由 19 个上升到 27 个。这些巨型城市将主要分布在亚洲、拉美和北美地区。同时，随着大城市的不断扩张，使若干个城市之间的边缘逐渐靠近，最终连成一片，形成巨大的"城市带"。

以东京都市圈为例。东京都市圈主要指日本东海岸太平洋沿岸城市带，总面积约 10 万 km^2，占日本总面积的 26.5%，人口近 7000 万，占日本总人口的 61%。全日本 11 个人口在 100 万以上的大城市中有 10 个在该大都市圈内。在东京都市圈内，又包括东京、大阪、名古屋 3 个城市圈。东京作为三大城市圈之首，是日本政治、经济、文化中心，也是世界上人口最多、经济实力最强的城市聚集体之一。作为金融中心，全日本30%以上的银行总部、50%销售额超过100亿日元的大公司总部都设在东京。

再次，中小城市（镇）占有重要地位。在城市化的不同阶段，中小城市的发展和作用也表现出很大的差别。从国际经验看，城市化一般经历3个阶段。第一阶段主要表现为人口向城镇集中，并因此促进村镇发展为小城镇，小城镇向小城市转化，大中城市的规模日趋扩大。第二阶段主要表现为人口流向城市的速度加快，大中城市迅速发展，小城镇发展速度相对减慢，甚至出现萎缩和停滞状态。第三阶段人口继续向城市集中，但速度变慢，主要以流向中小城镇为主。同时，大城市人口也向小城镇迁移，由此推动小城镇快速发展。

自20世纪40年代起，美国的城市化进入第三阶段，即人口向城市集中的过程仍在继续，但速度已经放慢，乡村人口主要流向中小城镇，甚至出现大城市人口向郊区小城镇迁移的郊区化或逆城市化趋势。1980年的人口普查表明，在20世纪70年代，美国50个大城市的人口下降了4%，而这些大城市周围的小城镇的人口则增加了11%，中等城市的人口增加了5%。伴随着中小城市（镇）人口的聚集、产业的扩张和企业数量的增加，中小城市（镇）的商业活动日益活跃，带动了中小城市（镇）经济的发展。20世纪60年代以后，美国的中小城市和小城镇得到较快发展。

巴西的城市化起步晚于美国，目前处于城市化的第二阶段，即人口急剧向城市特别是少数几个大城市和特大城市集中的阶段。城市的扩容和人口的膨胀，给大城市带来了日益恶化的交通、环境、社会和住房问题。为了缓解大城市的压力，巴西在圣保罗老市区50~80 km半径范围内建设了8个环境优美、交通便利的卫星城，引导人口流向这些中小城市和小城镇。

韩国曾经历过高速城市化，但随之出现了农村空心化、城乡发展差异扩大、区域发展不均衡加深等一系列问题。作为应对措施之一，韩国政府自20世纪70年代以来，采取了一系列政策措施，促进小城镇发展，形成"小城市培育事业"阶段（1972—1976年）、"小城镇培育事业"阶段（1977—1989年）、"小城镇开发事业"阶段（1990—2001年）。21世纪初，韩国政府先后制定《地方小城镇培育支援法》（2001年）和《小城镇培育事业10年促进计划（2003—2012年）》，掀起新一轮促进小城镇发展高潮。

由于区域发展较为均衡，小城镇兼有交通便捷和接近大自然的双重优势，拥有比大城市更为宜居的生活环境，目前发达国家的小城镇发展已经较为完善，在整个城镇体系中占有重要地位。不少国家的大城市非常重视卫星城的建设，并将其作为缓解人口压力和经济、社会、环境问题的重要手段，加以统筹考虑。

3. 主导产业是城市发展的基础

绝大部分城市都必须要有自己的主题，自己的主导产业，没有产业的城市就像找不到工作的待业青年，是很难成才的。不少城市立足于自己的资源特色、环境条件，确定城市的产业发展战略定位，使城市迅速形成了自己的核心竞争力。例如，瑞士的达沃斯，一年一度的"世界经济论坛"使达沃斯小城出了名，会议经济进一步带动房地产、旅游、餐饮业、交通等相关产业的发展。法国戛纳一年一度的电影节，同样使戛纳家喻户晓。

从美国城市化的进程看，许多城市和小城镇原先都是围绕企业发展起来的。例如，西雅图市的林顿镇，因为波音公司而出名；硅谷的高科技企业云集，成为世界上最具活力的小城镇群带。尽管各国城市的规模大小不一，历史文化和市容市貌各不相同，但不同城市的主导产业突出、特色鲜明。例如，纽约是美国的商业、金融、文化娱乐和出版中心；西雅图是微软总部所在地，电子信息产业非常发达；迈阿密是美国南部著名的旅游城市和退休老人理想的休养地。巴西的圣保罗是南美洲最大的工业和商业城市；而伊瓜苏市则以旅游业闻名。

产业发展（产业结构的转换和演进）是城镇化演进的重要基础。城镇化的实质是由于生产力变革所引起的人口和其他经济要素从农业部门向非农业部门转移的过程，转移的根本标志是农业比重的下降和非农业比重的上升，即产业结构的变迁。诺瑟姆将城市的发展分为 3 个阶段，分别与不同的产业结构相对应。诺瑟姆从人口转移的角度衡量产业结构调整的过程和城镇化发展水平。他的研究表明，工业化的进程将越来越多的人口从农业和工业生产中解放出来，为第三产业的发展提供可能，而工业化后期第三产业的迅速发展又为进一步吸纳传统产业富余人口创造了条件，从而推动城镇化的演进和城市发展。

比较典型的例子是法国洛林地区由传统的煤炭、钢铁工业向高新技术产业、复合技术产业的转型；素有"德国工业之引擎"美称的鲁尔区由以煤炭、钢铁为主的产业向贸易、信息产业等的转型；而苏联顿巴斯煤田（现乌克兰）及巴库油田（现阿塞拜疆）由于没有发展新兴替代产业，致使资源枯竭后，迅速由盛转衰。

4. 城市治理的法制化和透明化

城市治理的法制化和透明化，即"依法治市"。从目前的实践看，通常要求城市政府本身是一个法人，每个城市管理部门在建立前先立法，充分体现管理机构的法律权威性，以法律形式规定执行机构的权限等。按照联合国人居规划署的研究，城市政府管理的透明化意味着信息的共享和以开放的方式采取行动，是建立良好的城市治理结构的核心，有助于减少城市贫困，提高市民的参与度，是促进城市良性发展的重要途径。在过去多年里，由于缺乏较为透明的城市治理结构，导致了城市各阶层之间的隔离，较低的城市财政收入和财政支出不能有效惠及贫困人口等城市化进程中的诸多问题。解决这些问题的一个重要办法就是提高城市治理的透明度。

此外，对于大城市及大都市区的治理，在西方国家出现了建立大都市联合管理机构的现象，形成地方城市政府自治与大都市联合政府的双重机构，有可能成为一种趋势。一种方式是成立大都市区政府，在20世纪50—70年代曾盛极一时。最典型的例子是华盛顿大都市委员会和双城大都市区议会。华盛顿大都市区包括哥伦比亚特区及马里兰州、弗吉尼亚州的15个市（县），于1957年成立了统一正规的组织——华盛顿大都市委员会，现已成为包括18个成员政府、120名雇员、年预算1000万美元的正式组织。双城大都市区（位于明尼苏达州东部两城市圣保罗和明尼阿波利斯及其附近连绵成片的城镇密集区）总共有372个独立的地方政府单元，包括7个县、138个市、50个镇、149个学区、6个都市组织、22个特别法院，为了解决因机构复杂多样而导致的区域矛盾，于1967年成立了双城大都市区议会，议会共有17个成员，由州长按照城市规模提名任命。还有一种方式是以横向合作为基础，组建松散型城市政府联合组织。例如，大都市区地方政府协会，最为典型的就是1961年成立的旧金山湾区地方政府协会，在其全盛时期，有8个县、82个城市作为其资格成员。这些联合机构的职能一般都是协调区际利益冲突和提高资源共享程度，优点是能够充分考虑到都市区的各种功能联系，使政府在提供公共服务方面更加高效合理，促进都市区政治经济一体化。

（四） 国外城镇化过程中主要教训总结

20 世纪，工业文明、城市文明在给人类创造巨大财富和技术进步的同时，也给人类造成了规模空前的灾难和创伤。不同城市化模式的国家在城市化过程中经历了不少惨痛教训，主要表现在自然资源与环境、社会环境、人群互动关系三个方面。这里主要从城市化先行国家在城市化发展过程中所表现出来的问题进行概括。之所以出现这些问题，除了在城市化过程中由于人口的大量集中所必然带来的局部社会问题被放大的因素之外，如环境污染、瘟疫流行、种族矛盾与阶级矛盾激化等，主要在于忽视了城市发展政策的重要性。当今许多国家城市发展中几乎所有的问题，包括经济、社会、环境、能源、城市交通等，都和当时城市发展政策的失误有着直接关系。

1. 自然资源与环境代价惨重

最突出的例子就是 20 世纪 50—60 年代的世界"八大公害"事件（伦敦烟雾事件、日本米糠油事件、美国多诺拉烟雾事件、洛杉矶光化学烟雾事件等）。以美国为例，美国在 20 世纪由于土地制度、机动化和政府错误的公共政策等原因，使其郊区化一发不可收拾，并表现为 20 世纪 50 年代的住宅郊区化、20 世纪 60—70 年代的产业郊区化、办公活动郊区化的特征趋势，为此付出了沉重代价：土地资源浪费严重、经济成本居高不下、生态环境破坏愈演愈烈、资源能源消耗过度。1940—1990 年，美国大都市区人口占全国人口的比重从 47.6% 上升到 79.5%，而城市中心区人口占大都市区的比重则从 61.8% 下降到 40.3%。1970 年，郊区人口超过了中心城市人口，也超过了非都市区人口。据林肯土地政策学院提供的资料：纽约大都市区在 1960—1985 年人口仅增加 8%，而城市化的区域增长了 65%。

虽然郊区化发展满足了中产阶级追求理想居住环境的市场需求，却使美国社会付出了巨大的资源和环境代价，其人均能源消耗为欧盟的 2~3 倍，人均汽油消耗为欧盟的 5 倍。1943 年 9 月 8 日，洛杉矶首次发生烟雾事件。此后，该类事件不断发生，尤以 1955 年最为惨重，400 多人丧生。

2. 社会环境危机重重

在城市化发展的不同时期，伴随着城市规模的扩大和人口的大量增加、城镇化速度与工业化和经济发展水平的不匹配，以及城市规划的滞后等原因，一些城市陆续出现了"城市病"，如环境污染、水资源缺乏、交通堵塞、住房短缺、失业、贫困、犯罪、财政拮据等一系列社会问题，城市人居环境不断恶化，整个社会环境危机重重。

（1）城市化早期因基础设施不足造成疾病流行。英国等欧洲国家在城市化初期，由于缺乏必要的基础设施，导致了严重的环境污染和传染病的迅速蔓延。1347—1352 年，欧洲发生"黑死病"，即鼠疫，造成 3000 多万人死亡。1350—1400 年，欧洲人均寿命从 30 岁缩短至 20 岁。在随后的 300 年间多次爆发各种疾病，这一时期因传染病死亡的人数超过了两次世界大战死亡人数的总和。日益扩大的世界贸易带来大量的、大范围的人口流动，使得流行病迅速地跨国和跨地区传播。加上城市垃圾处理不及时和生活用水被污染，造成 1832 年、1848 年和 1866 年霍乱 3 次席卷英国。1894 年始于中国香港的鼠疫，波及 60 多个国家，死亡人数达到 1000 万。1918 年西班牙流感大暴发，死亡人数超过 2000 万。这说明当人类向大自然的索取超过空前的程度时，受到大自然惩罚的可能性也随之提高了。

（2）城镇化高速期引发房地产泡沫危机。城市土地的稀缺性、不可移动性与民众对居住空间需求的急迫性之间的矛盾，极易在城镇化高速期引发房地产投机而造成泡沫危机。以日本为例，日本城市化发展的主要特征就是以大都市为核心的空间集聚模式，实现资源配置的集聚效应和跨越式的经济腾飞。在 1950—1990 年，东京、大阪、名古屋三大都市圈的人口占全国总人口的比重从 38% 上升到 51%。尽管大都市圈的发展在日本经济发展中发挥了极其重要的推动作用，但人口和产业的过度集聚也造成三大都市圈的房地产价格飞涨，最终酿成泡沫经济。

1955 年以后，伴随着战后日本经济的迅速复苏和持续的高速增长，特别是重化工产业、大型企业的高速发展和迅猛而至的城市化浪潮，导致对土地需求的猛增。由于城市土地数量的有限性和空间的不可移动性，房地产价格上升的幅度快于需求的增加。从 20 世纪 50 年代一直到 80 年代末期，整整 35 年时间（除了 1974—1977 年受石油危机冲击，日本房地产价格出现连续 3 年回落之外），日本的房地产市场价格一路攀升。据统计，1955—1972 年的 18 年间，日本房地产的总资产上涨 143 倍，遥遥领先于其他产业。日本国土面积为 37.78 万 km²，美国为 916.6 万 km²，日本的国土面积为美国的 1/24，而地价总值却是美国的 4 倍，达 2000 兆日元，居世界各国之首。此外，1955—1989 年，日本批发物价上涨 2 倍多，消费物价上涨约 5 倍，工资上升到 21 倍，但全国城市土地价格上涨约 54 倍，东京等六大城市土地价格上升 128 倍。执政的自民党也不得不承认：在战败后的经济恢复和起飞方面是成功的，可是在土地政策方面是失败的，其本质就是错在拿不是商品的土地当作商品来对待这一点上。

1990 年后，由于"泡沫"的破灭，日本的房地产价格一路下滑。东京地区最高级住宅用地从 1990 年高峰期的每坪① 94.5 万港元跌至 1992 年 42.58 万港元，只及高峰期的 45%。同年，全日本土地总资产因地价暴跌损失高达 665 兆日元，房地产业全面萎缩，牵连到相关产业，引发了一系列金融危机，导致日本经济连续 15 年长期低迷，国力大大削弱。

3. 人群互动关系问题丛生

主要表现为贫富差距过大、贫民窟问题突出，引发城市危机和社会骚乱。以城市贫困为例，2003 年，联合国人居规划署发布了以全球贫民窟的挑战为主题的年度报告。报告显示，全球贫民窟居民人数在 20 世纪最后 10 年里增长到了 9.23 亿人，增长幅度为 36%（也就是说，目前全球约有 1/6 的人口居住在贫民窟）；如果贫民窟居民人数继续以同样速度增长，到了 2030 年将达到 20 亿人。此外，有 5400 万人居住在发达国家城市类似贫民窟的环境里。

以美国为例，20 世纪 50 年代，美国在经历了战后繁荣之后进入了平稳发展阶段，这一时期被称为"丰裕的社会"。但所谓丰裕是有限度的，城市贫困问题并未消失。随着郊区化进程，郊区逐渐成为相对独立的"边缘城市"，城市中心区则成为黑人和移民等低收入群体的聚集地更易出现财政危机、失业、贫困和犯罪等城市问题，甚至引发种族骚乱。城市更新运动（1949 年开始至 20 世纪 70 年代中期结束，即中心城市再开发运动）也未能从根本上解决市中心区的衰退，尤其是"黑人"问题。市中心区和郊区形成了截然不同的两个世界，整个国家正在走向两个社会，"一个是黑人的社会，另一个是白人的社会，两个社会分离而且不平等"。20 世纪 60 年代中期，美国城市中出现了一系列种族骚乱现象。1964—1970 年，多达 100 多个城市爆发了种族骚乱（典型的如瓦茨骚乱），进一步强化了白人和黑人之间的集体对立。20 世纪 90 年代，美国经历了第二次城市危机。1992 年 4 月 29 日，洛杉矶爆发自 20 世纪 60 年代民权运动以来最大规模的反种族歧视暴力事件，

① 1 坪 ≈ 3.3 m^2。

致使 50 多人死亡、2000 多人受伤、11 900 多人被捕，全部经济损失约 10 亿美元。美国政府动用了 2.2 万名军警，平息了这次骚乱。

法国巴黎郊区也曾多次发生大规模骚乱。

拉丁美洲、非洲、南亚等地"殖民式城镇化"所造成的恶果已日益彰显，宗主国强制性照搬发达国家的城镇化模式，造成大量失地农民涌入城市，加剧城市贫困。20 世纪 80 年代，许多拉美国家陷入持续的经济衰退和债务危机，城市问题也越来越严重，被国际社会称为"失去的十年"。

20 世纪 70 年代以来，非洲国家的城市危机加剧，20 世纪 80—90 年代成为非洲大陆的"城市危机"时期。在肯尼亚首都内罗毕，近半数人口居住在大大小小数十个贫民窟里。其中，离市中心仅 4 km 的基贝拉贫民窟 3 km^2 左右的面积内居住着 70 万 ~ 100 万人口，是世界上最大的贫民窟之一。

印度也曾因种姓问题多次发生社会骚乱。

（五）国外城镇化对中国新型城镇化发展的启示

目前，中国正经历着世界上规模最大、也许是速度最快的城镇化进程，中国城镇化进展的成就令人瞩目，发展过程中遇到的问题极具挑战性，如自然资源短缺、能源需求增长、空气污染与交通拥堵严重、生态环境恶化、人居环境脆弱、形象工程盛行、公共安全危机、社会阶层分化（城镇化进程中农民利益未得到根本保障）、公共财政不足、城市政策失衡、"土地城市化"大于"人口城市化"等。研究、汲取和借鉴所有先行国家的成功经验和惨痛教训，对探索中国新型城镇化道路，促进中国城镇化的健康、有序发展具有重要意义。

1. 注重城乡一体

改革开放以来，中国的城市发展取得了很大成就，城市化水平从 1979 年的 18% 提高到 2009 年的 46.6% 左右，拥有 6.22 亿城镇人口，形成建制城市 661 座，其中百万人口以上特大城市 118 座，超大城市 39 座。城市化是未来支撑中国经济最重要的支柱力量。

但是，在推进城市化的同时，千万不能忽视农业和农村经济的发展。由于历史的原因，用人为的制度因素或行政手段（如户籍制度、社会福利保障制度、基本生活品供应制度、教育制度、差别就业制度等）将城乡分割开，导致中国的城乡二元结构由来已久，这一问题亟待引起特别重视。

国际经验表明，凡是城市化水平高的国家，其农业也相应地较为发达。美国是在城镇化、工业化的同时实现农业现代化的，农业生产率的迅速提高解决了粮食和原料问题，并为工业发展提供了广阔的国内市场。同时，农产品的出口为工业化和城镇化提供了大量的积累资金。日本在处理城市与农村发展关系方面较为成功，政府在关注三大都市圈发展的同时，制定了大量法律促进农村的健康发展。巴西的情况正好相反，在城市化过程中，片面强调城市的扩张而忽略了农村的发展，导致城乡之间存在巨大的差距，强化了城乡二元经济结构。

正反两方面的例子告诉我们，要实现城乡一体化，必须纠正传统的偏重城市发展的政策倾向，在城镇发展与农村发展之间形成一种良性的互动关系。城乡统筹发展将是中国经济持续发展的极为重要的动力。推进新型城镇化，必须把统筹城乡区域协调发展与推进城镇化结合起来，大力拓展发展空间。

2. 构建新型城镇体系

从城市的空间分布和规模来看，存在 2 种城镇化模式：集中型城镇化和分散型城镇化。二者各有利弊，必须有机结合，走多元化的城镇化发展道路。从世界城镇化的发展趋势看，随着经济全球化、信息和交通技术的进一步发展和运用，城市的发展潜力与其现有规模间的关系逐步减弱，反而更加取决于该城市与全球其他城市的相互作用的强度和协同作用的强度，从而有可能使若干全球信息节点城市发展成为世界城市或国际性大都市，最终促成多极多层次的世界城市体系的形成，出现世界级城市、跨国级城市、国家级城市、区域级城市和地方级城市的分工协作。

而且从过去的发展历程看，一个国家的首位城市将在形成世界城市体系的过程中发挥很大的作用。例如，自 20 世纪 80 年代电信业被广泛应用之后，纽约、伦敦、东京、法兰克福、圣保罗、中国香港、悉尼等城市的中心商务区或国际商务中心得到极快发展，对所在国经济乃至全球经济发挥了积极的作用。

中国实现城镇化将是一个比较长的历史过程，要延续到 2020 年以后，不能急于求成。推进城镇化，关键是逐步形成合理的城镇体系，提高城镇综合承载能力，促使大中小城市和小城镇协调发展。不能将城镇化片面理解为发展大城市，也不能简单化为遍地开花发展小城镇。结合各国城市化和小城镇发展的经验,加快中国城镇化进程,必须从国情出发,积极培育区域中心城市,形成"发展极"和等级次序相对合理的大中小城市序列,带动城乡协调发展。近年来,大城市人口增长高于中小城市和小城镇。大城市、城市群(带)是国家核心竞争力的主要载体,理应重视和发展。但小城镇是国家城镇体系的"基层"。只有大中城市发达,而小城镇萎缩衰退的城镇体系,将会是一种畸形的、不可持续的体系。因此,应坚持两条腿走路的方针:一方面,着力加快发展中小城市(镇);另一方面,着力培育具有全球竞争力的城市群。

3. 培育城市主导产业

城市发展与产业发展有直接的关系。著名经济学家缪尔达尔的城市发展积累因果理论认为,当城市发展到一定的水平时,决定城市增长的不再是本地的资源禀赋,而是城市本身集聚资本、劳动力等生产要素的能力。这种能力取决于城市能否形成一种繁荣的主导产业与派生产业,这一产业将会派生出新的产业,而新的产业又能形成一种繁荣的主导产业及其派生出的新产业。这种累积和循环的产业发展过程,推动城市不断向前发展。因此,城市发展首先要解决的就是产业发展问题。

美国和巴西城市化的经验也表明,因地制宜地培育具有竞争优势的主导产业,是保持城市活力、推动城市发展的重要条件。以美国旧金山附近的小城镇帕洛阿尔托为例,该镇是一个只有5万多人的小城镇,在发展过程中,依托毗邻斯坦福大学的优势,发展包括电子、软件和生物技术在内的高新技术产业,成为世界上最具活力的小城镇之一。可以这么说,离开了产业的支撑,小城镇将失去发展的基础。

中国的小城镇建设,普遍存在产业结构雷同、特色产业不明显、主导产业不突出等现象。因此,各地要结合经济结构的战略性调整,合理定位城镇功能,着力培育本地区的主导产业,增强城镇可持续发展的能力。通过主导产业的崛起和形成,带动新产业的发展和配套设施建设,进一步促进城市发展。

东京的工业进程经历了初级工业化、重化工业化、高加工化和知识技术高度密集化阶段,走过了一个逐步高度化和产业结构不断优化的发展道路。其一,在工业结构高级化过程中,经济结构呈现高技术化趋势。其二,都市型工业是能够广泛吸收就业、为满足现代城市功能服务的行业,一般具有劳动密集、产品花色品种变化快、耗水少、污染低、占地少的特点，从东京工业结构演化来看，都市型工业在整个过程中都发挥着重要的作用，一直位于主导行业之列。其三，制定合理的产业政策，推动产业链形成，有助于促进产业结构调整和经济发展。其四，充分重视与构筑合理产业链，以优化的城市职能分工促进区域共同发展。

就中国情况而言，我们看到两个互相矛盾的城市政策：一方面，推进城镇化是中国城市政策的核心，更多农民工将会进城；另一方面，每个城市都把高科技制造业、现代服务业作为发展方向，使就业基础较差的农民工在进城后难以找到收入较高的工作。因此，在城市总体规划中，应支持多元化的经济结构，为低就业门槛的就业留有余地。也就是说，在积极培育城市主导产业的同时，还要注重城市发展的多样性，保持大城市经济的多元化。日本著名经济学家青木昌彦曾提出，只有一种经济组织形式的城市，是难以创造可持续发展能力的。

4. 完善公共政策

城镇化是中国现代化进程和经济持续增长中的核心命题，而公共政策又是中国城镇化进程中举足轻重的推动变量。中国城镇化发展的基本目标是实现集约化经济社会、流动性社会（人口流动和交通体系）、市民社会和追求可持续发展的社会。

城镇化指的不是城市扩大、市容更新、基础设施建设的过程，这种过程叫作城市发展。城镇化的本意是农村变城市或农民变市民，其本质是农村人口转移到城市，在城市定居和工作。简单地说，城镇化就是农民进城的过程。在进城之前，农民是低收入阶层。因此，城镇化的过程又是如何处理好贫富差距问题的一个过程。显然，这是一项复杂的经济、社会与生态的系统工程，涉及一系列的公共政策及其相互协调问题。

（1）城镇化是工业与服务业发展的过程。一个国家要实现城镇化，要使农民真正进城，需要创造越来越多稳定的、长期的非农就业岗位，使农民不仅能够进城，而且能够在城市定居，非农产业化才能最终实现。从这个意义上来说，城镇化是为了更好更快地实现非农产业化。因此，要使城镇化深入展开，当前的重要任务是发展适合中国国情、适合于一个地区和城市的具体条件的产业结构，创造更多的就业。有了好的经济政策和产业政策，一个地区的就业才能增长，人口才能聚集起来；而随之带来的收入提高，税收增长，用于城市基础设施建设的资金才会较为充足，这样城市才能发展起来。

（2）城镇化是农民进城的过程。农民工进城，凸显了社会收入差距拉大的现象。而农民工作为一个弱势群体，在很多方面没有保障，包括养老、医疗、住房、子女的教育等。在这个意义上，城镇化是一个社会问题，需要方方面面的社会公共政策加以保障，需要重新思考和构建社会保障体制，这样城镇化进程才能平稳进行。从长期看，不可能所有的农村都变成城市，必须坚持城市反哺农村，走城乡一体化的道路。中国在各种体制包括土地制度的保障下，成功避免了大量城市贫民的存在，避免了城市贫民窟现象。但是，城镇化进程中，低收入阶层在城市中的存在，仍然对我们各方面的经济政策提出了严峻的挑战。如何使新进城的低收入阶层和原来的"城市贵族"能够安居乐业、各得其所、相得益彰、和谐发展，是城镇化进程中公共政策研究方面的一个重要课题。过去有些城市为了使城市更美好，为了环保，为了社会治安，为了管理上的种种方便，驱赶"城中村""城边村"，驱赶外来农民工，这实际上是一种反城市化的行为。当前中国社会群体性事件频发，可以说是社会管理机制滞后于城市化发展的突出反映，本质上反映了城市化带来的利益变动与冲突。

（3）城镇化是土地用途转移的过程。从空间的角度来说，城镇化又是土地用途转移的过程。城镇化进程并不意味对农产品需求的减少。然而，城镇化进程又要求城市用地、商业用地的增加，导致城市用地与农业用地发生冲突，而这又涉及土地等一系列制度与政策的改变。例如，如何更有效地利用有限的土地进行城镇化发展，如何使城市用地更加集约，在有限的土地上提供更多的住房、各种工业和商业的空间，如何使转移出来的农民所拥有的宅基地充分利用起来，与农民进城的进程相结合，满足城市用地的基本需求。

（4）城镇化进程是一个复杂的系统工程。城镇化意味着大批农民结束了散居的农业社会生活方式，转移到城市当中，而城市人口大规模增长，大城市越来越多。人们的许多生活必需品的供给，从原来的一家一户各自解决的方式转变为公用品、公用事业的供给方式，这时候，一系列有关城市公用事业发展的公共政策就变得越来越重要。如何利用有限的资源，提供价格低廉、质量有保证的各种公用品，如电力、自来水、煤气、公共交通、公共设施，如何有效解决城市垃圾处理等问题，就成为城镇化过程中非常重要的一系列需要研究的制度与政策问题。

同时，城镇化进程造成大量的环境污染和破坏，说明人与自然的关系还没有得到充分研究。人口大规模聚集所产生的各种环境问题、生态问题，是下一阶段城镇化进程中公共政策问题的一个焦点。此外，城市进一步向低碳生态型发展，建设低碳城市，减少城市的二氧化碳排放量，保护城市环境，是当今世界各国的城市发展方向，正在成为世界城市化发展过程中的新亮点，影响城市在全球范围内的竞争。在目前全世界都关注全球变暖、应对气候变化的潮流中，中国作为一个发展中国家，也不可避免地要在城市化进程中把降低能耗、减少二氧化碳排放这样的问题纳入公共政策议程。因此，城市化进程是一个复杂的涉及经济、社会、环境、文化等方方面面的系统工程，其中还涉及各方面政策的相互协调问题。针对以上问题，必须进行深入、系统的研究，制定系统、稳定、可持续的城市政策，强化制度创新，使经济政策、产业政策、能源交通政策等与社会政策有机组合，形成一个和谐而统一的公共政策体系，来保证城市化进程的健康、有序进行。

综合起来，在讨论、制定城市发展政策时，不应该、也无法局限于具体的"城市问题"。城市发展政策具有全局作用，带有历史影响，城市发展政策的成败并不完全在于政策本身，而取决于更加高层、宏观的国家发展政策。国家发展政策的正确与否，决定城市发展政策是否出现偏差。反之，在高度城市化的时代，城市发展政策对于一个国家经济社会的长期发展也会产生重大、持久的反作用。制定国家经济发展政策时，必须特别重视这些政策的空间影响、城市影响。至于"城镇化率虚高"的问题，这个问题确实存在，如果减掉农民工，城镇化率为40%左右。如果以这个基数来作为制定一系列经济社会发展政策与城市发展政策的依据，那么，肯定与当前的政策存在较大差异。

制定正确的政策需要时间，因为对问题的认识需要相当长时间的检验和证明。实践和时间都是检验真理的标准。决策者在制定城市发展政策时，要特别注意防止急功近利和好大喜功。以城市贫困为例，对于数以亿计的进城农民工，无论是对他们的管理问题，还是对他们子女的教育问题，都将伴随并困扰着中国城镇化进程。

（5）政府适度引导。城市化是一场深刻的社会大变革，涉及经济结构调整、社会结构变迁、城镇合理布局、区域协调发展等一系列重大问题。如同市场经济需要适度的宏观调控一样，城镇化也必须要有适度的宏观调控和引导。基于市场化的政府适度引导对城镇化的健康、有序发展十分必要和重要。无论在发达国家还是发展中国家，各种"城市病"或城市危机的出现，与缺乏公共政策的及时有效干预直接相关。西方发达国家曾经对这些"城市病"等城市问题感到十分棘手，但它们能够通过及时调整公共政策，进行各种政策干预，包括采用各种财政手段介入城市事务，合法限制私人对城市土地的某些不良开发利用，以及政府直接实施城市发展和改造计划等，有效缓解了各种城市问题。要实现城市化的可持续发展，政府可在城市规划编制、城市发展方向、城市区域统筹协调等方面发挥重要作用。

三、中国城镇化发展的历史透视

（一）中国城镇化的发展历程与阶段

中国城镇化经过了 60 余载的曲折探索，这个历程充满了纠结和徘徊，虽然走了不少弯路，但也奠定了当前城镇化的基本格局。

1. 改革开放前的城镇化

新中国成立到改革开放前的 30 年，中国城镇化经历了起步、曲折、停滞 3 个阶段。

1949—1957 年是城镇化起步发展阶段。国家实施重工业优先发展战略。资源型城市优先发展政策使得中国城镇化经历了短暂的美好时光。20 世纪50 年代，中国出现了包头、兰州、西安、太原、郑州、株洲、成都、乌鲁木齐等一批新兴工业城市。

1958 年"大跃进"时期是城镇化曲折发展阶段，2000 多万人被招进城，对城市造成了严重的压力。国家出台《户口管理条例》严格控制人口迁徙，导致中国出现了第一次"逆城镇化"，使中国的城镇化在 20 世纪 60 年代出现了倒退。

1966—1977 年"文革"时期是城镇化停滞发展阶段。在当时"上山下乡"和"三线建设"的政策导向下，约有 30 多万人下放农村，使中国的城镇化经历了数十年的停滞。

回顾新中国成立后近 30 年的城镇化历程，由于受"大跃进""上山下乡""文化大革命"、国防工业战略等因素影响，中国的城镇化率远远落后于同期世界水平，到 1978 年仅为 17.92%，却奠定了中国城镇化发展的基础。可以认为这是政府推动的自上而下城镇化发展模式的开始。

2. 改革开放后的城镇化

改革开放后的 30 年，中国城镇化重回探索时期，主要经历了恢复、平稳、快速、加速 4 个发展阶段。

1978—1984 年，是以农村体制改革为主的城镇化恢复发展阶段。1978 年十一届三中全会拉开了农村经济体制改革的序幕，下乡知青和干部返城、高考恢复、农村学生进城、乡镇企业崛起、城乡集市贸易开放和发展、城市开始进入建设和维护阶段，呈现"先进城后建城"的特征。

1984—1992 年，是以乡镇企业和城市改革双重推动的城镇化平稳发展阶段。这个时期乡镇企业异军突起，城市经济体制改革增强了城市活力，形成"离土不离乡、进厂不进城"的农村工业化模式和"离土又离乡、进厂又进城"的小城镇模式。沿海地区出现了大量的新兴小城镇，深圳奇迹和上海浦东新区的崛起也都发生在这一时期。但这个阶段农民进城还存在很多限制和障碍，并未进入快速发展阶段。

1992—2003 年，是以市场经济体制改革为主的城镇化快速发展阶段。城镇化进程持续和稳定增长，城镇化战略上升为国家战略，国家逐渐放宽对农村人口流动的管制，推动各类城市和小城镇快速发展；设市标准的调整，扩大了城镇建成区和人口规模。城镇化进入快速发展阶段。

2003 年至今，是以城乡统筹为主的城镇化加速发展阶段。从 2003 年开始，中国开始进入城乡统筹发展阶段，宏观经济摆脱亚洲金融危机影响，城镇化全面加速推进，城市综合承载能力与吸纳农村人口的能力得到前所未有的提高。中央出台了一系列政策、文件，落实放宽中小城市、小城镇的发展条件，部分大城市也放宽了进城务工人员的落户条件。大城市和城市群的发展逐渐得到国家的重视，珠三角、长三角、环渤海等城市群加速建设，成为这一阶段城镇化的重要标志。

改革开放后的城镇化发展，可以说是在政府和市场的共同推动下，出现了一轮长达 30 多年的爆发式增长阶段。这个阶段城镇化率大幅提高，主要得益于经济快速发展和体制改革。随着国内外产业转移进一步升级，珠三角、长三角、环渤海城市群迅速崛起，东、中、西发展的差异性和制度红利效应凸显，家庭联产承包制和改革提高了农业生产率，推动了乡镇企业的发展，加剧了市场竞争，更多的农村剩余劳动力流向城市寻找就业机会。工业化的快速发展推动了人口的进一步迁徙，服务业的发展又进一步拉动人口向城市集聚，形成滚雪球效应，推动了中国城镇化率的快速提升。

在 21 世纪之前，中国城镇化走的基本上是一条以小城镇为主的发展道路；21 世纪之后，大城市及以大城市为核心的城市群无论是在理论界还是在城镇化的实践中，其地位都得到了很大的提升。有关数据显示，无论是城镇化率还是全国城市数量指标，在改革开放后的 30 多年都有较大的飞跃。2011 年中国城镇化率首次超过 50%，达到世界平均水平。2015 年城镇化率为 56.1%，与 1978 年的 17.9% 相比，36 年增长了 38.18 个百分点，平均增速每年在 1.0% 以上，实现了近 5.5 亿农村人口进城的成就。在整体上，改革开放以来中国的城镇化是以速度增长型为特征的城镇化，可以称之为 1.0 版城镇化。

3. 转型关键期的城镇化

城镇化发展有其自身发展的客观规律。根据诺瑟姆 S 形曲线，50% 城镇化率是城镇化由加速推进转向减速推进的一个重要时期。1986 年以前中国城镇化处于初级阶段，1986—2011 年为城市发展的加速阶段。2011 年中国城镇化水平首次超过了 50%（为 51.3%）。对照城镇化发展的 S 形增长曲线，中国正处于曲线中部，处于城镇化转型发展的关键期，未来城镇化速度将趋于缓慢。

与世界不同收入水平的国家对比，2011 年以前，中国城镇化率一直低于世界平均水平，甚至低于发展中国家水平。2011 年以后虽然中国城镇人口所占比例已超过一半，但仍低于发展中新兴国家城市化率 60%，与发达国家城市化率 80% 的水平差距更大。可见，未来中国城镇化率还有很大的提升空间，但城镇化不可能永远持续下去。中国城镇化峰值应该低于西方发达国家。不同机构的学者和专家预测，2020 年中国城镇化率将达到 55%~60%。70%~75% 的城镇化率则可能是中国城镇化的峰值。届时按预计中国总人口 14.7 亿计算，中国城镇人口将超过 10 亿。

综上所述，今后中国城镇化仍将继续，但城镇化率增速将有所放缓，未来需要在反思 1.0 版城镇化成就和得失的基础上打造升级版城镇化。

（二）中国传统城镇化发展中面临的挑战

中国的城镇化虽然取得了辉煌的成就，但也存在一些问题。当前中国所处的环境要素发生了很大的变化，亟须调整发展思路，深度反思过往城镇化进程中所面临的问题。

1. 工业化与城镇化的非匹配

关于中国工业化与城镇化的关系，学术界有不同的观点，到底城镇化发展是超前还是滞后？哪种观点更符合中国的现实情况？我们采用钱纳里标准理论模型分析发现，中国 2014 年非农产业产值和非农产业就业比重分别为90.8% 和 65.2%，对应钱纳里理论模型的城镇化率应在 68% 和 55% 左右，而实际城镇化率仅为 54.77%；如果按户籍人口计算的城镇化率还不到40%，说明城镇化滞后于工业化水平。

从国际城镇化与工业化率的比值分析：二者合理的比值范围应在1.4～2.5，而中国城镇化率与工业化率的比值从 1978 年 0.41 上升到 2011 年的 1.28，尚未进入合理区间。

关于城镇化与工业化发展的匹配关系问题，相关研究和实践案例很多。中国科学院可持续发展战略研究组学者牛文元采用 NU 标准测度城镇化与工业化的均衡程度，结论是中国城镇化进程滞后于工业化进程。实际上，城镇化与工业化的匹配关系已经成为中国不容忽视的一个问题，不管是滞后还是超前，都要分析产生不匹配问题的社会历史背景。

2. 经济效益与社会公平的非协调

事实上，中国城镇化发展在取得巨大经济效益的同时，二元经济结构并没有得到有效改善，城乡差异和区域差异也越发明显。由于农村和城市两大经济部门相对封闭、彼此分割，生产要素不能在城乡间自由流动，使得城乡在个人收入、消费、教育、医疗服务和居住环境等方面存在显著的差异。由于利益分配在不同的经济团体和区域之间流动的差异，导致中国在区域空间格局上，城镇化发展进程、城镇化规模结构、城镇化发展的区域差异明显。城镇化进程的区域格局逐步由北高南低的基本空间差异，转变为东西差异。大城市、中小城市和小城镇之间发展不协调。北京、上海、广州、深圳等超大城市领先发展，一批大城市也出现了蓬勃发展趋势，迅速成为区域经济发展的龙头。自 20 世纪 80 年代迅速发展起来的中小城市和小城镇则因投入不足等原因导致其聚集效益差、缺乏吸引力，发展相对缓慢。

3. 体制机制与发展要求的非适应

中国城镇化进程中出现的诸多问题归根结底是由于中国城乡二元结构、农村土地改革滞后、等级化的行政管理、单一的财税金融体制等造成制度壁垒、福利壁垒、文化壁垒，成为农村与城镇之间的巨大鸿沟。

当前城乡二元结构制约着人的城镇化进程。生产要素向城市单向流动和集聚，造成了对农民利益的双重剥夺，弱化了农村和农业发展，形成了城市居民、农民和农民工的"三元社会"。另外，医疗、教育、养老乃至就业等社会福利与户籍地挂钩，以致没有城镇户籍和住房的近2亿农民工虽然被官方统计到城镇人口总量中，却没有享受到城镇的福利，加剧了社会保障方面实质的不平等，农村的教育制度、医疗制度、就业培训制度等都与城镇形成鲜明的对比。

现行农村土地制度改革滞后削弱了农民进城落户的能力。虽然近年来逐渐推行农村土地流转，也取得了一定的成就，但由于农村土地不能成为农民进城安居落户的现实资本，农民很难享有资产性收入。一方面是现今大量进城的农民因在城市安家成本过高，不得不两地徘徊；另一方面是农村土地闲置，缺乏有效的解决途径。因此，国家正着力推进农村土地制度改革，将逐渐扭转制约农民进城的局面。

传统条块分割、自上而下等级化管理的行政体制，决定了中国城镇在行政上不是彼此独立的，较高等级的城市管理着较低等级的城市。而在西方国家，如美国实行"自治"管理体制，州、县、市在体系中都具有独立的立法和行政管辖权。中国城镇的财政制度是实行收入自下而上缴纳和资源自上而下分配，使得资源更多地集中于大城市和中心城市。行政级别高的城市通过其掌控的行政资源向大城市和中心城市倾斜，推动了大城市和中心城市的快速扩张，而行政级别低的中小城市与小城镇由于难以获得充足的公共资源和享有充分的公共管理职能，城镇功能不完善，产业发展和公共服务能力不足，正常发展受到比较大的制约。

目前单一的财税金融体制制约着城镇化。城镇化进程中人的市民化和基础设施建设需要巨额资金，而财政投入一直是城镇基础设施建设的重要资金来源，但是中国多数地方政府财力薄弱，投入到城镇化建设之中的资金十分有限，土地财政成为地方增加财政收入的主要来源。在新时期，这种土地财政风险不断加大，显然不可持续，城镇化建设资金缺口大部分通过外部融资来解决。但是，目前又缺乏多元化的投融资机制，这也成为制约地区城镇化进程的制度障碍。

4. "资源要素驱动"模式的非可持续

改革开放以来，中国城镇化的高速发展主要得益于土地、劳动力等要素的贡献，对环境资源过度依赖。

土地红利是中国经济低成本扩张的重要因素。由于中国土地廉价、易得，在过去的城镇化过程中，依靠土地要素为中国城镇化发展创造了有利条件。在城市建设方面，政府资金来源和财政投入有限，土地财政是多数地方政府的财政来源。然而，土地财政在给政府带来巨大资金来源的同时也滋生了土地资源制约加剧、土地财政风险增加、高房价引发的社会危机、城市产业和土地结构失衡等现实问题。这种过度依赖"土地红利"的发展模式存在诸多后遗症，阻碍城镇化可持续发展。

人口红利是推动中国城镇化快速发展的重要因素。大量农村廉价劳动力形成人口数量红利，农民工成为"中国制造"最大的成本优势，支撑了中国的快速工业化和城镇化。但是随着农村剩余劳动力从"短期相对无限供给"转向"有限剩余"，以及劳动力不再便宜，过去以"量大价廉"劳动力为特征的人口数量红利逐渐消失。与此同时，由人口红利模式引发的是城市兴起和农村的相对衰败，城乡二元结构进一步强化，城乡差距进一步拉大，"留守儿童""空巢老人"等社会问题越发凸显。

环境红利促进中国城镇化的快速发展。但因过度依靠环境资源，使得城镇发展与资源生态环境承载力不协调的问题越来越突出。这种模式"多快好省"，省去的主要是环境建设的基本投入，是以牺牲环境为代价的高速发展模式，带来的是雾霾、江河污染及其他生态环境的破坏问题，使得宜居指数较高的土地只占国土面积的19%。

面对资源要素与环境约束条件的深刻变化，这种透支土地红利、人口红利、环境红利的城镇化模式的代价和风险逐步增大，终将不可持续。因此，转变发展方式，走新型城镇化道路成为必然选择。

（三）新型城镇化战略的提出

从2003年党的十六大开始，中央新型城镇战略思路逐渐明晰。

1. 十六大提出走"中国特色城镇化道路"

中国共产党第十六次全国代表大会明确提出，要坚持大中小城市和小城镇协调发展，走中国特色的城镇化道路。

2002年10月，党的第十六次代表大会在北京召开，当时城镇化率达到37.7%，全国城镇化发展迅猛。在此背景下，党的十六大报告提出"走中国特色城镇化道路",新型城镇化的讨论开始在全国逐渐掀起高潮。

党的十六大报告指出,农村富余劳动力向非农产业和城镇转移,是工业化和现代化的必然趋势。要逐步提高城镇化水平,坚持大中小城市和小城镇协调发展,走中国特色的城镇化道路。发展小城镇要以现有的县城和有条件的建制镇为基础,科学规划、合理布局,同发展乡镇企业和农村服务业结合起来,消除不利于城镇化发展的体制和政策障碍,引导农村劳动力合理有序流动。

党的十六大报告首次明确提出"走中国特色的新型城镇化道路",并将大中小城市和小城镇协调发展作为其基本内涵。

2. 十六届五中全会提出"新四化"

2005 年 10 月,十六届五中全会通过的《中共中央关于制定国民经济和社会发展第十一个五年规划的建议》第一次使用"工业化、城镇化、市场化、国际化"概念,相对于 20 世纪 70 年代的"四化"(工业、农业、国防和科技现代化),以及党的十五大报告提出的"实现工业化和经济的社会化、市场化、现代化"的"四化",新"四化"更科学可行。随后,"十一五"规划中,开始出现对新型城镇化的专门论述。

3. 十七大确立"新五化",利用科学发展观推进新型城镇化

2007 年 10 月,党的十七大报告提出,"立足社会主义初级阶段这个最大的实际,科学分析我国全面参与经济全球化的新机遇新挑战,全面认识工业化、信息化、城镇化、市场化、国际化深入发展的新形势新任务,深刻把握我国发展面临的新课题新矛盾,更加自觉地走科学发展道路,奋力开拓中国特色社会主义更为广阔的发展前景。"新型城镇化列入"新五化"范畴,全国新型城镇化建设进入崭新阶段。党的十七大明确提出了新型城镇化的内涵,提出了新型城镇化的指导思想和建设路径,在新型城镇化的提出和发展的道路上达到了理论的集大成。

2007 年 11 月至 2008 年 3 月,各省在贯彻落实党的十七大报告活动中,都将新型城镇化作为主要内容。2009 年 9 月,住房城乡建设部强调"探索和发展新型城镇化建设模式是建设领域落实十七大精神、统筹经济社会发展、人与自然和谐发展的重要途径。"

2010 年 10 月,时任住房城乡建设部副部长仇保兴专程到全国市长研修学院讲授了《新型城镇化从概念到行动——如何应对我国面临的危机与挑

战》，他提出六大转型推动新型城镇化建设，提出了"城市优先发展到城乡互补协调发展、高耗能的城镇化到低耗能的城镇化、数量增长型到质量提高型、高环境冲击型到低环境冲击型、放任式机动化到集约式机动化、少数人先富的城镇化到社会和谐的城镇化"六方面内容。

这一时期，部分地区已经开始将新型城镇化作为本地区的一大战略加以实施。2009 年 10 月 31 日，中共山东省委、省人民政府就颁布了《关于大力推进新型城镇化的意见》（鲁发〔2009〕21 号）。湖北省委、省政府于 2010年出台了《关于加快推进新型城镇化的意见》，提出要深入贯彻科学发展观，全面落实党的十七大，十七届三中、四中、五中全会精神和中央关于促进中部地区崛起发展战略，坚持新型工业化、农业现代化、新型城镇化协调推进，按照构建促进中部地区崛起重要战略支点的要求，实施"两圈一带"发展战略，推动全省城镇化向注重内涵提升转变，向注重经济社会协调发展转变，向注重城乡统筹发展转变。以特大城市、大城市为龙头，以加快中小城市和中心镇提质扩容为重点，走资源节约、环境友好、经济高效、文明和谐、城镇布局科学、城乡互促共进、区域协调发展的新型城镇化道路。

4. 十八届三中全会确立"以人为核心"的新型城镇化战略

党的十八大报告进一步指出，要坚持走中国特色新型工业化、信息化、城镇化、农业现代化道路，推动信息化和工业化深度融合、工业化和城镇化良性互动、城镇化和农业现代化相互协调，促进工业化、信息化、城镇化、农业现代化同步发展，即"四化同步"发展。

2013 年 8 月，中央经济工作会议首次正式提出，把生态文明理念和原则全面融入城镇化全过程，走集约、智能、绿色、低碳的新型城镇化道路。2013 年 11 月，党的十八届三中全会提出，坚持走中国特色新型城镇化道路，推进以人为核心的城镇化。2013 年 12 月，中央城镇化工作会议提出，要以人为本，推进以人为核心的城镇化，提高城镇人口素质和居民生活质量，把促进有能力在城镇稳定就业和生活的常住人口有序实现市民化作为首要任务。

5. "五化同步"推进新型城镇化战略

2015 年 4 月 25 日通过的《中共中央、国务院关于加快推进生态文明建设的意见》明确提出，协同推进新型工业化、城镇化、信息化、农业现代化和绿色化，即"五化同步"。"五化"是有机整体，工业化是经济发展的主旋律，城镇化是社会进步的主基调，信息化是提升产业素质和发展质量效益的主动力，农业现代化是破解二元结构的主抓手，绿色化是实现人口、资源、环境生态协调发展的主色调。"五化"的本质是互动，核心是融合，关键在同步。

（四）新型城镇化的本质内涵

总结国内外城镇化的经验教训，结合国内专家学者及政府文件关于新型城镇化的论述，新型城镇化的科学内涵应包括以下方面。

1. 注重人的全面发展

以人的全面发展为目的，就是强调和维护人在城镇化进程中的主体地位，使民生不断得到改善，加快发展各项社会事业，推进基本公共服务均等化，切实保障公民的就业权、居住权、受教育权、政治参与及社会保障权，共享改革发展的成果，以公民各项权益的切实保障促进人的全面发展。

2. 注重民生保障和改善

推进新型城镇化，必须大力发展产业，吸纳城镇劳动力，解决就业和生存问题。加快住房、教育、医疗、社会保障等相关配套制度改革，让进城务工人员在劳动报酬、子女求学、公共卫生、住房租购及社会保障方面能够得到保障和改善。

3. 注重多维融合

新型城镇化建设中，要因地制宜，积极稳妥地推进，要将城镇建设、市场建设、工业园区建设和交通路网建设结合起来，提高城镇的集聚效应和综合承载力，实现以人为本、经济繁荣、生产发展、生态良好、社会稳定、和谐发展的城镇化。新型城镇化，必须走经济高效、环境友好、城乡统筹、社会和谐的城镇化发展新路，城市发展朝着清洁型、生态型和宜居型方向发展，城镇定居的人有工作、有稳定收入和生活来源，人民群众生活舒适度和幸福指数不断上升。

4. 注重"五化同步"

新型城镇化和新型工业化二者之间的关系是相互促进的。就像太极图中的黑鱼和白鱼一样，二者相互促进、相互融合，单纯强调其中的一个方面，或过分发展其中的一个方面，都是不合格的。例如，新型城镇化如果过分地发展，就会像拉美国家一样造成社会不稳定，实际上是不可持续的。因此，要积极稳妥地推进城镇化，而不是要搞"大跃进"式的城镇化。

中国的工业化虽然规模很大，在世界上也号称是世界工厂，但是工业化的质量不高，工业产品的竞争力不强，工业产品的品牌化还有待加强，因此，不能单纯地强调城镇化的优先发展，工业化，特别是新型工业化也必须加强。反过来说，如果我们过分强调工业化而忽视城镇化，那就会像回到改革开放前一样，其中的教训是惨痛的。

新型城镇化必须以信息化为引擎，以工业化为动力，以农业现代化为基础，以绿色化为底色，构建与经济发展水平相适应，布局合理、结构协调的城市化格局和产业结构。

第三章　新型城镇化的人本机理

新型城镇化道路是中国现代化进程的一个创举，是中国特色社会主义道路的重要组成部分，在推动中国经济社会发展过程中占有举足轻重的地位。新型城镇化之"新"是较传统城镇化和国外城市化而言的，其核心内涵就是以人为本的城镇化。

一、新型城镇化的人本理论基础

新的实践催生新的理论，如何在新形势下扬弃旧的城镇化理论并赋予新理论新的时代意义是摆在理论工作者面前的问题。新型城镇化理论必须更加注重人的发展，突出城镇化中人本价值理念，在城镇化的内涵、路径、目标中体现人的因素。

（一）马克思主义的人本思想

马克思、恩格斯深切关注人的发展，把人的全面、自由发展作为衡量社会发展的最高价值标准。他们从历史唯物主义原理出发，批驳了资本主义私有制社会所造成的人的片面、畸形的发展，把人的发展问题提到了重要地位，科学地论述了人的全面发展的必然性及其对社会主义发展的重要意义。在马克思看来，社会发展的核心是人的发展，离开了人的发展就谈不上社会的发展，不可能有离开人的、与人相对立的、外在于人的社会。马克思主义的社会发展观是以人的解放和全面、自由的发展为最高理想的。人的全面发展，就是符合人的本质和需要的发展，就是让每个人的创造能力和价值得到充分的体现。可见，马克思主义创立之初就把人本、把人的自由全面发展看作社会发展的最高目标。

马克思主义关于人的 3 种存在形态理论强调：以人为本中的"人"，应包括：人类存在意义上的人；社会群体意义上的人；具有独立人格和个性的个人。根据马克思主义人的解放和全面发展理论，强调以人为本中的"本"，需要放在各种关系中来理解和确定，主要有 3 层含义：第一，相对于人对人的依赖、人对物的依赖而言，把人当作主体。第二，相对于人被边缘化而言，把人看作一切事物的前提、最终本质和根据。第三，相对于人作为手段而言，把人作为目的。因此，马克思主义的以人为本理念具有 3 层基本内涵：第一，它是一种对人在社会历史发展中的主体作用与地位的肯定。它既强调人在社会历史发展中的主体地位和目的地位，又强调人在社会历史发展中的主体作用。第二，它是一种价值取向。即强调尊重人、解放人、依靠人、为了人和塑造人。尊重人，就是尊重人类价值、社会价值和个性价值，尊重人的独立人格、需求、能力差异、人的平等、创造个性和权利，尊重人性发展的要求。解放人，就是不断冲破一切束缚人的潜能和能力充分发挥的体制、机制。塑造人，是说既要把人塑造成权利的主体，也要把人塑造成责任的主体。第三，它是一种思维方式。就是实践要求我们在分析、思考和解决一切问题时，既要坚持并运用历史的尺度，也要确立并运用人的尺度，要关注人的生活世界，要对人的生存和发展的命运确立起终极关怀。

因此，马克思的人本主义是这样的一种人本主义：他把人看作是最高价值和目的本身，而不是把人看作是手段，即不把人看作是工具，而是尊重人的人格，关怀人的自由、物质和精神的全面发展。这种人本主义是从现实的、具体的人出发，着眼于人的全面解放。

必须在城镇化进程中坚持人本主义思想。中国社会主义现代化建设就是打破旧体制对人的束缚，用崭新的体制为人的发展创造充分的条件，促进人的全面发展。中国的城镇化建设是伟大的社会主义实践的重要组成部分。它理应与其他社会化活动的最终目的殊途同归，都是为了为人提供更好的条件，追求人的全面发展，并且是在打破城乡二元结构后，城镇居民与农民共同发展的一体化全面发展。在实现农民、农民工、城镇居民平等社会身份的同时，还要使得所有公民获得公平地获得收入、知识、技能、社交资源的机会。

（二）人本主义经济学理论

1. 人本主义经济学的假设前提

西方的人本主义又称为人道主义，起源于文艺复兴时期，带着鲜明的反封建色彩。当时先进的西方人力求摆脱封建势力的束缚，曾经憧憬封建制度产生之前的古代文化。为此，他们大力鼓吹古代希腊城邦时期的语言和文学，以其中强调个性、重视自由的思想来对抗中世纪经院哲学的统治，即用人来对抗神。该理论具有几个重要假设前提。

第一，"力量假设"。这个基本的假设认为，人无所不能，人能控制自己的心灵和身体。人本主义的力量假设实际上来自于对人类理性的盲目信赖。根据《牛津英语词典》的定义，现代人本主义是"人性的宗教"。人本主义宗教的核心，是对于人类理性的最高信仰。人类理性包含正视和解决人类所面临的繁多问题的能力，以及为使人类更加繁荣而重新安排自然世界和人间事务的能力（埃伦费尔德，1988）。由于人本主义宣称坚定地相信理性的力量，因而它不承认其他的力量。人类的理性是人类成功的秘诀，所以人本主义的主要任务就是去肯定人类理智的力量，并且在它受到责难和挑战的时候捍卫其特权。

第二，道德重入。随着现代经济学的发展，伦理学方法的重要性已经被严重淡化了。被称为"实证经济学"的主流经济学，不仅在理论分析中回避了规范分析，而且还忽略了人类复杂多样的伦理思考，而这些伦理思考是能够影响人类实际行为的。道德的沦丧和社会的倒退不可能永远持续下去。市场需要一个道德体系来维持其正常运行。社会道德规范，不仅是实现创造某种完满的或具有充分理性的社会乐观主义目标的需要，即使仅仅固守在维持现存的契约化市场社会的重要基石这一有效目标，社会道德规范也同样是不可缺少的。支撑当今市场经济的资本主义自由思潮，和与其对立的社会主义平等思潮一样，都是一种乌托邦思潮。自由思潮把市场解释为一种实现"消极的自由"的有效机制，并把人的谋私利动机充分合理化，视为市场的基础和目的，这种观点过于极端。个人谋取私利，只是市场的一个特征而不是最基础的唯一特征。市场的基础特征是维护人们可被满足的基本生活需要。构成基本生活需要的 2 个要素是个人的经济独立性和社会对各种需要及偏好的共融性。自由思潮所推崇的个人谋取私利，只是个人的经济独立性这一要素的一个部分。社会主义平等思潮推崇的计划经济，忽略了人们基本生活需要的这 2 个要素。计划经济向市场经济的转轨，大大助长了自由思潮，但这并不能证明这一思潮的正确性。因此，人本主义经济学的道德重入在某种意义上是对现代经济学的重塑和反叛，有着重要的理论意义。

2. 人本主义经济学的理论内涵

人的生存及生活质量是人本主义经济学最根本的价值前提。人本主义经济学认为，我们的时代迫切需要超越以自我为中心的价值观，树立社会价值观，实现真正的自我，最大地发展人的潜力。如果强制堵塞了人类需要和价值观发展的前进道路，就会致使物欲主义者以自我为中心的思想恶性膨胀，疯狂追求财富、权力、等级和地位，由此导致各种危机，使社会分崩离析。人本主义经济学更加关注人的发展和需要，而不是对金钱和财富的要求。一旦承认了需要作为经济学研究的出发点，那么价值判断就自然成为经济学的组成部分。因为需要是有层序的，它意味着根据不同需要的相对重要程度对其排序。所以讨论需要就自然会进行相对价值的排列。

人的需要是人本主义经济学的理论出发点。人本主义经济学认为，价值标准与需要有关，而且随着需要的发展而发展。人本主义经济学以现代心理学为基础。人本主义心理学是以马斯洛的动机与需要理论为基础的，其核心概念包括成长与需要、需要的层序性、需要与价值观、成长的障碍。马斯洛学说的精髓是动机理论。这个内核，即使是以生物为基础的"似本能"的，但在某种意义上说它仍是微弱的，而不是强有力的。它容易战胜、容易抑制或者说容易压抑，甚至可以被永远毁灭。人类不再具有动物意义的本能，那是一种明确命令他们做什么、什么时候做、在哪里做及与谁一起做的权威而又精确的内在代言者。我们所遗留下来的一切只是本能的残留。

人的动态成长是人本主义经济学的理论主线。人本主义经济学把人看成有着各种生理需要，有着向更高的生存层次和更充实的生活发展的内在潜能的完整的人。将活的生命注入机械论的经济学核心是一个挑战，这也是一个使经济学人性化的挑战（卢兹和勒克斯）。经济人和市场机制的概念存在局限性，人本主义经济学将具有更大的包容性，经济人不再占据整个舞台中心。在人本主义经济学中，很多正统的理论更像特殊的个别情况。制度框架不能被当成既定的"假设条件"，它与个人偏好相互作用、相互影响。在这个过程中，人本主义经济学所持的价值观，不是随心所欲地选择或强加于人的命令，而是听从于努力追求全面发展的活生生的人的需要，这也是人本心理学遵循的原则。人本主义经济学从个体的角度强调人的潜质的生长与发展，从社会的角度强调人是动态的社会、文化过程中的组成部分，动态成长贯穿于人本主义经济学的始终。

人本主义是中国城镇化的基本要求和指导思想。经过多年的城镇化理论探索和实践检验后，我们应该认识到经济发展只是城镇化过程的第一步，是实现人的全面发展的重要步骤和手段。没有经济发展，就没有物质基础；没有经济发展，甚至不能满足人基本的生存需要，又何来更高层次的需求与发展呢。但是，经济发展绝不是城镇化进程的最终落脚点，必须从"人的发展"角度来实现所有市民的整体素质提高。要摆脱"重物而不重人"的意识，从根本上把人本主义作为中国新型城镇化发展的指导思想。要尊重人，尊重人的生存与发展需求，把满足人民群众各种层次的需求作为着力点；要发展人，扩展他们的能力，让每个人有能力去驾驭某种活动，实现自身价值，推动社会进步。

城镇化的目标是推动包括进城务工人员在内的所有市民的全面发展，扩展他们的实质自由。人是社会活动的目的，城镇化的目标理应是实现人的自由而全面的发展。就是要把人民群众的利益作为一切工作的出发点和落脚点，实现好、维护好、发展好他们的利益，使全体人民共享发展的成果就是要不断满足人民日益增长的物质文化需求，通过实质自由的扩展，提高他们可行能力的增强。

综上所述，经济学"人的发展"视角下的城镇化理论要求我们用人本主义看待发展，把人本主义作为城镇化的重要指导思想，把包括进城务工人员在内的市民的利益作为一切工作的出发点和落脚点，尊重人、发展人、实现人的实质自由，既要按客观规律办事，又要发挥人的主观能动性；既要经济发展，又要人的发展，做到"见人又见物"。在实践中，我们应重点处理好以下几对关系。

①人与人的关系：平等。城镇化的重要路径是打破城乡二元结构，从本质上要实现生活在城镇中的每一个市民享受平等的公民权利，担当平等的义务。对于原市民也好，新转移的农村人口也好，都应该在教育、医疗卫生、就业、居住、人格尊严等各个方面实现平等。②人与社会的关系：追求人的全面发展。在马克思看来，人类的终极目标是实现人的全面发展，即每个人可以在生活、社会关系及自身能力与个性等方面实现平等、完整、自由的发展。社会是人的集合，也是人们相互关系的集合。人的活动创造了社会，而社会又不断地影响着人。社会是任何一个人的生存环境，这种环境对自己的生存和发展有很大的影响。因此，人的发展和社会的进步统一于社会人的全面自由发展，新型城镇化在实现农民工市民化的同时应该不断推进"自我创

造""自我超越",实现和谐城镇、和谐生活。③人与环境的关系:和谐发展。尊重客观规律是发挥主观能动性的前提和基础。我们在进行认识自然、改造自然的时候必须按客观规律办事。忽视规律的存在必将受到自然的惩罚。在城镇化进程当中,我们要处理好人与环境的关系,互相维系,协调发展。不断完善城镇的生态化建设,走人与自然共生共荣的可持续发展之路。④人与城镇的关系:统筹发展。人与城镇的关系是城镇化问题的核心,只有二者统筹发展,相互配套,才能够发挥城镇的最大作用。统筹发展主要体现在两个方面:一是人口市民化和土地城镇化速度配套;二是人口聚集规模和城市基础设施配套。

二、新型城镇化的人本取向

城镇化是一个涉及诸多方面内容的社会经济演进过程。城镇化是农村人口不断向城镇转移,第二产业、第三产业不断向城镇聚集,从而使城镇数量增加、城镇规模扩大的一种历史过程。这一历史过程包括四个方面:城镇化是农村人口和劳动力向城镇转移的过程;城镇化是第二产业、第三产业向城镇聚集发展的过程;城镇化是地域性质和景观转化的过程;城镇化是包括城市文明、城市意识在内的城市生活方式的扩散和传播过程。概括起来表现为两个方面:一方面表现为人的地理位置的转移和职业的改变及由此引起的生产方式与生活方式的演变;另一方面则表现为城镇人口和城市数量的增加、城镇规模的扩大及城镇经济社会、现代化和集约化程度的提高。概括而言,城镇化就是以"人的城镇化"为核心内容的包括就业结构、经济产业结构的转化过程和城乡空间社区结构的变迁过程。

依前文所述,新型城镇化道路的内涵可归纳为四个主要方面的内容:一是工业化、信息化、城镇化、农业现代化"四化"协调互动,通过产业发展和科技进步推动产城融合,实现城镇带动的城乡统筹发展和农村文明延续的城镇化;二是人口、经济、资源和环境相协调,倡导集约、智能、绿色、低碳的发展方式,建设生态文明的美丽中国,实现中华民族永续发展的城镇化;三是构建与区域经济发展和产业布局紧密衔接的城市格局,以城市群为主体形态、大中小城市与小城镇协调发展,提高城市承载能力,展现中国文化、文明自信的城镇化;四是实现人的全面发展,建设包容性、和谐式城镇,体现农业转移人口有序市民化和公共服务协调发展,致力于和谐社会和幸福中国的城镇化。

这四个方面的内容归纳起来涉及两个方面的问题：一是城镇化的产业支撑和权益保障问题，就是如何解决农民进城后的安居乐业与基本公共服务全覆盖问题，实现职业上从农业到非农业、地域上从农村到城镇、身份上从农民到市民的转换；二是城镇化的发展模式和路径问题，即如何以人为主体，走集约、智能、绿色、低碳和协调的可持续的城镇化之路。归结到一点，新型城镇化的核心内容就是实现人由"乡"到"城"的转变。

实现人由"乡"到"城"的转变主要包括三个方面：一是不仅要提高人口构成中城镇人口所占比例，更要实现人的生产方式、生活方式、生存空间、发展空间的城镇化，是一种心理认同和融入的过程。二是必须以人为本，让广大农民能够享受教育的城镇化、医疗的城镇化、社会保障的城镇化、公共服务的城镇化等，要让广大农民能够享受到城镇化带来的资源变迁、向上流通渠道的扩张及对市场经济适应能力的提升。三是更注重质的提高，亦即让城乡居民过上更加健康幸福的生活。城镇化进程实质上就是让更多居民成为享受幸福生活的市民化的过程，即不仅使城镇市民更加幸福，而且使农村转移人口市民化后也能获得同样的幸福感受，这就是以人为本的新型城镇化的最终体现。"城市，让生活更美好"，这是 2010 年上海世博会的主题，也凸显了城镇化的核心——人的发展。

人既是经济社会发展的手段，也是经济社会发展的目的。反思传统的城镇化发展道路，就会发现它们都犯了同一个毛病，即忽视人的主体性和人的存在。与之迥然不同的是，新型城镇化的核心价值取向是"以人为本"的、追求人的自由全面发展的城镇化，是"质量型"的城镇化，是追求创新驱动的经济、政治、文化、社会和生态建设协调发展的城镇化。新型城镇化之"新"就在于强调人本、公正与和谐，并在推进过程中力求实现三大转变。

（一）从人与社会之间的关系来看，要从"物本"转向"人本"

经济社会发展的终极目标是"人"而不是"物"，经济社会发展必须服从于人的发展。经济理性驱使下的传统发展模式，把"人"这个主体驱逐出了发展的中心，使城镇化发展在一定程度上失去了人的价值。在这种情况下，回归尊重人、依靠人、为了人和塑造人的"人本"城镇化，是推进新型城镇化的必然要求。在传统城镇化中，由于偏离了以人为本的方向，从而产生诸多异化现象。一是产城发展呈现结构失衡。产业和城镇的盲目发展导致工业化与城镇化协同关系的破坏；或者是城镇没有产业支撑，居民难以就业，成为"穷城""睡城""空城"；或者是进驻企业因为没有高质量城镇化基础的支撑，留不住人才，产业既不能扎根于此，也无力攀登技术制高点；或者是城镇的包容性差，外来人口长期无法融入，利益矛盾突出。因而产业和城镇看似在发展，但结构和质量均处于低水平。二是实现集聚却变得很不便利。人口向城镇的集中原本是为了便于生产和生活，提高生产效率和生活质量。但是，无序的人口集聚和不善的城镇管理却使生产和生活越来越不便利。由于生活成本提高过快，生产服务和生活服务供应不足且水平低下，城市内部及与其他城市之间的人流、物流不畅，因而人们生产和生活充斥着无尽的麻烦，居民感觉办事难、出行难、就医难、处处难。三是规避风险却变得危机四伏。人口进入城镇原本是为了减少灾难和风险，"城"的本意是对人和财产的护卫和防止祸害冲击。但是，由于城镇建设和社会管理的不善，却使城市生活的安全缺乏保障，反而成为高风险地区。例如，犯罪、车祸、工伤、火险、环境污染、疾病传染、安全事故及饮食不卫生、群体性事件等频发，居民感觉生活在高度风险的环境中，农村居民进城更觉缺乏安全感。四是吸纳人口却变得阻碍融合。城镇化原本是农业转移人口市民化的过程，城镇具有吸纳更多人口的吸引力和包容性，但由于物质上和制度上的种种缺陷，城镇化反而阻碍了社会一体化，导致人口社会性分裂和城乡差距扩大，等级压抑、制度歧视、贫富不均现象严重，由于公平公正的缺失而引发民众不满。五是创造财富却变得失去幸福。工业化和城镇化原本是人类创造财富的伟大创举，但低质量的城镇生活却并没有让更多的居民更加幸福，甚至反而让人们感觉不如在乡村生活，尽管那里没有城市的繁华，但也不像城市生活那样使人抑郁、焦虑甚至愤懑。因此，为了消除城镇化的诸多异化现象，必须尽快回归尊重人、依靠人、为了人和塑造人的"人本"城镇化中来。

（二）从人与人之间的关系来看，要从"效率"转向"公平"

新型城镇化不能再一味注重追求速度，而要更加注重城镇化的质量和效益，更加注重公平优先原则，充分尊重居民的需求和发展权，实施均等化的基本公共服务供给，逐步缩小城乡差别，化解社会不公，实现公民身份权利平等。改革开放前，中国选择和推行的是重工业及城市优先发展战略。这一战略通过吸收农业剩余，为工业提供资本积累和对城市的市民进行补贴，意图迅速达到工业化。这种主要靠农业供给建立起来的资本集约型工业化模式，不仅对资金有着持久的巨大需求，更为严重的是其运行机制不能形成对积累源泉的保护和培养。当工业化、城市建设资金需求与农业积累能力之间的矛盾扩大后，国家就强化对农业提取积累的力量，并采取一系列强制措施，限制农业劳动力向非农业部门流动，用压低劳动机会成本的方式来保证这种机制的运行，从而形成了以城乡二元户籍制度为核心的包括就业制度、福利保障制度、教育制度、公共事业投入制度在内的城乡二元结构体制。改革开放以来，为适应市场经济体制的建立，尽管我们对这种体制进行了一系列改革，但并未动摇其根基，传统体制下形成的城乡二元分割局面仍然存在。这种分割式的城乡二元结构是二元经济结构与二元社会结构及二元管理体制的复合体，既非农民自主选择的制度性结果，也非市场经济优胜劣汰的市场化结果，而是行政强制的伴生物，是为了有效阻止农民进入城市分享城市文明成果而人为设计并赋予行政强制力的历史产物，更是优先发展城市经济或工商业产业政策的必然结果。以公民身份平等而论，上述制度严重违背平等原则，存在偏向性、世袭性、依赖性、强制性特征，农民事实上长期处于"二等公民"的地位。推进新型城镇化就是要实现城乡公民身份权利的一体化，让农民享有与市民一样权利、地位和利益，真正获得《宪法》赋予的公民权利，给农民完全的国民待遇，建立以公平、平等为基本特征的新型城乡关系。

（三）从人与自然的关系来看，要从"征服"转向"和谐"

实践表明，只有和谐发展，才能可持续发展。传统城镇化发展模式注重追求规模、经济、速度，不顾生态环境的承受能力，对自然一味改造、征服与攫取，最终导致生态环境恶化，反过来影响社会经济的可持续发展。新型城镇化应以"和谐"为导向，对城镇化进行改进。"和谐"城镇化就是把生态文明理念和原则全面融入城镇化全过程，走集约、智能、绿色、低碳的发展道路。所谓"集约"式发展道路，主要是推动城镇经济发展由粗放型向集约型转变，走布局集中、城镇密集、用地节约的城镇化之路。所谓"智能"式发展道路，主要是把通信、计算机网络等方面的先进技术相互融合、集成为最优化的整体，使其成为具有信息管理科学、服务优质高效、使用灵活方便和环境安全舒适等优势，并能适应信息化社会发展需要的智能化城镇。所谓"绿色"式发展道路，主要是让绿色农业、绿色经济、绿色科技、绿色规划、绿色教育、绿色市场等蓬勃兴起，让绿色产业成为主导产业和城镇化的驱动力。所谓"低碳"式发展道路，主要是一种以低能耗、低排放、低污染为典型特征的新型发展模式，这是经济社会发展的大趋势，也是中国新型城镇化推进的必经之路。只有低碳规划先行、践行低碳发展理念、发展低碳产业、倡导低碳生活方式和消费习惯，才能保证中国新型城镇化高起点驶入科学发展的轨道。

三、新型城镇化的人本要求

人是城镇化最灵动的音符。新型城镇化的核心内容是人的城镇化，即人本城镇化。人本城镇化彰显了历史唯物主义的人民主体地位的根本要求，也彰显了中国特色社会主义的本质要求。新型城镇化的人本内涵，要求我们走出一条"城产融合""城乡融合""城数融合""城绿融合""城人融合"的"五维融合"新路子。

（一）"城与产"的融合

城镇化是促进经济发展的重要引擎，城镇化过程也是生产要素在城镇的集聚，从而产生规模经济，提高城镇居民的收入。产业支撑是新型城镇化建设的根本和原初动力，是城市发展的生命线和物质基础。按照配第－克拉克定理和库兹涅茨定律，产业结构演化过程是从农业向工业转化，再由工业向第三产业转化，而城镇化推动了产业结构的高级化。因此，加快推进新型城镇化，必须着眼于未来产业结构协调发展的内涵优化，把产城融合摆在突出位置，坚持走工业化、信息化、城镇化、农业现代化、绿色化同步发展道路。通过产业创新，创造更多的就业岗位，促进劳动者就业，带动人口向城镇集中，使更多的农业转移人口愿意进城、乐意留城，实现产城一体、融合发展。避免缺乏产业支撑而导致城市盲目扩张形成"鬼城""空城"造成资源的闲置和浪费。

（二）"城与乡"的融合

城镇化进程中不能让乡村成为经济发展与现代化追求的边缘。要将城镇化与发展现代农业、建设社会主义新农村、促进农村人口转移结合起来，走城乡共同繁荣的新路。城镇化与农业现代化结合，就是要求统筹城乡发展，通过城镇化进程中的产业转移、要素反哺和文明辐射，使城市基础设施向农村延伸、城市生产要素向农村流动、城市公共服务向农村覆盖、城市文明向农村辐射，带动农业现代化和农村经济社会发展，破除制约城乡一体化的体制障碍和制度藩篱，让从事农业不吃亏，当农民不自卑，农村不边缘，实现城乡一体化发展、共享现代化文明成果的目标。

（三）"城与数"的融合

城镇化拓展了信息化的空间依托，信息化优化了城镇化的功能品质。推进新型城镇化与信息化，需要信息化的融合与渗透，借助信息化改造提升传统产业效率，提高产业研发效率，促进产业分工向高附加值的产业链条两端延伸，加快结构升级和创新驱动转变，并且在城市规划、建设、管理各环节广泛嵌入、渗透数字技术，建设智慧城市，既可以完善城市功能、提高城镇化质量，也可以挖掘新的经济增长点、释放市场需求潜力。

（四）"城与绿"的融合

绿色发展作为五大发展理念之一，是遵循自然规律的可持续发展，也是实现生态文明的根本途径，已成为当今世界的重要发展趋势。绿色化是实现人口、资源、环境、生态协调发展的主色调。推进新型城镇化，必须坚持绿色低碳原则，走集约、高效、绿色、低碳之路，在促进经济转型发展的同时，正确处理城镇发展与生态文明的关系，牢固树立生态文明意识，按照"五位一体"总体布局要求，把绿色化作为新型城镇化建设的重要抓手和基本途径，逐渐形成节约资源和保护环境的产业结构、生产方式和生活方式，使城镇成为资源节约、环境友好的首善之区，实现生态文明的城镇化模式转型，为城镇化健康发展提供基础保障。

（五）"城与人"的融合

城镇化是经济社会形态从农业经济向工业经济、农村社会向城市社会转型的演进过程，其本质是人的生产生活方式从农民向市民的转换。人的城镇化是城镇化的核心，是衡量城镇化质量高低的主要尺度。推进新型城镇化，必须坚持以人为本，走以人为核心的城镇化道路，处理好城镇发展与民生改善的关系，始终把促进增收、增加就业作为民生之本，把加强社会保障作为安稳之计，实现城乡公共服务均等化，确保城乡居民安居乐业。真正做到为老百姓提供安身之所、生活之便、创业之需，让他们能体面地享受社会文明发展成果，更好地融入现代化经济文化生活方式，实现人与城融合，推动"物的城镇化"向"人的城镇化"的根本转变。

综上所述，基于人本城镇化的"五化同步"的内在机理就是：以"城与产"的融合为支撑、以"城与乡"的融合为基础、以"城与数"的融合为动力、以"城与绿"的融合为底色、以"城与人"的融合为目标。

第四章　人本城镇化的"城产融合"

新型城镇化的基础动力是化"业"。人是城镇化的主体和核心，地是城镇化的基本要求，人地关系是城镇化的核心要素，人地关系的和谐发展离不开产业的支撑。产业发展规律证明，产业发展是新型城镇化的基础动力，产业演变，即非农产业发展是新型城镇化的根本动力。与过往城镇化动力机制不同，新型城镇化的动力源泉具有双重性，即新型工业化和非工业产业双重动力共同推动。但是城镇化进程中的产业发展瓶颈化、产业转移低水平化、部分固有的产业不成配比关系、产业链条断裂、新兴产业举步维艰等问题，依然严重困扰着中国产业的发展。

一、"城产融合"的理论基础

（一）钱纳里 – 赛尔昆模型

在学术理论界，研究城镇化与工业化一般关系最著名的莫过于美国经济学家钱纳里和以色列经济学家赛尔昆 1975 年提出的钱纳里 – 赛尔昆模型。该模型在研究各国经济结构转变的趋势时，概括出了城镇化与工业化关系的一般变动模式：随着人均收入水平的上升，工业化的演进导致产业结构的转变，带动了城镇化程度的提高。根据钱纳里 – 赛尔昆模型，城镇化与工业化的变动关系呈现以下几个特点。

城镇化与工业化的变动关系在工业化的不同发展阶段存在较大差异。在工业化初期，工业发展所形成的集聚效应使工业对城镇化产生直接和较大的带动作用；而当工业化接近和进入中期阶段之后，即当人均 GNP 超过 500 美元后，这种产业结构和消费结构的升级作用超过了集聚效应的作用，城镇化的演进不再主要表现为工业结构比重上升的带动，而更多地表现为非农产业比重上升的拉动。也就是说，当工业化演进到较高阶段之后，对城镇化进程的主导作用逐步由工业转变为整个非农产业，特别是非农产业就业结构的变化起着更大的作用。

工业化过程中城镇化的速度与产出结构和就业结构的转变有很大的关系。工业化引起产业结构的迅速转变，并通过这种转变带动城镇化。在这个过程中，与城镇化率上升密切联系的不是产出结构的转变而是就业结构的转变。就业结构的非农化直接带动了人口向城市的迁移和集中，从而带动了城镇化的进程。一般来说，工业化过程中劳动密集型产业发展较快，非农产业的就业比重上升较快，对城镇化的带动作用就较强；而资本密集型产业发展较快，则非农产业的就业比重上升较慢，对城镇化的带动作用较弱。这是由于生产结构影响就业结构，而就业结构的变动趋势直接关系到工业化进程中的城镇化速度。

工业化对城镇化的带动效应，主要取决于工业化对非农产业的拉动作用。工业化过程中城镇化率的上升，更多的是与非农产业的比重上升相联系，其中服务业的比重变化起着更大的作用。工业化引起产业结构的迅速转变，带动了非农化的大力发展，而非农化带动了城镇化。非农产业中，服务业发展与城镇化是相互依赖、相互促进的。与工业相比，服务业具有明显较高的就业弹性，并随着经济发展水平的提高而不断增强对就业的带动效应，服务业发展拉动非农就业增长而带动城镇化率的上升。

（二）产业集群理论

产业集群理论是 20 世纪 20 年代出现的一种西方经济理论。产业集群理论是在 20 世纪 90 年代由美国哈佛商学院的竞争战略和国际竞争领域研究权威学者迈克尔·波特创立的。其含义是：在一个特定区域的一个特别领域，集聚着一组相互关联的公司、供应商、关联产业和专门化的制度和协会，通过这种区域集聚形成有效的市场竞争，构建出专业化生产要素优化集聚洼地，使企业共享区域公共设施、市场环境和外部经济，降低信息交流和物流成本，形成区域集聚效应、规模效应、外部效应和区域竞争力。

产业集群作为一种组织形式，其发展与产业结构调整、技术创新及国家、区域和城市经济发展关系十分密切。从产业结构和产品结构的角度看，产业集群实际上是某种产品的加工深度和产业链的延伸，在一定意义上讲，是产业结构的调整和优化升级。从产业组织的角度看，产业集群实际上是在一定地域内某个企业或大公司、大企业集团的纵向一体化的发展。如果将产业结构和产业组织二者结合起来看，产业集群实际上是指产业成群、围成一圈集聚发展的意思。也就是说,在一定的地区内或地区间形成的某种产业链或某些产业链。产业集群的核心是在一定空间范围内产业的高集中度,这有利于降低企业的制度成本(包括生产成本、交换成本),提高规模经济效益和范围经济效益,提高产业和企业的市场竞争力。从产业集群的微观层次分析,即从单个企业或产业组织的角度分析,企业通过纵向一体化,可以用费用较低的企业内交易替代费用较高的市场交易,达到降低交易成本的目的;通过纵向一体化,可以增强企业生产和销售的稳定性;通过纵向一体化,可以在生产成本、原材料供应、产品销售渠道和价格等方面形成一定的竞争优势,提高企业进入门槛;通过纵向一体化,可以提高企业对市场信息的灵敏度;通过纵向一体化,可以使企业进入高新技术产业和高利润产业等。

产业集群理论是实现新型城镇化集约、节约发展在产业布局中的重要理论基础。

(三) 新型工业化理论

工业化是以劳动要素、资本要素为基本要素的工业生产替代以劳动要素、土地要素为基本要素的农业生产的蜕变过程。在工业化过程中,随着科学技术进步,新型工业形态也不断出现,如机械工业、冶金工业、电气工业、化学工业、电子产业、信息工业、智能工业等,而每一次因科学技术进步形成的新型工业都是对旧工业的扬弃和改造。

党的十六大正式提出,坚持走新型工业化道路。所谓新型工业化,就是坚持以信息化带动工业化,以工业化促进信息化,就是科技含量高、经济效益好、资源消耗低、环境污染少、人力资源优势得到充分发挥的工业化。

新型工业化道路总结了国内外工业化的经验,是针对国内外形势的变化和中国国情做出的根本性战略调整。"走新型工业化道路"是重大的理论创新,是工业化路径的重大转换,它既总结和发展了中国半个世纪以来工业化的经验,是对改革开放以来工业化模式的完善和调整,又汲取了200多年来尤其是近半个世纪以来其他国家工业化的经验。新型城镇化是靠新型工业化来支撑的。

从产城融合角度看,新型工业化是资源集成的工业化,是产业协同的工业化,是城乡互动的工业化,是区域协调的工业化,是全面发展的工业化。

资源集成的工业化。新型工业化的进程,是资源多层次、大规模集成的过程。资源集成的程度和效果，决定新型工业化的速度和水平。新型工业化的资源集成具有如下特征：①资源集成以集约经营为手段，借助各种资源的整体联系和系统功能获得资源有效配置和经济效率，实现资源使用效率的最大化。②资源集成以人为中心，集成过程要有利于人的全面发展。③资源集成通过市场机制实现自组织过程，同时受市场需求、技术进步和人的发展3个不断变化的因素的推动。④资源集成从低层次向高层次逐步展开，高一级的集成以低一级的集成为基础，高一级的集成又为低一级的集成创造更好的条件。从集成层次来划分，可以分为企业资源集成、产业集群资源集成、行业资源集成、城市资源集成、地区资源集成和国家资源集成等。⑤资源集成是一种螺旋式上升的不断循环过程。从表面上看，资源集成随市场机遇的来临而发生，随市场机遇的逝去而完结，但这仅仅是资源集成的一次循环。在产业环流中，市场在不断变化，产品在源源流出，资源处于动态的聚散与流动之中。

产业协同的工业化。产业协同发展及由此带来的产业结构优化升级是工业化的题中应有之义，新型工业化也不能例外。工业化的进程，实际上就是不断改变各产业间相互关系的过程，是产业结构优化升级的过程。世界各国工业化和经济发展的历史经验表明，伴随着经济的发展和国民收入水平的提高，产业结构将发生相应的变化，这种变化具有明显的规律性，即具有由低水平均衡向高水平均衡有序的阶段性演化的特征。产业结构的变革，是由劳动力、资本在三次产业间发生规律性流动和转移带动的。新型工业化进程中的产业协同，是在这种产业结构变化总体趋势下各产业关系调整的总体要求。这种产业协同，要求产业结构朝着合理化、高度化和提高整体竞争力的方向发展。

城乡互动的工业化。以工业化带动城镇化，以城镇化促进工业化，走城乡互动、统筹发展的路子，实现城乡一体化，是新型工业化的重要特征，也是中国新型工业化的一大难题和需要重点补课的内容。新型工业道路就是一条工业与农业、城市与农村、市民与农民良性互动、统筹发展的道路，通过工业化和城市化，把农村富余劳动力转移到生产率增长和市场空间可以无限扩张的工业和服务业中，从根本上解决众多人口争夺有限农业自然资源和市场的矛盾，为城乡一体化发展创造条件。

区域协调的工业化。区域协调的工业化，是新型工业化在经济布局方面对区域发展的体现和要求。工业化过程中的区域协调发展，是指在宏观调控作用下，充分利用不同区域各自的特点和优势，最大限度地发挥区域之间互补的整体优势和综合比较优势，形成参与国际分工和竞争的合力，促进社会整体的健康发展，同时逐步缩小区域间的差距。这是一种非趋同的、非均衡的发展态势，它要求不同地区之间（即包括省与省、省与市、市与市、市与区、区与区等不同层次规模的经济行为主体或利益集团）的良好协作，也就是各经济行为主体均以区域协调发展为己任，一切利益行为都服从整体发展的需要。实施区域协调发展战略，工业化起着十分重要的作用，新型工业化道路同样需要处理好不同区域之间的发展关系。

全面发展的工业化。全面发展的工业化是新型工业化的重要内容和特征。传统工业化往往追求片面发展、以一时的繁荣而牺牲了全面、协调、和谐的发展，其代价是巨大的、惨痛的。新型工业化必须以全面发展为目标，走经济发展与社会发展相协调、经济发展与人的发展相结合、人与自然相和谐的文明发展的道路。这是新型工业化道路与传统工业化道路最重要的区别之一。新型工业化必须保持充满活力、和谐和可持续的协调，实现综合性、全面性、跨越式的发展。这种新发展观要求新型工业化必须考虑 6 个层次的协调：①经济内部、产业间的协同发展；②经济布局中，区域之间、城乡之间的统筹发展；③政治、经济体制与社会经济发展的适应；④经济发展与以人的全面发展为中心的社会整体发展的协调；⑤人与自然的高度和谐；⑥社会、经济、生态的协调发展。

（四）产城互动理论

城市发展需要产业支撑，以"产"立"城"，拉丁美洲国家那种盲目城镇化、没有产业支撑的城镇化不可取。

但是如中国一些城市那样，在远离城区的地方建设大片开发区，只有产业，没有公共配套设施和服务，不适合居住，也不可取。现在的产业，特别是新兴制造业和高新技术产业，如 IT 产业和现代服务业，都没有太大的污染，生产区和居住区不宜分割得太远，否则势必造成早晚上下班时间的交通拥堵：早晨从居住区涌向开发区，傍晚从开发区涌向居住区，使开发区成为"鬼城"，这样既没有很好地发挥产业开发对当地经济社会发展的带动作用，也使开发区本身因缺乏人气，留不住高素质人才而缺乏后劲，正所谓立"城"方能兴"产"。

正因为如此，浦东新区等很多开发区在产业发展到一定阶段后就变成了行政区域。在总结这种规律的基础上，国内学者逐渐形成了产城互动理论。也就是说两者互相带动，产业做大了就能扩大城市；当城市大了，会发现需要更大的动力来带动城市再发展（也就是说，要在原有的基础上再扩大产业）。因此可以说，产城互动、产城互融不仅是一种理念，而且是客观存在的规律。

1. 产业与空间关系再认识

产业与空间关系再认识：不同类型产业的空间指向。生产要素在城市空间中并不是匀质分布，如果能依据要素类型多寡识别城市空间类型、归纳各类空间能容纳的具有相似要素需求的产业，就能在布局方案中有效匹配产业需求与空间供给，对特定产业而言增加了空间供给针对性，对空间而言则提供了产业选择弹性。参照以用地性质及社会阶层为划分依据的城市空间结构基础，结合产业布局影响要素，将城市功能区按照产业属性划分为中心区、过渡区、产业园区、特色资源区、生态保护区5类。

潜在客户群规模最大且集聚程度最高的区域一般为城市中心区，是服务要素尤其是高端综合服务最集中的区域。邻近中心区，有便捷交通支撑，有居住及产业功能交织的城市综合功能区，兼具服务要素和成本要素，可命名为过渡区。早期在城市郊区建设的大规模工业区、高新技术产业园区、经济开发区等，这些地区在发展过程中兼具成本要素和科技创新要素，将其命名为产业园区。依托特殊政策、历史文化、交通设施等特殊资源形成的城市功能区，将其命名为特色资源区。城市内部大型的生态基地和廊道，将其命名为生态保护区。

2. 产城互动融合的实现

以"产城互促"推动"产城融合"。以上5类分区是构成城市整体空间的基本要素，产业布局需要通过与城市规划管控手段的对接协同，保障5类分区紧密分布，有效合作，以城市促进产业升级，以产业带动城市转型，通过"产城互促"达到"产城融合"的发展目标。

（1）发挥各类产业空间对城市发展的积极影响。不同类型的产业分区在产业增长方向与趋势上存在差异，对城市功能会产生不同影响；而城市为实现整体功能优化的目标，对产业分区也会提出不同要求。因此，识别分区影响差异是实现产城互促发展的基础。

中心区的产业对城市的作用为"引领高端、城市强核"。中心区普遍是城市"退二进三"、提升服务业发展水平的重点区域,中心区产业应强调高端综合服务功能的集聚与混合,引领城市参与区域中心体系竞争。

过渡区的产业对城市的作用为"融合发展、城市提质"。过渡区普遍是城市早期第二产业集聚区,伴随城市规模扩张,区位改善、土地升值,面临产业调整。然而,由于"退二进三"动力不如中心区强劲,许多过渡区面临房产项目大批上马、就业岗位快速流失的困境。因此,过渡区应当对"工改居"的规模与速度进行调控,鼓励与居住功能相协调的产业,如文化创意、互联网等发展,使产业与生活、服务功能高度融合,打造宜居宜业的品质空间。

特色资源区的产业对城市的作用为"强化优势、塑造特色"。作为第二产业集聚区,目前诸多产业园区存在产业独大、与城市功能割裂的现象。伴随产业升级,产业对城市服务的要求日益提高。因此,产业园区应加强与周边城市功能衔接,倡导产业与社区互动,促进产业链条延伸、基础设施共享、人才信息交流及社会服务参与,形成科技型开放式企业城区,将城市边缘地区转变为辐射周边城市的增长极。

生态保护区的产业对城市的作用为"生态保育、城市安全"。生态保护区是维护城市区域生态安全格局,促进城市生态功能改善的主要区域,因此应严格控制区内产业类型。在这方面,深圳市进行了很好的探索。

(2)加强与城市规划管控手段的对接和协同。基于产城互促思想,产业布局规划必须与城市规划加强协同对接,一方面对城市规划产业布局部分提供切实指导;另一方面借助城市规划的实施手段落实产业目标。从保障制造业发展空间角度,产业园区应强化产业用地规划管理,鼓励产业园区外制造业向园区内集中发展、共享配套,政府应保护区内工业用地免受房地产市场冲击、避免产业空心化。从彰显城市特色角度,特色资源区需要政府严格产业选择与准入,对不能利用特色资源的产业谨慎发展,同时政府也应强化需政府主导的公共资源投入。从维护城市生态安全格局角度,生态保护区需要政府严格管控,与生态环境相冲突的产业禁止进入。从充分尊重市场规律角度,中心区及过渡区应采取政府引导、市场主导、多元参与、共同推动的管制思路,为该类地区产业发展留有充足的弹性空间。各城市在规划中可根据自身情况对以上管制重点和力度进行调整。

二、"城产融合"的机理分析

城镇化本质上是城镇产业结构的优化，产业发展带动城镇数量增加、城镇规模扩张、城镇功能提升和空间优化，城镇化进程就是产业不断发展演进的过程。

世界城市化的发展历史表明，城镇化的发展离不开产业支撑，任何一个国家或地区的城镇化进程都伴随着产业发展。只有当产业发展到一定程度，产业发展水平与城镇化水平相适应的时候，城镇化才能健康发展。离开产业发展而空谈城镇化，那是一种只有形式而没有内容的城镇化，是基础脆弱的城镇化。因此，产业发展是城镇化的支撑和立足点。

城镇化与产业演进的关系呈现以下几个特点。

一是城镇化的发展始终与产业演进同步。在经济发展的初期，农业的进步、农业劳动生产率的提高是城市化发展的推动力。农业不仅提供了城市生产和生活所必需的农副产品，而且还提供了城市化发展所需要的劳动力。

二是随着经济的发展，对城镇化发展起决定作用的是工业化。工业化产生了现代的产业形式，建立起了机器大工业体系，使原来分散的手工业生产方式和农村经济在性质上或地域上发生了变化，促进了非农经济活动的集中。同时，工业化对规模化和专业化的追求，促进了企业与产业的空间集聚，由此也促进了城镇化的快速发展。

三是随着工业化的实现，第三产业迅速崛起，对战后城镇化的发展产生了重大影响。传统理论认为工业化是城镇化发展的根本动力，第三产业是城镇化发展的后续动力。在相当长的时间里，这一理论一直占据主导地位。但当工业化与城镇化发展到一定历史阶段后，第三产业的地位已经发生了较大变化，其推动作用越来越显著，并不断上升，而工业化的作用则呈现递减的趋势。

城镇化、工业化与第三产业之间具有密切的联系：工业化推动城镇化的发展，城镇化能够促进第三产业的发展，反过来，第三产业的发展也会增强城镇的吸纳能力，加速城镇化的进程，为工业化发展提供丰富的人力、物力资源。城镇化与第三产业的发展存在一定正相关关系。一方面，发展第三产业，必须依托城镇化。第三产业的地位和作用是不断变化的，在工业化的后期，第三产业对国民经济的贡献会逐渐大于第二产业，对农村向城镇集聚的要求也高于第二产业。只有城镇化才能促进第三产业的繁荣和发展。另一方面，没有城镇化，第二产业、第三产业就失去了发展空间和载体。城镇化与相关产业应当融为一体，没有产业支柱的城镇化是发展不起来的。因为没有产业支持，城镇的人口就很难充分就业，就没有足够的收入，就很难刺激消费，而没有消费就没有再生产。

四是产业演进的过程贯穿于经济发展的各个阶段。在这一过程中，产业演进决定了城市形成与发展的基础，从而使城市经济在生产要素的配置和技术创新方面具有农村所不能比拟的优越性，使城市成为产业演进的主要载体。

城镇化是社会、经济发展到一定阶段的必然趋势，是农业现代化、工业化和信息化逐渐发展的必然结果。产业发展的演进规律表明：城镇化发展要以农业发展为前提，农业是城镇化的基础和原始动力；工业发展对城镇化发展起决定性作用，是城镇化发展的核心动力。第三产业的发展提供了大规模的就业机会，从而保证在工业化过程加深的情况下，非农产业就业比重不断提高，因此，第三产业是城镇化的新兴动力。

（一） 新型城镇化与农业现代化的互动

1. 农业现代化能为城镇化打下扎实基础

城镇化的发展与产业演进始终是同步的。第一产业对城镇化很重要，它是城镇化的前提条件。马克思指出，超过劳动者个人需要的农业劳动生产率是其他一切劳动部门所能够独立化的自然基础。从古到今，食物的生产一直是由农业部门承担的。农业是满足人类最基本生存需要的生产资料的产业。随着农业生产率的提高，农业生产的消费资料除供应劳动者及其家属需要外，还有剩余，也就是开始提供剩余劳动时，一部分劳动力才有可能脱离农业生产，进入城镇从事别的产业。这就是说，先要保证满足人们的生存需要，包括从事农业的和不从事农业的人的需要，所以这是前提条件。同时，剩余劳动越多，能养活的城镇人口就越多。可见，农业生产的发展水平及农业劳动生产率的高低，直接决定着非农产业的发展水平，直接决定着能养活多少城镇人口。农业越发达，越向农业的深度和广度发展，提供的剩余劳动力就越多，就可以有更多的农村劳动者进入城镇，从事第二产业、第三产业，非农产业劳动力比重就高。

再有，农业越发达，则可以提供更多的工业原料和更大的市场，使工业获得更多的发展，为进城农民提供更多的就业机会。1957—1960 年中国城镇化速度过快，城镇人口由 1957 年的 15.39%，猛升为 1960 年的 19.75%，三年中城镇净增人口 3123 万人，超越了农业劳动生产率提供的"自然基础"的界限。由此，国家于 1961—1963 年被迫实行调整方针，缩短工业战线，压缩城镇人口，动员 2800 万人返回农村，加强农业战线。这个沉痛的历史教训，我们千万不能忘记。今天，中国要加快城镇化，首先一定要把农业，特别是农业现代化搞好，这是保证城镇化健康发展的前提条件。

农业现代化是农业生产力发展的必然趋势。农业现代化不仅是改变农业与农村落后面貌的根本出路，也是保障经济持续稳定发展和推进城镇化的重要条件。城镇化是以农业现代化为基础和动力的，没有农业现代化，就不可能有高质量的城镇化。

2. 农业现代化对新型城镇化的影响

中国农业现代化主要是指用现代工业提供的技术装备农业，用现代生物科学技术改造农业，用现代市场经济观念和组织方式来管理农业，不断调整农业结构和农业的专业化、社会化分工，提高农业综合生产力，以实现农业总要素生产率的不断提高和农业持续发展的过程。它对促进新型城镇化建设主要体现在以下几个方面。

（1）农业一定程度的发展是城镇化的前提条件。从城市发展的历史看，城镇化进程总是由农业的发展推动的。从城市的最初形成来看，只有在农业生产力发展能够提供剩余产品的前提下，当少数人完全脱离农业生产而从事非农业活动时，才开始了人类文明和城市发展史；从城镇化的发展进程来看，它本身就是改变落后的乡村社会和自然经济为先进的城市社会和商品经济的历史发展过程。上文已经提及，城镇化的实质是由于生产力变革所引起的人口和其他经济要素从农业部门向非农业部门转移的过程，这种转移的根本标志就是农业比重的下降和非农业比重的上升。城镇化进程要求大量人口从第一产业转向第二产业、第三产业，这意味着农业从业人口的减少和其他产业从业人口的增加。农业一定程度的发展，其标志是农业劳动生产率的提高，而农业劳动生产率的提高意味着农业中大量农村剩余劳动力的产生。正是农业剩余劳动力的转移对城镇化的发展具有举足轻重的作用。没有农业一定程度的发展，没有农村剩余劳动力的产生，就无法为城镇化的发展提供大量的劳动力。劳动力大量流向城镇,一方面扩大了城镇劳动力来源和商品的市场需求,刺激城镇商品生产和商品流通的发展,满足城镇经济对劳动力的需求。另一方面,农村人口的大量流入,也会给城镇造成巨大的压力,从而促进城镇加快发展住房、交通、通信、水电等基础设施,带动城镇医疗卫生、文化教育事业的发展。

因此,产生的大量农村剩余劳动力并由此而来的城乡流动人口形成了对城镇化发展的强大推动力,既产生了刺激城镇建设加快发展的外在压力,又产生了流动人口作为解决城镇经济发展所需劳动力的内在压力。总之,城镇化的初始阶段要求农业生产要达到一定水平,从而可使一部分人口从农业生产中解放出来,从事其他产业。从这一点上看,可以说农业一定程度的发展是城镇化的重要前提条件。

然而,当城镇化发展到一定阶段后,随着每个农业人口负担的其他产业人口的增加,则要求农业的加快发展和农业生产率的加速提高,否则,就会出现两种可能的后果:一是城镇化及经济发展受阻;二是城镇化超前发展,农业产品价格产生较大波动,致使市场价格信号体系紊乱,结果降低城镇化的经济效益。农业现代化和城镇化水平都很高的英国和美国,农业人口负担的非农业人口的比重已分别达到 1:62 和 1:70,发展中国家距此水平还有很大差距,如不及时提高农业的现代化水平早晚会影响城镇化的顺利进行。

(2)农业现代化是实现城镇化又好又快发展的物质基础。当城镇化发展到一定阶段后,更要求农业现代化的步伐必须加快,否则会降低城镇化的经济效益,阻碍城镇化又好又快地发展。具体来讲,农业现代化对实现城镇化又好又快发展的基础作用主要包括以下五点。

第一,农业现代化所提供的农业剩余是城镇化发展的重要物质基础。农业是国民经济的基础,因而也是城镇化的基础。1961 年,拉尼斯和费景汉在《美国经济评论》上提出了一个人口流动模型。该模型认为,农业部门不仅仅提供廉价劳动力,同时农业部门还为工业部门提供农产品的支持,这种农产品的支持被他们称为农业剩余。他们认为,决定农业剩余的因素有 2 个:一是农业部门的劳动生产率;二是农业部门的劳动力总量。当劳动力总量随着工业化扩张而逐步变小的时候,保持和提高农业剩余的关键就在于农业劳动生产率的提高。从这个意义上讲,农业生产向现代化发展的过程,即意味着它为非农产业提供的农业剩余也在不断提高。马克思也认为农业劳动生产率的提高,会带来农业剩余产品,而农业剩余产品是一切分工的基础,是非农产业从农业中独立出来的先决条件。由于城镇工业生产的许多原料都来自农业生产，所以，如果没有农业的发展，工业发展只能是"无米之炊""无源之水"。而农业发展得越快，农业剩余越多，工业化进行的速度就越快，推动城镇化发展也就越快；反之，则必将大大延缓城镇化的进程。因此，可以说农业劳动生产率的高低和农业现代化的进程，在很大程度上反映了农业发展给予城镇化动力的强弱。

第二，农业现代化为城镇化提供食物支持。城镇化所需要的农产品包括两大类：食物型农产品和原料型半成品，前者主要包括粮食、蔬菜、水果、肉类、奶类及蛋类等，主要用于城市居民的生活；后者主要包括棉花、油料、糖料等经济作物，主要用于城市企业的生产。农业现代化水平的高低决定了农业所提供的食物及商品的数量和质量。因此，农业现代化水平不仅决定了城镇人口的规模，也决定着城镇化的规模和速度。

第三，农业产业化发展和农业现代化是城镇化的催化剂。农业生产产业化的根本任务，就是对农业生产方式的改进，而生产方式的调整，一方面必然促进农业产业结构的调整，使农村从单一的农业经济，向农业及其农产品深加工、农业服务体系、农村商业网络、农业外贸体系、农村第三产业等综合性经济转化，农民致富的渠道也从单一的农业，转向以农为本、以工促农、以商富农，从而既解决了农业资本和部分农业剩余劳动力的出路问题，又进一步促进了农产品附加值的提高，加快了农民致富的步伐。另一方面，生产方式的调整也必然造成农村社会关系的变革。人与人的关系不再是在原来小农经济条件下以血缘、地缘为主要纽带，而是以资本为纽带，以经济关系决定人际关系。农村工业化的发展为城镇的发展提供了资本支持。城镇的基础设施和公益事业需要大量投资，国家的财政有限，在这方面投资极少。而农村工业的发展可以为城镇建设提供资金来源，由此推动城镇的发展和繁荣。

第四，农业现代化为城镇化的发展创造了市场条件。城镇化的推进需要农业为其提供市场，而农村是一个潜力巨大的市场，随着农业发展及农业生产率的提高将使农业人口的收入提高。根据恩格尔定律，随着收入的提高，恩格尔系数下降，即农民对工业制成品和服务的需求在绝对数量和相对比例上都会增加，从而为城市部门（第二产业、第三产业）的发展创造需求，使城市工业品的销售市场扩大，城市生产得以持续进行，城镇化动力不断增强。另外，农业现代化的过程本身也需要大量农业机械、化肥等工业产品的投入，这也直接刺激了城镇化的发展。

第五，农业现代化为城镇化发展提供了外汇支持。日本经济学家赤松要于 1935 年提出的"雁行形态论"，很好地描述了发展中国家产业结构升级演化的过程，即工业产品要经过进口阶段、国内替代阶段和出口阶段。与这3 个阶段相对应的是国内第二产业、第三产业逐步建立和发展壮大，从而引起城镇化的发展。在这一过程中，工业产品的进口及为实施进口替代战略而进行的对先进技术、设备的进口，都需要外汇支持；而对发展中国家而言，城镇化初期只能以出口农业产品等初级产品为主以换取外汇。从这个意义上说，农业现代化及由此带来的农业劳动生产率的提高是启动城镇化进程，保证城镇化健康发展的主要物质力量。

（二）新型城镇化与新型工业化的互动

根据钱纳里 – 赛尔昆模型所揭示的一般趋势及发达国家工业化的经验，城镇化与工业化存在良性的互动关系，即工业化为城镇化提供发展动力和经济支持，而城镇化则是工业化发展的土壤和依托，两者同生同长、相互依存和共同发展。城镇化与工业化这一良性互动关系，具体表现为以下几点。

1. 工业化是城镇化的动力与加速器

城镇化是工业化发展的必然结果。工业生产的集中性和规模化是生产力发展的客观要求，工业生产必然向城镇集聚，进而推动城镇化的发展，这是由城市特点和工业生产的性质决定的。工业化的根本特征是生产的集中性、连续性和产品的商品性，这就要求经济过程在空间上的集聚，正是这种工业化的集聚要求，才促成了资本、人力、资源和技术等生产要素在有限空间上的高度组合，从而促成了城镇的形成与发展。在工业化初期，其主导产业均为劳动密集型产业，产业之间的联系较少，依存度低，因而城市规模一般较小，城镇化过程相对缓慢。在工业化中期，主导产业转变为资本密集型产业，如钢铁、机械、电力、石油、化工和汽车等，产业间的联系比较紧密，导致产业在空间集聚范围上迅速扩大，引起城镇化过程加速。在工业化后期，技术密集型产业迅速崛起，如电子元器件、计算机等，工业生产过程的管理步入更加现代化阶段，致使工业生产部门对劳动力的吸纳能力大大下降，但同时又由于生产效率的提高，人们对城市生活产生新的要求及生产现代化对城市服务设施的需求更多，因此，城市的地域范围会进一步扩大，第三产业会突飞猛进地发展起来。第三产业的发展赋予城市新的活力，使城镇化进入到更高层次。因此，工业化必然导致城镇化，工业化加速了城镇化的发展。

2. 城镇化是工业化发展的土壤和依托

推动产业结构的转型升级和工业化向深度和广度发展。工业化促进城镇化，在工业化的过程中和基础上实现城镇化，这是城镇化发展的基本规律。反过来看，城镇化对工业化也具有促进作用，在城镇化的过程中和基础上则进一步拓展工业化。一方面，城镇化适应工业在大规模集中生产的需要，为工业化在一定地域的集中和形成合理的生产规模提供良好的投资环境和消费市场，从而为工业化提供外部经济效益，能够极大地推进工业和整个社会经济的发展；另一方面，工业化在推动城镇化的同时，在聚集效应和扩大需求等方面也可以享受到城镇化进程的种种回报。城镇化通过需求扩张拉动经济增长与产业结构升级。城镇化是扩张市场需求的重要力量。城镇化对市场需求的拉动表现为直接拉动和间接拉动。直接拉动是指城市人口增加所带来的消费品市场需求扩张。城镇化拉动的新增市场是一个不断升级的商品和劳务市场，它们将为工业化时期产业结构的升级提供相应的市场基础。间接拉动是指由于城市人口增加对城市和区域公共基础设施物品的需求增加。农村人口进入城市，将不断地消耗交通、能源、房地产、给排水管道、绿化、学校、广场、城市安全系统等城市基础设施及其提供的服务。城镇化的持续推进将为基础设施产业提供持续扩张的市场，成为经济增长强有力的助推器。

总之，工业化与城镇化互动发展的过程，是一个循环、强化、扩张和成长的过程，两者相互交织，共同发展。一个国家或地区的经济发展，在空间结构上必须经历城镇化过程，在产业结构上则必须经历工业化进程。工业化与城镇化的发展历程是一个由紧密到松弛的发展过程，发展之初城镇化由工业化推动，到了一定阶段后，城镇化率开始加速并明显超过工业化率，在此过程中，两者存在明显的互动关系。

（三）新型城镇化与第三产业的互动

城市经济理论的研究表明，城镇化的产生与发展与第三产业的发展密切相关。特别是随着一个国家"三二一"产业格局的形成，城镇化的发展就进入了第三产业主导城镇化的发展阶段。

城市经济理论的研究表明，城镇化的产生与发展受到三大力量的推动与吸引，即农业发展、工业化和第三产业崛起，并且随着城镇化进程的深入，这三种力量依次处于主导地位。目前发达国家已经进入第三产业主导城镇化的阶段，其第三产业的产值、就业比重均超过60%，一些城市已经从工业生产为中心转为第三产业为中心，实现了城市职能的第三产业化。

1. 第三产业对城镇化的推动作用

历史经验表明，在工业化过程中，第三产业的发展与城镇化水平的提高是一个相互依存、彼此促进的联动过程，第三产业的规模、结构与城市的规模、结构有很大关系。因此，第三产业的发展赋予城市新的活力，使城镇化进入更高的发展阶段。第三产业对城镇化发展具有巨大的推动作用，主要表现在以下几个方面。

（1）第三产业发展是促进城市集聚效应实现的保障。城市的一个重要特征是具有集聚效应。所谓集聚效应是指劳动与资本的集聚引起分工的深化、专业化程度的提高，带来收益的提高，或资源共享带来生产成本的下降。以工业化经济为基础的城市集聚经济结构具有突出的空间密集性和时间过程同步性的特点。城市集聚效应是通过第三产业的发展来实现的。第三产业通过为工业和城市提供服务和基础设施，增强城市的吸引力，为城镇化提供动力。当工业发展到一定阶段，分工成为整个社会的普遍生产组织形式时，它对产前和产后的种种服务必然提出全方位的要求，如需要有速度快、成本低、载量大的运输业，保证投资、减少风险的金融业和保险业等。金融保险、信息咨询、商务服务等生产性服务业的发展，不仅是连接生产与市场的中间环节，而且是其他产业提高发展水平的重要条件。同时，国民收入的增加、生活消费的提高也刺激了种种生活服务，如医疗、教育、饮食等行业的大发展。这些行业在为工业提供服务的同时，形成了城市的基础设施，如交通基础设施、公用事业和信息产业设施等，使城市的产业更加齐全、生产和生活更加便利、功能更强、吸引力增加，从而使工业化后期的城市发展找到了产业依托，使城市化的继续发展成为可能。

（2）第三产业发展是激发城市外部经济效应的源泉。城市经济具有外部经济效应。外部经济效应指某单位内部效率的提高并不是由该单位内部支付代价带来的，而是由其外部的经济行为带来的。城市的外部经济效应相当部分源自第三产业，如较高的教育水平和良好的卫生条件，使城市劳动力具有较高素质；发达的市场体系、完备齐全的公用事业服务系统大大降低了企业的运输及交易成本；密集的信息和先进的信息传播手段使企业往往无须支付成本而坐享其成。

总之，城市第三产业的比重越高，外部经济效应就越大，城市的集聚效应就越高。

（3）第三产业发展是实现城市扩散效应的重要条件。经济增长并非同时出现在所有的地方，而是以不同的强度首先出现在一些增长点或增长极上，形成一定的中心区，然后通过不同的渠道向边缘地区扩散，并对整个经济产生最终影响。城市可以发挥这种增长极的作用，其崛起对邻近地区的发展形成扩散效应。而第一产业就是实现这种扩散效应的重要条件。交通运输、通信服务业的发展，金融及各种要素市场的发育，是生产从城市向边缘地带转移的前提。第三产业越发达，城市经济的扩散范围越大。

另外，第三产业是行业涵盖范围大、技术层面广的产业，既包括传统个体手工服务业，也包括现代的金融、信息等行业；既有劳动密集型行业，也有资金、技术密集型行业。只要具备一定的人口聚集与市场需求条件，就会有与之相适应的某一层次的第三产业发展起来。而现代工业以大机器生产为其物质技术基础，需要一定的资金、技术规模起点，与第三产业的许多行业特别是传统行业具有劳动力和资本比较容易进入的特点形成鲜明的对照。

因此，在资金、技术不足的条件下，虽然难以迅速发展第二产业，但可以通过第三产业特别是传统第三产业的发展推动城镇化。

2. 城镇化是第三产业发展的基础

与第一产业、第二产业一样，第三产业也要落实到具体的空间才能发挥作用，这个空间就是城市。因此，城市是第三产业发展的载体，主要体现在以下两个方面。

（1）第三产业的发展与人均 GDP 有很大关系，农村居民的人均 GDP 很低，相当一部分是自给性消费，商品经济、市场经济不发达，第三产业在农村很难维系生存与发展。而在城市，人均 GDP 相对较高，消费观念、消费方式与生活方式都与农村截然不同，第三产业有生存与发展的空间。

（2）城镇化是第三产业发展的重要需求基础。第三产业提供的服务产品具有非储存性，生产、消费的同时性等特点，使服务需求本身具有集聚特性。只有当生产要素和人口集聚到相当规模，产生对生产服务和生活服务强大的市场需求时,才足以支撑服务业的不断产生和独立化。所以,第三产业的产业特征对集聚有内在的要求。而城市具有高度的集聚效应,大量剩余劳动力涌入,人口聚集在城市具有两个特点:一是规模大,数量多;二是需求多样化。这正符合第三产业具有集聚效应的内在要求。大量农村剩余劳动力涌入城市,将放大城市的集聚效应,使城市成为第三产业发展的载体。城镇化推进的结果带来了人口和产业的集聚效应,使生产的中间投入增加,社会对生活和生产服务的需求量才足以达到支撑起形成和发展的起点规模,使之独立化、产业化。可见,城镇化水平是影响第三产业发展的重要因素。

根据发达国家的经验,城镇化与第三产业的相关系数为 0.8,也就是城镇化水平越高,第三产业发展程度越高。从中国第三产业的发展情况来看,目前第三产业增加值在 GDP 中所占的比重为 40% 左右。而目前绝大部分发达国家的这一比重为 60% ~ 80%,大部分发展中国家也超过了 35%。所以,城镇化水平越高,说明第三产业的发展基地越多,越能促进第三产业的发展。

三、"城产融合"的发展困境

尽管城镇化与产业发展存在着相互作用的机理,但伴随着中国经济的快速增长,以人口红利、土地红利、资源红利为主的城镇化发展过程中出现了各种问题。产业发展与城镇化不协调、新老"三农"问题、产业结构及价值链低端化、发展方式粗放和产业政策的制约,使得中国多数地区产业发展乏力,城镇化质量不高。通过规模化扩张的途径提升经济实力成为当前地方发展的一种无奈之举。

(一) 新"三农"与老"三农"问题并存

农民、农业、农村问题习惯上被称为中国的"三农"问题,也是千百年来中国作为一个农业大国的基础性问题。过去人们常说的"农民真苦、农村真穷、农业真危险"的问题,学界归结为"农民增收、农村发展、农业增产"等"三农"问题。"三农"问题可以说是中国特殊历史阶段的产物,主要根源是农业的税费繁重。2006 年免征农业税和农民的其他一切税费,标志着中国传统"三农"问题的基本解决。伴随着中国工业化和城镇化的快速发展,出现了新"三农"问题。

新老"三农"问题成为现阶段城镇化进程中产业发展面临的主要问题。新"三农"问题产生于中国传统农业社会向工业化、现代化转型的过程中，主要理解为"农地流转、农民离乡务工、农地非农用"等问题。城镇化进程中，大量农民离乡进城从事非农业生产，农村地区的其他各种技术、管理人才和能工巧匠，以及医生、教师队伍中的佼佼者，也大量涌向城市。而留在农村的六七十岁的老人、儿童及大龄妇女，成为农业的主要劳动力，他们的劳动能力、生产积极性都较低，导致许多田地无人耕种、畜牧业产量低等问题，部分农地向非农化转化，大大降低了农业的发展能力。同时在城镇化建设中对农村土地的征用，使得很多失地农民无工作、无社保，没有稳定的经济来源，对社会救助的需求较大，出现就业、安置、管理等一系列问题，成为当前产业发展进程中必须要解决的难题。

（二）产业结构不合理与产业价值链的低端

改革开放以来，中国依赖廉价的劳动力和土地资源，通过吸引跨国公司直接投资和承接跨国公司加工环节等方式，迅速融入全球产业价值链，形成了中国世界工厂的国际形象。但由于创新和技术能力的不足，中国产业类型主要集中在附加值相对较低的生产加工环节，工业经济效益普遍不高。而研发创造等环节的缺失又导致中国技术创新提升的空间有限，从而形成了中国"代工—出口—微利化—品牌、销售终端渠道与自主创新能力缺失—价值链攀升能力缺失"的路径依赖，制约了中国工业的发展。

这种过度依赖低成本资源进行数量扩张，以工业化为主导的产业发展模式，也造成了中国产业结构的不合理。虽然中国多数地区以工业为主导，但整体工业发展水平偏低；中国号称农业大国，但农业基础薄弱；服务业作为城镇化的新兴动力，但面临的问题是其发展滞后。2015 年，中国三次产业结构为 9.0：40.5：50.5，处于工业化中期。在发达国家则以第三产业为主导，第三产业所占比重一般为 65% 以上，第一产业一般不超过 5%，第二产业一般不超过 30%。以传统产业为主的现状，使得中国长期处于国际产业价值链的低端。农业产业优质率较低，农产品加工尚处在起步阶段；中国工业由于技术创新能力不足，面临产业转型升级的困境；服务业存在总量偏低、发展水平滞后的问题。近年来，旅游业驱动城镇化的发展模式得到很多地方的关注，旅游业成为很多地方未来产业培育的主导方向，有很多成功的案例，但也有不少盲目开发的案例。

因此，在未来亟须提升技术与优化产业结构，着力挖掘服务业潜力，推进中国产业更好地支撑城镇化发展。在新时期新常态的背景下，国家提出"中国制造2025"，其目的就是要构建产业转型升级的中远期战略。

（三）城镇化、工业化和农业现代化不协调

随着改革开放的逐步深化和经济社会的全面发展，中国工业化、城镇化和农业现代化的"三化统筹"问题已取得一定的进展，进入了新的发展阶段，但不可回避的问题是，三者的不同步趋势仍然存在。

2015年，中国城镇化率为56.5%，已进入转型发展的关键期。在工业化方面2015年国内生产总值突破67万亿元，人均GDP约为7924美元。东部地区的发达省份，人均GDP已达到10 000美元，这些均表明中国已经进入工业化中期阶段，同期的农业现代化水平则还处在成长阶段。2010年中国农业综合机械化水平达到52%，实现了农业生产方式从人力、畜力向机械作业的历史性跨越。同时由于中国致力于转变农业经营体制改革，从家庭联产承包责任制到如今提出的农业适度规模经营，在农业现代化方面有一定的进步。但总体上，中国农业现代化仍处在成长阶段。从而形成了中国农业现代化滞后于工业化和城镇化，而城镇化又滞后于工业化的非均衡发展现状。

在当前国内外宏观环境的变化之下，中国城镇化发展滞后及农业现代化基础薄弱，导致城镇购买力不足，农村消费能力有限又导致内需无法启动。因此，"三化"不协调已经成为制约中国经济平稳快速发展的突出矛盾。

（四）区域产城脱节与发展方式的双粗放

回顾中国城镇化与工业化推进的30多年，产城脱节与产业发展无序、区域经济融合度、城镇化与产业发展的双粗放等问题成为制约中国城镇化顺利进行的重要因素。

近年来，为追求产业经济的快速发展，造成产业和城市"两张皮"的脱节现象比较普遍，形成了所谓的"工业孤岛"。相对于产业园区，多以投资项目的需求为引领的新建城区，功能单一，缺乏强有力的吸引力，无法形成集聚资本、人力要素的核心驱动力。同时由于新区多数重房产开发、轻产业培育和产业环境搭建，使得新区因缺乏产业带动支撑而导致住房空置率高，

出现"有城无市"的空城化局面。产业园区有产无城、区城互补融合性差、产业集群程度低，缺乏生活设施的支撑，"空心化"现象也较为严重。

产城脱节是中国产业发展中的一个突出表现，究其根源是产业发展与城镇化发展的双粗放。过去"村村点火、户户冒烟"粗放的发展模式虽然带来了一时的经济发展，但也造成了安全生产隐患、环境污染等突出问题。后来在国家政策的导向下，乡镇企业逐步向工业区集中，但由于工业园区大多是由各乡镇主导建设，出于地方政绩和形象工程的考虑，"只招商、不择商"的决策，使得企业迁入在特定空间内而形成一种机械式增长的产业空间，又缺乏明确的产业引导，形成多种产业类型的混杂，企业间缺乏协作，难以形成集聚效应。如果遇到外部经济环境变动，很可能导致企业外迁，从而带来发展的不稳定。目前，中国制造业主要依靠高投入，尤其是资源的高消耗来支撑高速增长，以产品的数量扩张和低价来取胜。同时，由于行政管理体制和利益分配格局的影响，各区域之间各自为政、融合度较差，造成产业同构、恶性竞争、基础设施重复建设等问题。这种增长方式势必增加经济增长与资源之间的矛盾，将难以持续。

与此同时，中国城镇化模式也同样存在粗放发展的问题，城乡用地集约度不高、规模型的空间扩张、交通及市政等基础设施支撑能力不强、"重地上轻地下"问题比较普遍，加之城镇人口的快速集聚，给原本脆弱的城镇环境带来了更大的压力，环境问题已经给人们敲响了警钟。

（五）产业政策实施效果不理想

产业政策可以帮助政府对资源配置进行干预，从而修正和弥补市场调配的不足。中国明确的产业政策大约在20世纪八九十年代才出现，目前看来其实施效果还不理想。中国的产业政策过分干预微观经济，漠视市场作用。一方面扩大了行政对资源配置的力量，寻租规模不断扩大，垄断加剧，加大了社会贫富差距；另一方面大量的潜在租金，诱导企业更多地投入寻租活动。高成本、低质量的产品充斥市场，大大削弱了微观经济的活力。用干预微观经济的方式治理产能过剩也饱受质疑。近年来，发展战略性新兴产业的政策扶持是重点，财政支持和税收优惠倾向明显，但过重的政策力度导致部分新兴产业，如晶硅、新能源设备等投资过度、产能过剩，频遭"双反"调查。大量的补贴和利惠政策同样也会诱发寻租活动，扰乱正常的产业组织政策。另外，电信、铁路、电力、石化等一些基础性行业实行国有资本垄断经营，限制了市场的公平竞争，影响了产业正常发展和创新，制约了行业整体效能的提升。

只有充分考虑了区域特点、量身定制的、具有比较优势的产业政策，才能推动城镇经济走上符合本地资源禀赋的良性发展道路。

四、"城产融合"的推进路径

城镇化不仅是简单的城镇人口规模的增加和建设用地规模的扩张，而是要求有产业支撑以实现人居环境、社会保障的需求，实现城乡居民生活方式的转变，突出由乡到城的实质性转变。

推进新型城镇化的关键在于通过产业发展为农业转移人口提供足够的就业机会，积极发挥产业集聚效应，吸引大量农民进城，并逐渐实现农民市民化转变。但现实产业发展中的新老"三农"问题、产业链低端、产业不协调、产城脱节与产业发展无序、区域融合度较差和产业发展制约等因素困扰着产业发展，急需在新时期寻求解决之道。

（一）推进新"四化"同步发展

党的十八大报告提出新"四化"同步发展的战略，所谓"新四化"就是中国特色新型工业化、信息化、城镇化、农业现代化（以下简称"新四化"）。这是中国共产党着眼于经济社会发展全局的重大战略部署，也是贯彻落实习近平总书记系列重要讲话精神的关键一环。"新四化"需要通过推动信息化与工业化的深度融合，城镇化与工业化的良性互动，工农协调化发展，城镇化和农业现代化互动，以信息化促进工业化、城镇化、农业现代化协调发展等方面来实现。

1. 推动信息化与工业化深度融合

特殊国情决定了中国不能像西方发达国家走先工业化后信息化的老路，更不能用信息化取代工业化，必须同时推进工业化与信息化，用工业化培育信息化，用信息化促成工业化。大力推进信息化与工业化融合，既是实现工业化的正确途径，也是发展信息化的正确途径。关于两化融合，美国是原发式发展模式的代表，韩国是赶超式发展模式的代表。主要的经验在于：一是政府发挥了主导作用，将信息化战略上升为国家战略；二是出台相关配套政策，加速信息技术在各个领域的扩散；三是在关键技术环节开展产学研工作，注重信息人才的培育，使信息产业在国民经济发展中发挥重要的带动作用。中国应结合基本国情，借鉴美国和韩国在两化融合中的经验，找寻适宜中国工业化和信息化融合的发展之路。一方面，应以互联网思维促进信息技术与制造业的深度融合，用互联网产业促进传统产业的转型升级；另一方面，应通过信息化技术促进制造业与服务业深度融合，通过鼓励创新模式、创新业态的发展，促进制造业向生产性服务业的延伸与发展。可以说，实现信息化和工业化的深度融合，是将信息技术融入整个产业链发展的过程。

2. 推动城镇化与工业化良性互动

重点在于做好统筹发展、工城联动。具体而言，统筹发展需要从工业和城镇建设及各层次规划衔接方面入手，做好统一规划、协调发展。在工业方面，合理规划布局、建设、管理工业企业与工业园区，实现工业产业和相关要素聚集。在城镇建设方面，规划建设好城镇和乡村，促进产业在城乡间、地区间合理布局与联动，做好各类型规划相互衔接，为工业化和城镇化良性互动提供规划引领。在产业发展方面，应坚持新型工业化发展方向，促进传统工业转型升级。在城市功能方面，应配套建设城镇社区和美丽乡村社区，并通过以人口需求导向发展城镇配套服务业和生产性服务业，实现工业生产与城镇服务业的协调发展。

3. 推进工农业协调化发展

农业是工业的基础，农业现代化的推进可以为工业化提供必要的支撑，对工业化的深入发展有着重要推动作用。因此，中国的工农业协调化发展，需要立足于本地资源优势，借鉴韩国在推进城乡发展一体化方面的实践与经验，优化配置各种生产要素。一方面要夯实农业的粮食生产功能和提供食物保障等基础功能，同时要积极拓展和延伸农业的社会保障、政治稳定、生态保护等功能，建立现代多功能农业体系，为工业化发展提供生产资料基础；另一方面要大力实施工业化战略，以新一代科学技术提升现代农业的技术装备与投入水平，促进农业现代化的发展，实现工农业协调互动发展。

纵观韩国50多年农业现代化发展历程，在不同的发展阶段，韩国政府采取了灵活适度的干预政策，通过制订计划、出台政策、农业立法等形式对农业发展进行适度干预，从而促进了城市和乡村、工业和农业的协调发展。同时多次实施了对农业的反哺政策，最终实现了城乡发展一体化。

4. 推进城镇化与农业现代化互动协调

城镇化与农业现代化协调发展是农村、农业发展的有效路径和手段，二者相互依托、相互促进。在现实途径中，一方面，要加大城乡统筹协调发展力度，实现城乡发展空间布局、基础设施、公共服务设施和社会保障等一体化，促进生产要素在城乡之间合理有序流动；另一方面，要坚持城镇建设和农业规模协调发展，坚持最严格的耕地保护制度，改进农业设备，提高土地产出率，为农业规模经营和集约经营创造条件。另外，要以可持续发展理念进行城镇化建设，进一步优化城镇布局和形态，完善城镇服务功能和产业功能，为农业转移人口提供更多更好的就业和生活服务配套。

（二）促进产城互动

城镇化要求产业、要素、人口在空间上实现高度集聚，推进产城人融合则是解决当前有城无业、有业无城等现实问题的重要路径。所谓产城人融合就是要求以人的需求为导向，实现产业与人融合，产业与城市功能融合、空间整合，以体制机制作为保障，形成以产促城、以城兴产，实现产、城、人的高度互动。

1. 加强产城融合的规划引导

人是产城融合的主体和核心，人的需求是产业和城镇发展的导向，实现产城人融合的关键在于做好顶层设计与规划引导。坚持产城人融合的整体路径设计，实现城市总体规划、土地利用规划、产业规划及其他各专项规划相协调、统筹发展。发挥规划部门、产业部门、建设部门、公共服务部门等在规划编制中的联动作用，将人口、产业资源、服务资源、设施资源统筹考虑，集约利用土地，实现城市功能和产业功能的高效融合。其中产业规划作为发展的引领方向，城市规划应根据产城融合总体发展方向，继续深化内部产业定位、生活配套、公共服务设施、市政基础设施配套等相关内容，为下一层级规划做好指导与衔接。产业集聚区或产业园区作为城市的重要功能区，在产业布局、方向、功能等方面应与总体规划相衔接。土地利用规划是产城人融合的要素保障，要在空间布局和土地用途管制上实现与产业规划和城市规划的精准对接。应将产业规划、城市规划、土地利用规划纳入统一管理体系下，实现统筹协调发展，以"三规合一"或者"多规合一"，促进产业、城市功能与土地利用的整合与协调发展。适时建立规划设计的预警机制，加强产业发展、功能完善和土地的集约利用，促进城、镇、村等不同经济实体的和谐发展。

同时，强化产人融合的区域协调机制。打破以行政区划为基本经济区域的格局，实施"有限政府"，破除全能政府的职能理念，促进政府职能转变。实现跨行政区的统一规划、统一政策、统一服务，实现区域间统筹产业布局规划，避免同区域产业类型雷同，恶性竞争。

总之，产城人融合需要加强规划的全局性、科学性和前瞻性，需要因地制宜制定不同区域发展的产城融合策略。针对老城区或者旧城区，要根据其特点，注重文化传承，特色塑造，明确改造重点和难点，因地制地改造更新。针对城郊新城或者新区的产城融合，最重要的是实现产业、人口与城市功能配套三者协调发展。通过产业发展吸引人口要素集聚，通过完善城市功能配套吸引人口留得下、待得住，三者和谐促进整个新区的高效运转。针对产业园区的产城融合，应将园区纳入区域整体规划范畴，对园区定位和周边区域的关系进行统筹考虑。

2. 构建以人的需求为导向的城镇产业体系

城镇和产业的发展都离不开人。人是城镇的主体，产业的发展也是为了满足人的需求。人的需求促进了城镇和产业的发展，城镇和产业的发展进一步延伸人的需求。依托马斯洛的需求层次理论，结合人对产业需求程度的不同，将产业细分为必需产业需求和附加产业需求。必需产业就是以人的基本需求为核心，包括为人们提供的日常生活需求、正常社会交往需求、基本的服务需求和基本的安全需求等产业类型。附加产业就是能够给城市人群提供基本生活服务以外的生产和生活服务的产业，是一种外延的产业类型。而必需产业和附加产业的发展，则需要根据不同地域、不同人群的需求来补充完善。

必需产业，是一个地区的基本需求产业类型，需要根据居民规模、居民层次等具体需求来进行配置，以满足当地居民的就业需求，提高人民的生活水平。必需产业不存在选择问题，属于服务业的范畴，是城镇发展的基本功能，重在引导和培育，在空间和资源优先配置上考虑人的需求，在产业结构上细化和延伸产业链。同时需要地方政府给予政策方面的引导，促进产业发展与城镇的融合。

附加产业要依附于区位、特色和区域产业分工的角度来发展，但有一定的灵活性。从区域的角度，附加产业发展要有互补发展思维，是基于产业链分工的附加产业发展机会。同时，要符合城市发展的定位，具备一定的就业吸纳能力，并且对环境和社会发挥应有的作用。在空间载体上，更加强调从城市群的角度培育龙头产业，构建一体化的新型产业分工体系成为现实需求。

（三）关注产城融合的四个关键点

产城人融合必须强化居住与就业（职住平衡）、产业功能与城镇功能、产业与配套设施、产业化生态与城镇化等 4 个关键方面的融合。

1. 居住与就业融合（职住平衡）

居住、就业和生活消费是居民的基本生活需求。城镇化进程需要产业的支撑，为居民提供充足的就业岗位，但在提供就业岗位的同时要考虑职工的居住和生活需求。因此，在实现产城人融合战略中，要关注居住和就业的平衡，需要明确产业发展与城市功能在空间布局和发展方向上的一致性。城市提供的就业岗位总量要和居民（劳动力）人数大体相当，提供的岗位技能要求也需要与本地居民的技能水平相匹配，其配套设施与居民的收入水平相匹配。

2. 产业功能与城镇功能融合

产业发展更多强调的是生产功能，城镇更多的是强化城镇服务功能；在空间上要引导产业功能和城镇功能的集聚；在配套服务等级上，园区中心配套要与城市中心功能区配套进行一体化考虑，共同构成等级明确的城镇化功能配套体系，满足城镇空间多中心发展的需要。

3. 产业与配套设施融合

产业发展中需要的配套设施无非是公共服务设施和道路及市政基础设施。关于设施的配套，需要考虑产业发展与城镇功能的距离问题。产业区与城区融为一体或者就是城区的组成部分，在城镇功能区配套设施辐射范围内，应注重资源共享原则。若靠近城区，则可以配套满足基本生活需求的社区级或者组团级公共服务设施；若产业区远离城镇功能区，可结合园区需求配置一定等级的设施。特别是城镇功能区不能满足产业区的需求时，可配置高标准设施，考虑未来反过来辐射城镇功能区的可能性，并通过其设施的建设，带动城镇功能区设施的更新和改造。对于道路及市政设施则需要分析周边现状负荷容量，综合测定产业区发展的现实需要，确定市政设施布局。总之，在设施配套方向，产业区与城镇功能区要充分协调发展，以集约、节约利用资源为前提，促进产业区与城镇功能区设施一体化发展。

4. 产业化生态与城镇化融合

产业化是推动城镇化建设的重要动力。产业化的路径不仅仅是强调工业产业的延伸与拓展，更为重要的是实现三次产业的融合。例如，依托工业生产的特点延伸发展产业文化，促进人口集聚与要素集聚。人口向城镇集聚，是为了更好地居住、就业和生活。人与自然的融合是发展的关键。生态化是今后发展的大势所在，也是居民生活的本底，山、林、河、湖、田、村、城等是构成生态化发展的要素，只有充分利用好这些要素，塑造美好的生活与生产环境，城镇化才能健康持续。因此，低碳环保、可持续发展仍然是城镇化建设和产业化发展的前提，促进人与自然和谐，这亦是"产城人融合"的理想之所在。

综上，城镇化的灵魂是产业，城镇是产业的载体。在城镇化建设的过程中，需要做到产城融合，注重产城协调。产城融合，要求城市空间上布局合理，产城协调则要求城市建设与产业发展在时间上有机协调，保持相对的平衡，这样城镇化才能健康发展。

（四）加快产业转型升级

面对当前产业低端化发展、传统产业动力不足等现实问题，产业转型升级成为当前城镇化的核心内容，也是提升产业动力的重要举措。实际上，城镇化与产业转型升级之间存在着互动关系。城镇化进程中的经济城镇化过程实质上是产业转型升级的过程，产业转型升级是城镇化内容的重要组成部分，反过来对城镇化发展有着推动作用。

实际上，产业转型升级已成为地方政府推进新一轮产业发展的驱动力，以产业转型升级撬动新一轮经济改革的发展。中国的产业转型升级主要包含产业发展同一问题的四个方面，即产业结构的优化调整、产业功能的转型升级、产业空间的转移和产业发展方式的转变。通过产业转型升级四个方面的改革，实现产业发展与城镇化的健康互动。

1. 推进产业结构优化调整，助推城乡产业互动

产业结构演变的基本动因是科学技术和生产力水平的提高。根据产业结

构演变规律，三次产业结构总是从第一产业居最高逐步向第二产业、第三产业的次序位移变化，产业发展的重心也随之转移。在西方发达国家中，第三产业占据国民生产总值的比重超过50%，就业人数所占比重都在70%以上，如美国、日本等发达国家第三产业比重更高达70%~80%。当前中国三次产业结构不甚合理，亟须推进中国产业结构的优化调整，对加快产业结构转型升级意义重大。推进中国产业结构升级，在三次产业之间要分层次、有重点，在各产业内部也要有层次、有差别地推进。

一是进一步推进农业产业化进程。促进农业产业化的延伸与拓展，用先进技术和科学管理方法，使传统种植农业功能逐渐向农业旅游休闲、生态维护、文化传承等新功能方向拓展；同时要向第二产业延伸和向第三产业融合，形成三次产业融合的"第六产业"格局。鼓励以家庭农场、股份合作社、公司化运营等多种形式促进农业适度规模经营，实现农民与市场相对接，实现农业产业化与村庄组织化的互动发展。积极利用生物技术、物联网、电子商务、电子信息技术等现代科学技术改造农业，推进农业机械化发展，提高农产品产量和农业生产效率。

二是有差别地推进工业结构优化升级，突出工业的支撑作用。中小城市要抓住特大城市、大城市产业结构升级的有利机会，优先发展劳动密集型产业，为城镇化发展提供大量的就业岗位。通过加强研发和设计，提高文化含量，提升在区域价值链的分工层次，推进劳动密集型工业向产业价值链高端发展。小城镇应该充分利用城镇土地、劳动力等生产要素成本比较低的特点，培育与城市工业相配套的产业集群，引导原有的乡镇企业向小城镇聚集，并逐步实现体制、技术创新，使乡镇企业做大做强，发挥产业聚集效应。构建以高新技术产业为支撑、以先进制造业为主体、城乡产业融合发展的现代产业体系，以增强非农产业对农业剩余劳动力的吸纳力。

三是促进服务业转型升级，多层次地发展服务业。服务业是"最大就业吸纳器"，需要强化服务业的支撑作用。通过大中小城市差别化地推进传统服务业向养老服务、社区服务、健康服务等新兴服务业转化，促进传统服务业转型升级。针对中小城市和小城镇，要强化相关配套设施发展，通过配套完善的教育、医疗等服务业吸引人口向城区集聚，提升城镇的消费能力，激发城镇发展动力。对于特大城市和部分大城市，在关注传统服务转型升级、挖掘就业潜力的同时，更要注重现代服务业的发展。根据工业产业转型升级的需求，大力发展生产性服务业，促进制造业与生产性服务业的深度融合，建设生产性服务业集聚区，优化城市空间结构。

2. 引导和加强产业空间转移，优化区域产业布局

产业空间转移不仅是产业内部升级，更多的是强调产业外部联系，形成区域产业联动格局。当前中国通过"一带一路"发展战略的实施，促进中国产业转型升级，使资源、市场、技术、劳动力等各种产业要素在国际国内不同区域之间的流动，从空间转型过程中实现产业转型升级。

目前中国产业空间转移主要集中于东中西三大地带间。其中东部省级区域内部的产业转移主要集中于长三角、珠三角，产业转移承接地主要涉及中西部。因此，中国要结合地区差别推进产业转移和升级。

一是引导东部地区劳动力密集型、低端产业向中西部转移，提高自身产业的国际竞争力。中国东部经济发达地区大都已进入工业化中后期。受生产要素价格上升、国际市场需求减少的影响，一些附加值较低的劳动力密集型制造业逐渐失去竞争优势；目前已经发生转移的主要是资源依赖型和资本密集型产业，典型的劳动密集型产业并未发生相对转移。因此，在引导和加强劳动密集型产业向中西部转移的同时，还需要充分利用自身的比较优势，积极承接国际范围的高端产业转移，在更高水平上参与全球分工，提升自主创新能力，完善区域内产业的专业化分工体系，进一步完善科研、人才、服务等网络配套体系，促进东部地区经济的再次腾飞。

二是中部地区在承接产业转移的同时，要利用自身优势迅速崛起。中部地区刚刚进入工业化中期，具备承接产业转移的有利条件。中部省份要积极做好转变，大力承接劳动密集型产业，以吸纳本地居民就近从业，加快推进城镇化进程。鼓励外出务工人员回乡自主创业，夯实城镇发展产业基础。地方政府应该基于自身特殊的角色，注重产业发展的软环境建设，抓住东部沿海地区及国际范围的产业转移所带来的机遇，实现中部地区与发达地区的互补一体化发展目标。

三是西部地区经济发展的优化与调整思路。西部作为中国欠发达地区，自1999年提出西部大开发战略并付诸实践以来已经历了10多年的发展，社会经济取得一定的成效。但与东中部地区相比，产业级差却不断扩大。因此，在实践中需要紧紧围绕"西部大开发"战略，依托自身资源的优势，继续实施由资源优势向产业优势转变的策略，大力发展地区特色产业，推进人才资源的开发、储备、投入。

3. 推进产业集群式发展，助推城镇化发展

产业集群是在某一产业领域相互关联的企业及其支撑体系在一定区域内大量集聚发展，并形成具有持续竞争优势的经济群落。产业集群式发展成为实现区域经济跨越发展和促进产业转型升级的现实选择。在国内外区域经济发展中，产业集群式发展都取得了很大的成功，如美国的硅谷、印度的班加罗尔地区、中国北京的中关村及浙江的中小企业集群等。

城镇化和产业集群的关系是双向互动的发展关系，而不是一种单向作用的简单联系。产业集群通过产业在空间上集聚，促进资金、人力、资源和技术等生产要素在有限空间上高度组合，由此促进城镇的形成和发展。城镇为产业集群发展提供充足的劳动力、资本、技术支撑的同时，一旦成为聚集各种优质资源的高地又必然能带动现有产业的蓬勃发展，促进新兴产业的萌发，使产业集群与城镇化实现互动共赢。

因此，要根据区域梯度发展的特点，结合区域的区位条件、资源优势、产业基础等因素，因地制宜地制定产业集群发展路径，促进城镇化发展。一方面，通过充分利用本地的资源、人才、技术、资金等比较优势，打造自身优势的特色产业，发挥区域品牌效应，以集群式发展做大做强传统产业或新兴产业；另一方面，在区域空间中，以产业集聚区建设为载体，突破行政区划限制，建立整体协调的国土规划、区域规划、城市规划、交通规划所构成的空间地域综合规划体系，优化整体产业布局，变"行政区经济"为"都市带经济"。

4. 加强产业发展阶段的生态化发展

生态产业是经济由粗放转化为集约过程中谋求可持续发展的必然选择。产业生态化的本质是探寻经济发展与生态环境间的平衡，通过低碳、生态、绿色、可持续发展等多种模式促进中国产业生态化发展。因此，在产业发展方式上要强调产业组织模式的生态化、产业生产工艺及产业链的生态化和产业园区的生态化发展等。

实现产业生态化的发展路径主要需要从以下四个方面着力：一是要创新产业组织形态，优化产业区域布局，促进新的生态化产业发展，使生态农业、生态工业、生态服务业成为产业主要构成和经济发展主体。二是要运用市场机制，重点要推广应用生态环保工程技术，培育和强化企业绿色发展的主体地位，改造提升现有工业园区生态化科技含量。三是加快制定和完善环

境经济政策,通过制定实施包括环境税、生态补偿制度,制定节能、碳排放权、排污权、水权交易制度及环境金融等政策,将资源消耗和环境损失等"内化"为企业生产和经营成本。四是要支持生态农业园区和生态工业园区建设,建设一批以生态旅游为主的生态服务区。通过生态园区建设,聚集产业布局,融合产业技术,搭建产业发展生态化的区域平台和技术支撑。

(五) 完善城镇化进程中的产业配套政策改革

产业在发展过程中不仅应该受到行政的干预,更应该依靠市场机制的力量,发挥市场在资源配置中的有效作用,从而实现产业结构的升级和优化。但单纯依靠市场的力量会存在垄断、外部性、信息不对称等"市场失灵"现象。因此,需要政府积极制定配套产业政策体系来弥补"市场失灵",促进城镇化与产业协调发展,促进就业和创业梦想的实现。

1. 完善产业发展政策

在符合国家产业政策大方向的提前下,不同地区应因地制宜制定地方产业政策,包括主导产业的选择、产业培育和保护、衰退产业的调整等产业结构政策;还应当包括产业布局政策、产业组织政策和产业技术政策、消除垄断及产业准入和退出及产业创新机制等方面的政策体系。国家层面要及时公布每年产业导向,根据经济环境实时调整产业政策,进一步突出不同时期的主导产业,与地方政府产业政策协调一致;地方政府应根据自身产业基础和资源禀赋特点,选择具有比较优势的主导产业和特色产业,把主导产业与产业布局政策、产业技术创新机制等有机结合起来,进一步完善产业组织政策。

2. 加快城镇产业发展机制创新

一方面要完善"创新生态"机制和产学研协同创新机制,改进政府扶持创新和产业升级的政策体系等。通过鼓励民营经济公平参与产业创新和产业转型升级,激发民营部门的创新活力与积极性。另一方面要鼓励广大民众自我创业、自我创新产业发展的愿望,发展民营经济。同时还需要在市场化的思路指导下建立城乡统一的要素市场,建立合理利用的资金流动机制,在竞争中形成合理的分工体系,促进产业环境健康可持续发展。

3. 构建产业发展的财税和金融支持体系

一方面要加大对现代农业龙头企业的补贴力度和工业企业的财政支持力

度，对这些企业的贷款实行财政担保、财政贴息等措施，激发产业发展的动力；另一方面需要积极推进营改增的税制改革，对各类企业实行结构性减税政策。更为重要的是，需要深化金融体制改革，积极构建促进城镇产业发展的金融政策体系，为城乡各类产业企业创造更多公平的竞争机制，提供多方面的产业融资途径。

4. 推进政府和市场的优势互补

尊重市场机制的运行规律，发挥政府在解决市场失灵、市场环境等方面的作用，实现政府和市场的优势互补。一方面在推进新型工业化进程的同时，要转变政府职能，建设服务型政府，减少政府对微观经济活动的干预；同时在产业生态化发展中，政府要自我约束，通过制定较完善的制度约束企业行为，政府在规范企业行为中要承担更多的责任，能真正扮演制度守护神的角色。另一方面要强化城镇体系专业化分工协作，提升不同等级城市的产业承接能力，逐步形成不同规模城镇分工合理、特色突出、功能互补的产业发展格局，形成产业集聚效应，同时注重市场对产业发展的调节作用。

第五章 人本城镇化的 "城乡融合"

中国是传统的农业大国，人口主要分布在广大农村地区，计划经济时期遗留的二元经济体制对中国现在的经济发展产生了巨大的负面影响。虽然改革开放以来，中国的经济发展水平和人民收入水平不断提高，但是城乡的收入差距却越来越大，社会贫富悬殊问题严重。城乡经济的分化和农村的落后，已经严重制约了中国全面建成小康社会的这一发展目标的实现。可以这么说，中国的城市化和 "三农" 问题从产生之日起，就是相互影响、相互交融的，这也是中国城镇化问题的独特性。所以，我们在实施 "城乡融合" 发展战略时，要充分立足于中国的国情，突出中国的特色，要把它作为社会主义发展的一个重要部分。在 "城乡融合" 发展的过程中，我们千万不要忽视、放慢城镇化，更不能否定城镇化，阻碍城市经济的发展，而是要在城镇化进程中更加重视 "三农" 问题，形成一种以工促农、以城带乡的新型城乡关系。通过城乡统筹打破农村发展的思想束缚和城乡的分割体制，通过发展新农村和完善农村相关制度改革，促进城镇化快速、健康发展，形成城乡互补、共同发展的战略格局，从而最终实现城乡融合发展。

一、"城乡融合" 的理论基础

（一）马克思和恩格斯的城乡关系理论

马克思和恩格斯针对城乡对立问题，运用阶级分析的方法进行了系统性的研究。他们主要研究了城乡对立的原因及其可能的解决方式。

1. 城乡对立理论

马克思和恩格斯认为，随着国家体制的建立、社会文明的演进和工业化革命的出现，城市和农村的对立关系开始慢慢出现并不断得到加强。但是，城乡之间的矛盾在奴隶社会和封建社会并没有产生多大的社会负面影响，它的加剧主要出现在资本主义工业化之后，城市和工业对乡村和农业的剥削不断加强，由此城乡之间的矛盾逐渐成为社会的一对主要矛盾。城市的不断发展壮大促使工农业的分离，加剧了城乡的分化与对立。对城乡对立的根源，马克思指出，城乡对立是个人屈从于分工、屈从于他被迫从事的某种活动的集中反映，而且这种对立只有在私有制的条件下才能存在。根据这一理论，无论资本主义国家如何加大对农业的扶持力度，也无法改变农民相对低下的社会地位。

2. 农业基础理论

城市和农村的对立不仅导致了农村的落后和农民的贫困，还成为阻碍农业发展的主要原因。马克思在《资本论》中对农业基础理论进行了系统的研究。他认为，农业劳动是产生一切剩余劳动的基础，生产和获得食物是一切劳动最初的目的；人类的一切生产活动都以农业生产为基础，农业生产的食物不仅要维持农民自身的生存与发展，还要为进行工业生产的工人提供必要的食物消费；农业是一切社会分工的基础，农业的发展也是其他经济部门独立的前提条件。

3. 城市中心理论

运用马克思唯物辩证法的思想主张应该一分为二地来看待城市的发展对社会经济产生的影响。他认为，城市的发展是一柄"双刃剑"，一方面加剧了城乡收入差距的分化；另一方面也促进了社会经济发展水平的提高和生产力的发展。此外，他进一步强调，城市是人类社会发展到一定阶段的必然产物，作为政治、经济和文化的中心，可以很好地实现经济的规模效应。通过观察世界各国的发展经验，我们发现，城市对经济发展和社会进步所产生的影响远远大于农村，城市是推动人类历史演进的主要力量。

4. 城乡融合理论

"城乡融合"的思想最早是由恩格斯提出来的，他认为随着社会的发展，城市和乡村必然会逐步融合。马克思认为，城乡会在不断地斗争中逐步走向统一，城市和农村的分工和差异会逐渐消失，城乡之间会形成一种新型的、相互交融的社会发展关系。城市和农村的对立，只是工农业发展水平还不够高的表现。城乡之间的对立关系是长期存在的，实现两者间的融合需要经历一个较长时期的经济社会发展历程。同时，他们还从私有制废除、工农有机结合等角度对实现城乡融合的有关路径进行了有益的探索。

(二) 发展经济学理论

发展经济学是 20 世纪逐渐兴起的主要研究发展中国家如何发展经济、实现经济由不发达向发达过渡的一门应用型和综合性的学科。它把城乡关系作为主要研究对象,通过分析发展中国家存在的城乡二元经济体制来发现存在的问题,并从农村劳动力转移、资本积累和技术进步等方面形成了自己的理论基础。发展经济学中最重要的四大理论,即刘易斯的"二元经济结构"理论、费景汉的"农业区位"理论、拉尼斯的"中心 – 外围"理论和托达罗"地理上的二元经济结构"理论等。这些理论虽然没有直接研究城乡统筹问题,但是其研究的有关城乡发展问题的相关成果可以为中国城乡统筹战略提供一定的参考。例如,刘易斯的二元经济结构理论的核心就是研究农村剩余劳动力向城市的转移,但是其忽视了农业在经济发展中的重要性。拉尼斯和费景汉在对刘易斯模型进行改进的基础上,进一步分析了城乡经济交融过程中劳动力资源的配置过程,并且认为农业在二元经济结构中起着重要的作用。托达罗认为,发展农村经济、提高农民的收入水平是解决城市化进程中城市和农村出现的各种问题的根本途径。

总的来看,发展经济学理论对中国统筹城乡发展产生了如下启示:一是城镇化的进程中,必然伴随着农村劳动力的转移。在城镇化进程的初期,由于城市和农村的收入水平存在着巨大的差异,加上农村中存在着大量的剩余劳动力,为了追求更高的工资和更好的生活水平,会有大量农村人口向城市转移。但是随着农村剩余劳动力的不断转移,农村的耕地面积增加,规模化的生产带来劳动效率的提高,进而会提高农民的收入水平。随着农村的不断发展,城乡收益的不断趋同,最终将会实现城乡一体化。二是实现城乡统筹的根本是加大对农业的投入。城镇化进程中的农村劳动力的转移更多的是因为预期的城乡收入差距的存在。只要预期收入差距和城乡生活环境差异无法消除,人口从农村向城市流动的过程就无法停止,并最终造成农村的空心化和城市的"城市病"问题。这反过来又会阻碍农村和城市的发展。只有政府不断加大对农村的投入,提高农村的收入水平和生活条件,实现农村剩余劳动力的就近安置,才能真正解决城乡二元经济结构。

(三) 分工组织理论

亚当·斯密在《国富论》中提出了著名的分工理论。他指出,劳动分工可以提高工人的生产效率，也有助于促进专业化生产的发明和机器的出现，它是社会财富迅速增加的重要源泉。具体来看，行业内可以对不同的工序进行分工合作；行业间的企业也可以通过对一个产业的上下游或者研发、销售、生产和服务的分工，来实现规模经济和范围经济。由此可见，劳动分工有助于生产效率的提高和规模经济的产生，也为后期城乡分工理论和规模经济理论提供了理论基础。

与亚当·斯密不同，马克思站在更加宏观的角度，运用阶级分析的方法来研究分工问题。他认为，城市各项生产要素集中更适合以工业为主的集中生产形式，而农村的生产资源和市场相对来说较为分散，更适合以分散经营为主的农业生产组织形式。这种产业划分也就决定了城市和乡村的定位不同，农村主要就是发展农业，为工业的发展提供劳动力等生产要素和广阔的市场，而城市主要就是依靠工业来促进经济的发展。马克思的分工组织理论，不仅为城乡分工提供了理论基础，也为城乡的融合，进而实现城乡一体化提供了理论支撑，这对中国新时期统筹城乡的发展具有重要的指导意义。

（四）制度变迁理论

制度变迁是指由效率低的旧制度向效率高的新制度转变的过程。制度变迁理论主要从制度变迁的主体、动力、方式和效率评价等几个方面进行研究。从制度变迁理论中，我们可以获得如下启示：首先，制度变迁的主要动力是经济主体对其自身利益的追求，从而要求改变现有制度来实现个人利益的最大化。新的制度往往是不同的利益主体进行利益重新分配后而形成的一种均衡状态。其次，新制度的建立需要以旧制度为基础。这就告诫我们在进行相关制度变迁时，需要考虑我们已有的制度状况，在现有制度的基础上建立新的改进机制，以此提高制度对资源配置的效率。最后，制度的变迁主要是依靠政府来完成的，城市是制度变迁的行为和决策主体。无论是西方发达国家还是亚洲已经发展起来的，如日韩等高收入水平国家，其二元经济结构问题的产生和消除都是从制度的角度出发得以解决的，而在解决过程中对政府的管理水平和发展理念都有很高的要求。这些方面对中国来说更加明显。

二、"城乡融合"的科学内涵

通过对相关理论研究的成果进行分析和总结，我们可以得出下述基本结论：一是城乡融合发展的目标与核心是要实现城乡共同发展，消除城乡经济发展水平的巨大差异，从而实现中国经济由二元社会向一元经济形态进行过渡。具体来说，就是在城乡一体化的发展过程中，既要大力发展农村经济，转变农村落后风貌，也要深化城市的经济改革，进一步促进城市的繁荣稳定；既要注意工业对推动经济增长的重要作用，也要进一步加强农业在国民经济中的基础地位。只有这样才可以真正地实现城市与乡村融合、工业与农业良性互动发展，达到城乡一体化发展的目的。二是城乡融合发展的重点是要全面协调，主要是指不仅仅要注意统筹城乡的物质文明，也要重视城乡之间的精神文明、生态文明和政治文明建设，要给予城乡居民同等的发展机会，同等的财产性权利，协调城乡居民的利益，实现城乡生产要素的科学配置，缩小城乡居民在收入、生活环境和社会保障等方面的差距，缩小地区与行业内部的差异，从而使城市和乡村的社会经济得到全面、均衡和可持续发展。

根据这一内涵，结合城乡融合的实际特征，城乡融合发展具有 4 个基本特征。

一是城乡收入差距合理化。理想的城乡一体的全域城市应该是城乡收入差距合理的全域城市。因此，构建城乡一体的全域城市要求统筹各方面的利益关系和利益要求，缩小城乡收入差距，这是构建城乡一体的全域城市的内在要求，是全面建设小康社会的内在需要，是实现城乡经济良性循环的必然要求，是建设和谐社会进程中的关键环节。经济发展过程中存在一定的城乡收入差距是不可避免的，城乡收入差距合理并不是完全消除城乡差距，而是城乡收入差距应该接近于自然的差距程度。合理的城乡收入差距应该是反映了社会分工和生产力发展客观规律的收入差距，是体现了城乡生产要素生产率差异的收入差距。过大的城乡收入差距可能会影响中国经济发展和社会稳定。从整体上看，中国的城乡收入差距过高是一个不争的事实，这既是城乡隔离的结果，也是通过对居民消费能力的影响进一步加深了城乡的分离，是一系列不利于农业、农村和农民的城市偏向制度的具体表现。

二是城乡公共服务均等化。理想的城乡一体的全域城市应该是城乡公共服务均等化的城市，均衡地享受基本的公共服务是每一个公民的基本权利，我们不能说一个城乡公共服务严重失衡的城市是一个城乡一体的全域城市。鉴于市场在提高公共服务方面的市场失灵，政府应该承担起公共服务均等化的重任。近年来，随着农业劳动力的自由流动，城市和农村居民享受到的公共服务数量、质量均呈现"剪刀差"的状态，其差距甚至超过城乡居民纯收入的差距。一方面，随着农村经济社会的发展，农村居民对公共产品需求的全面快速增长与公共服务不到位、基本公共服务短缺的矛盾日益突出；另一方面，越来越多的研究表明，尽管城乡主要收入差距仍构成城乡收入差距的主要部分，但是近年来城乡非主要收入差距对于城乡收入差距扩大的影响更为明显。而城乡非主要收入差距大部分来自城乡居民转移性收入的差距，其涉及户籍制度、教育制度、医疗制度、社会保障制度等公共服务的众多方面。

三是城乡基础设施一体化。城乡基础设施一体化是城乡一体的全域城市应有的题中之义，城乡基础设施一体化是引导城市资源要素向农村流动，最终实现城乡一体全域城市的基础。改革开放以来，中国的城市基础设施的建设日趋完善，但广大农村地区的基础设施全面落后于城市，导致城市和农村的隔离，城市发展难以得到农村的有力支撑，农村难以得到城市的辐射，限制了城乡发展的空间和速度。城乡基础设施的差异对农村经济社会的影响尤为突出，严重制约了农村经济社会的发展。

四是城乡结构转化合理化。结构转化合理是城乡一体的全域城市的内在要求。城乡一体的全域城市是城市化与工业化适应性的城市，是人口的城镇化和空间城镇化相匹配的城市。由于户籍制度、土地制度等的限制，中国的人口城镇化远远落后于第二产业和第三产业的发展，落后于土地的城镇化，导致人口的城镇化远远落后于空间的城镇化。因此，理想状态的城乡融合城镇化，应该是城乡居民收入差距合理、城乡公共服务均等、城乡基础设施一体化、城市化与工业化同步发展的城镇化。

三、"城乡融合"的现状分析

（一）城乡二元制度的形成及其特征

1. 城乡二元制度的含义

城乡二元制度，简单地说，就是城乡分割、城乡有别的制度体系。具体来说，城乡二元制度是指在二元经济结构中为了加快城市工业化进程和限制劳动力等生产要素在城乡之间的自由流动而建立起来的城乡分割、城乡有别的制度体系。城乡二元制度几乎涉及社会、经济、政治和文化的所有领域，具体包括户籍制度、住宅制度、粮食供给制度、副食品与燃料供给制度、生产资料供给制度、教育制度、就业制度、医疗制度、养老保险制度、劳动保护制度、人才制度、兵役制度、婚姻制度、生育制度14种制度。

发展中国家由贫穷落后走向发达繁荣是一个长期曲折的过程，各个产业和地区也不可能同步平衡发展，必然有先后、快慢、优劣的差别，新兴的、条件更优越的产业和地区的发展往往优先、更快、更好，因而出现二元经济结构是落后国家向发达国家演进过程中普遍存在的结构特征和必经的发展阶段，但是，为了片面加快工业化速度而试图阻止城乡人口流动，制定和实行城乡分割、城市偏向的城乡二元制度，则是违背经济发展规律的，至多是特定阶段的权宜之计。因为城乡二元制度虽然可能实现短期快速工业化的目标，但是，这种歧视性的制度安排极不公平合理，不仅会进一步扩大工农差别和城乡差别，造成城乡对立，而且会固化二元经济社会结构，减缓城镇化进程，最终可能抑制工业化任务的完成。

2. 城乡二元制度的形成

关于城乡二元制度形成的原因，目前学术界主要有三种不同的观点。

第一种观点是从国家实行重工业优先发展的赶超战略的目标和途径来解释。在重工业优先发展战略下，经济资源向城市重化工业集中，重化工业是资本密集型产业，不可能吸纳较多的农村剩余劳动力，因而人为地压低农产品价格，把农业的剩余变为工业的积累，同时限制农村人口向城市流动。为此，政府实行统购统销政策、计划价格制度、户籍制度等来实行城乡分割，保证重化工业所需资金，严格控制城乡人口的流动。

第二种观点认为，农民虽然人数众多，但因居住分散而导致的集体行动中过高的沟通成本，以及由于单个农民的产品只是农业产出的微小份额，造成免费搭车现象，因而缺乏政治力量。由此便形成农民人数众多而政治影响力微弱这种所谓的"数量悖论"。

第三种观点认为，上级政府对下级政府的政绩考核方式导致了有城市偏向的经济政策和城乡二元制度。政府通过GDP增长率来考核下一级地方政府的政绩，因此，地方政府的首要目标就是发展当地的经济，而城镇地区的非农产业是经济增长的主要源泉，从而地方政府采取了一些城市倾向的经济政策和城乡二元制度（在中国最为明显）。

以上三种观点分别从不同的侧面解释了城乡二元制度的成因，然而，城乡二元制度绝不是某一种因素独立作用的结果，而是由二元经济结构、赶超发展战略、计划经济体制、人口等多种因素共同作用形成的。

3. 城乡二元制度的特征

城乡二元制度既是对城乡居民身份的认定，更是对利益关系的界定，它具有城乡二元性、城市偏向性和城乡分割性等基本特征。

（1）城乡二元性

城乡二元制度最突出的本质特征是二元性，城乡二元制度的二元性有三层含义：一是从城乡二元制度的内涵看，城乡二元制度规范的是城市与农村或市民与农民之间的经济社会关系，是关于城市与农村或市民与农民之间的经济社会关系的制度体系；二是从城乡二元制度产生和存在的条件看，城乡二元制度的产生和存在依赖于经济结构的二元性，二元经济结构是城乡二元制度产生和存在的前提条件；三是从城乡二元制度的影响看，城乡二元制度一旦形成，它不仅催生了另一个二元结构——二元社会结构，又造成了二元经济结构中产值结构和就业结构的偏差，从而强化了经济结构的二元性。

（2）城市偏向性

二元性仅仅是城乡二元制度的表面象征，其本质特征在于城乡二元背后不同的权利和利益规定。在城乡权利和利益的规定上，城乡二元制度的显著特征是牺牲农村居民的利益，以保障城镇居民的利益，实行的是农业哺育工业，农村支持城市的发展战略，城乡二元制度就像抽水泵，源源不断地将农业剩余和农民的利益输送到城镇。这种城市偏向的城乡二元制度通过户籍制度、就业制度、社会保障和社会福利制度等具体制度制造了农村居民和城镇居民在权利和利益上的巨大差异，形成了两个权利、地位迥异的社会阶层。

（3）城乡分割性

为了保证城市偏向的城乡二元的利益格局，必然要求在城乡二元制度的安排上限制某些生产要素在城乡之间的自由流动，尤其是要严格限制农村居民向城镇居民的转化，从而将农村和城镇分割开来。但是，这种分割就像是单向的、不可逆转的棘轮，它只允许农业剩余转移到城镇，却不允许城镇工业剩余转移到农村；只允许城镇劳动力到农村就业，却限制农村劳动力到城镇就业、定居。因此，城乡二元制度的分割性是片面的、单向的分割，而不是将农村和城镇严格分割、封锁起来。

（二）城乡二元结构的现状

依据中国社会科学院城市与竞争力数据库的有关资料，按照全域城市的指标体系对全国 285 个地级及以上城市的二元结构现状进行总体分析，可得出如下结论。

1. 城乡二元结构明显

城市间的城乡一体化发展速度极度不平衡。城乡一体化得分排名前 10 位的城市为：深圳、上海、东莞、北京、广州、杭州、克拉玛依、宁波、中山、珠海，排名前 10 位的城乡一体化得分均值为 1.9486。排名后 10 位的城市为亳州、昭通、阜阳、安顺、赣州、保山、绥化、陇南、定西、周口。排名后 10 位的城乡一体化得分均值为 0.0905，相差 20 多倍。

如果我们把排名得分前 50 位的城市视为在城乡一体化方面做得"最好"，排名 51～100 位的视为"较好"，排名 101～200 位的视为"一般"，排名 201～250 位的视为"较差"，排名 250 位以后的视为"差"，城乡一体化得分最好的城市均值为 1.1802，城乡一体化得分差的城市均值为 0.1390。这充分说明城市之间在城乡一体化发展方面存在很大差异，城市之间发展极度不平衡。

重点城市的城乡一体化发展显著强于非重点城市。在内地城市中，35 个大中城市均值要高于全国和内地均值，副省级城市要高于 35 个大中城市，行政级别最高的四个直辖市最高，均值为 1.7381。这与我们的直观感觉一致：越发达的城市，其辖区内农村比重越低，也越有经济实力进行城乡一体化建设。

城乡收入差距较大且城市间差距悬殊。排名前 10 位城市的城市人均年收入为 33 567 元，农村人均年收入为 18 771 元，城市人均可支配收入为农村人均纯收入的近 2 倍。城乡人均收入比得分最高的内地城市分别为东莞、深圳、苏州、宁波、嘉兴、无锡、舟山、绍兴、湖州、上海，说明这些城市的城乡收入差距较小。得分最低的内地城市分别为平凉、庆阳、白银、百色、天水、娄底、定西、昭通、陇南、绥化，说明这些城市的城乡收入差距较大。排名后 10 位城市的城市人均年收入为 15 351 元，农村人均年收入为 4878 元，城市人均可支配收入为农村人均纯收入的 3 倍多。从城乡人均收入比得分来看，排名好的城市的得分均值为 0.44，而排名差的城市的得分均值为 0.01，城市之间得分差异悬殊。这个指标集中反映出中国既存在城乡发展隔离又存在地区经济失衡的问题。

城乡公共服务严重失衡且城市间差异较大。基本公共服务均等化既是促进城乡一体化的有效途径，又是城乡一体化的最基本表征。第一，从人均教育支出方面来看，285 个城市的人均教育支出 770.80 元，而市辖区的人均教育支出为 1195.88 元，市辖区的人均教育支出大大高于全市的人均教育支出，说明城乡在教育支出方面存在不公平的现象。从各个城市来看，人均教育支出比得分最高的内地城市分别为深圳、东莞、北京、克拉玛依、上海、鄂尔多斯、中山、珠海、厦门和天津。显然，人均教育支出比得分和城市之间的经济发展水平密切相关，得分较高的均为大城市或者财政宽裕的资源型城市。分组来看，人均教育支出得分在不同的城市组之间存在较大差异，排名好的城市的得分均值为 0.27，排名差的城市的得分均值为 0.02，最好城市的得分为最差城市得分的 13 倍多，说明城市之间在人均教育支出方面差异较大，城乡之间教育发展不均衡。第二，从每百人公共图书馆藏书量来看，全市平均每百人公共图书馆藏书量为 95.04 册，而市辖区每百人公共图书馆藏书量为 156.39 册，城乡间存在显著差异。从各个城市来看，得分最高的内地城市分别为深圳、上海、东莞、北京、晋中、广州、南京、厦门、杭州、大连。分组来看，排名好的城市的得分均值为 0.16，而排名差的城市的得分均值为 0.00，城市之间得分差异很大。第三，从每万人拥有医生数比来看，城市平均每万人拥有医生数为 18.36，市辖区为 27.97，说明城乡之间的医疗服务差距明显。分城市来看，得分最高的内地城市分别为大庆、昆明、黑河、太原、乌鲁木齐、运城、北京、白山、嘉峪关、吕梁，得分最低的内地城市分别为昭通、钦州、亳州、安顺、景德镇、赣州、上饶、丽江、保山、六盘水。从分组来看，排名前 50 位的城市平均得分为 0.33，而排名 250 位后的城市平均得分为 0.03。

城乡基础设施分配不均。城市每千人国际互联网用户数为 106.392 人，而市辖区为 176.42 人。分城市来看，每千人国际互联网用户数比得分最高的内地城市分别为上海、广州、乌鲁木齐、重庆、伊春、厦门、北京、深圳、宁德、杭州。从分组情况来看，排名前 50 位的城市平均得分为 0.10，而排名 250 位后的城市平均得分为 0.01，说明城市之间基础设施存在显著的差异，城乡之间基础设施供给严重不均衡。城乡公共基础设施投入不均会造成城乡生产效率的差距效应和城乡居民的消费差距效应。城市基础设施齐全，性能优越，降低了生产成本和消费成本，提高了城市居民收入水平和边际消费倾向。

2. 区域差距较大

从城市区域分布上来看，城乡一体化得分排名前 20 位的城市中，东南沿海地区占据了 15 个席位，可见东南地区城市区域优势明显。排名前 50 位的城市中，东南地区占了 24 席。在 285 个城市中，得分为"差"的城市中，东南地区 1 个也没有。东南地方排名最差的城市揭阳也占据 250 位。从城乡一体化得分的均值来看，东南地区得分均值最高，为 0.8341，西南地区得分均值最低，为 0.2967。西南、西北、中部城市的得分均值均低于全国平均水平。东西部城市在城乡一体化发展方面差距显著。

总体上看，东中西部城市城乡一体化发展呈梯度、层级性态势，大部分城市的城乡一体化得分较低。东南沿海城市、主要大中城市城乡一体化发展方面呈现明显的优势，率先突破城乡二元结构瓶颈，在城乡一体化方面走在前列。但中西部城市则截然相反，大部分内陆城市的城乡一体化得分较低，城乡分离严重，特别是西北地区城市。从城乡一体化得分与城市人均 GDP 的相关系数为 0.7602，且在 1% 的水平上显著来看，城乡一体化水平的空间布局与经济发展程度匹配度较高。

从细分指标来看，东南地区城市除每万人拥有医生数比这一项指标和全国平均水平持平外，在其他各项指标上均远高于全国平均水平；西南地区城市在各项指标上均低于全国平均水平；西北地区城市除每万人拥有医生数比这一项指标外均低于全国平均水平；城乡人均收入比指标得分最低的是中部地区城市；人均教育支出比指标得分最低的城市是西南地区城市；每百人公共图书馆藏书量比指标得分最低的是中部地区城市和西南地区城市；每万人拥有医生数比指标得分最低的为西南地区城市；每千人国际互联网用户数比指标得分在各个地区城市之间的差异不大。

（三）影响城乡二元结构的因素探析

导致当前中国城乡二元结构广泛存在的原因是多方面的，既有历史因素,又有现实的体制障碍,总体上可以归纳为以下 4 点。

1. 资金约束

一是分税制带来的中央和地方的事权和财权的不对称:财权上收,事权下移。地方财政收入出现了向中央政府、省级政府集中的趋势,绝大部分市县一级财政受财力的影响,加之中国农村社会基础比较薄弱,对建设城乡一体城市的资金投入捉襟见肘。二是经济发展的区域不平衡带来的地区之间财力的差异。广大中西部地区的经济发展水平落后于东南沿海,中小城市的财力远远落后于重点城市,反映在城乡一体化得分上,重点城市显著好于一般城市。张军等(1996)的研究表明,分权改革后农村公共品供给下降,城乡差距拉大,2002 年农村税费改革导致农村公共品供给的多元资金来源大部分断流。

2. 工农业生产率差异

由于人多地少和土地均分的基本事实长期存在,中国农业生产一直存在"过密化"倾向,加之农业的弱势产业特性,小规模经营农户在面对大市场时困难重重,农业经营规模小、科技含量少、比较效益低下,导致中国农业劳动生产率低下。第二产业的劳动生产率是第一产业的 6 倍以上(2009 年为 6.1:1),第三产业的劳动生产率虽然低于第二产业,但也接近第一产业的 5 倍(2009 年为 4.7:1)。

3. 二元体制的制度惯性

延续多年的城乡二元体制虽然在国家层面上有所放松,但在城市内部的不同户籍和阶层之间,社会保障、公共服务等方面存在显著差异。城乡二元结构体制严重束缚了农业生产力的发展、农民收入的增加,遏制了中国城市化进程,导致城乡差距越来越大。由于户籍制度、土地制度、就业制度、教育制度、社会保障制度和小城镇管理制度等原因,当代中国的社会结构落后于经济结构 15 年左右。

4. 城市倾向的经济政策

中国城市倾向的经济政策衍生出一系列不利于城乡统筹发展的政策,如非对称性财政结构、城乡分割的户籍制度及隐藏在户籍制度背后的权利差异等。从财政投入投向来看,中国工业固定资产投资、地方政府财政支出、科教文卫支出、公共服务支出等存在显著的城市偏向。从近年来中国城市的固定资产投资投向来看，市辖区以 30% 左右的人口，占据了 50% 以上的城市固定资产投资。从城市规划来看，中国的城市规划主要集中在城区，而对城市所管辖的农村则少有涉及，对城乡一体发展的理念、指导方针等问题缺乏深刻认知，对所辖城市和城镇发展定位、产业发展定位、发展模式缺乏系统规划。城市偏向的经济政策在促进城市发展的同时，不可避免地固化了城乡分割的城乡关系，隔阻了城乡一体化发展。

四、健全"城乡融合"的体制机制

"城乡融合"发展是经济社会发展的必然趋势。党的十八届三中全会指出，城乡二元结构是制约城乡融合发展的主要障碍，必须健全体制机制，形成以工促农、以城带乡、工农互惠、城乡一体的新型工农城乡关系，让广大农民平等参与现代化进程、共同分享现代化成果。这一论断顺应中国经济社会发展趋势，是近年来统筹城乡发展方略的深化和升华，是新时期解决"三农"问题的基本思路，是实现全面建成小康社会宏伟目标和建设现代化的重大战略部署。

（一）加快构建新型农业经营体系，积极推进农业现代化进程

改革开放以来，随着家庭联产承包责任制的实行，中国农业综合生产能力稳步提升，农业生产实现了由长期短缺向总量平衡、丰年有余的根本转变。但随着经济的发展，城镇化、工业化的快速推进，传统农业经营体制与经济发展不协调问题更加突出，需要创新农业生产经营方式、构建新型农业经营体系满足经济社会发展的内在要求。

构建新型农业经营体系是实现农业现代化与城镇化协调发展、稳步推进"人口城镇化"的客观需要。城镇化是中国未来经济发展的引擎和动力所在，而城镇化发展是与农业现代化发展紧密联系、相辅相成的。直观上看，城镇化就是农业人口转变为城镇人口的过程，减少农业人口需要通过构建新型农业经营体系、更大程度地解放和转移农村富余劳动力来实现。受城乡二元结构制约，中国进城农民大部分处于"半城镇化"状态，近年来部分地方甚至出现"逆城镇化"潮流，进城农民一方面担心城镇生活带来的高成本和不确定性，对进城落户犹豫不决；另一方面担心土地流转会使其丧失承包权和家乡的生存权，对土地流转十分谨慎。据有关部门统计，到 2015 年年底，中

国仍在耕地上从事农业生产经营的农民家庭约 1.9 亿户,农业生产规模小、投入劳动力多的问题依然十分突出。传统农业生产经营关系束缚农业生产力发展的同时,也束缚了农业劳动力和农村人口向城镇转移的步伐,阻碍了城镇化的快速发展进程。

1. 创新农业生产经营方式

大力培育发展新型农业经营主体。党的十一届三中全会开启的农村改革,实现了土地所有权与承包经营权的"两权"分离,党的十八届三中全会进一步把经营权从承包经营权中分离出来,这是农村改革理论和实践上的又一次重大突破。推进家庭经营、集体经营、合作经营、企业经营等共同发展的农业经营方式创新,能够有效推动实现农民土地承包经营权分权设置,形成以所有权、承包权、经营权"三权并行分置"为特征的新型农地制度。要加快培育专业大户、家庭农场、农民合作社、农业产业化龙头企业等新型农业经营主体。在家庭经营的基础上,通过土地流转,促进农业实现适度规模经营。

2. 紧密结合国情实际

土地经营规模要与城镇化进程和农村劳动力转移规模相适应,与农业科技进步和生产手段改进程度相适应,与社会化服务水平相适应,并充分考虑地区差异,自然经济条件、生产费用投入、农业机械化水平等因素,并不是土地经营规模越大越好。调查表明,在中国,一年两熟区户均耕种 50~60 亩、一年一熟区户均耕种 100~120 亩,就有规模效益,农业就具有吸引力和竞争力。实际工作中,要始终坚持依法、自愿、有偿的原则,严禁以下指标、定任务、赶速度等行政方式推动土地流转。流转的土地必须用于农业,特别是粮食标准化生产,严禁借土地流转之名搞非农建设,对非农主体参与农地经营可能造成的耕地"非农化"问题要保持高度警惕并坚决予以制止。

(二) 赋予农民更多财产权利,充分保障和实现农民财产权益

农民财产权利,包括农民的土地承包经营权、宅基地使用权和集体收益分配权,是法律赋予农民的合法财产权利。但在现实中,法律赋予农民的财产权利没有得到完全明确认定、充分保障和尊重,农民财产权利界定仍不清晰,广大农民依据财产权利获取合理收益的机会长期被忽视。财产权利缺失

极大地制约了农民自身合法权益的全面实现，阻碍了农民收入持续稳定增长，制约了城乡发展一体化进程，已经到了必须做出调整的时候了。

赋予农民更多财产权利，是实现城乡居民享有平等发展权利的必然要求，是持续增加农民收入的必然要求，也是适应城镇化发展、促进农民放心进城的必然要求。围绕怎样赋予农民更多财产权利，党的十八届三中全会从多个方面给予了明确部署，指明了改革方向。一是保障农民集体经济组织成员权利，积极发展农民股份合作，赋予农民对集体资产股份占有、收益、有偿退出及抵押、担保、继承权，让农民切实获得集体资产带来的收益。二是充实农民土地使用权权能，赋予农民对承包地占有、使用、收益、流转及承包经营权抵押、担保权能，允许农民以承包经营权入股发展农业产业化经营，使农民依法获得土地股权投资收益。三是鼓励承包经营权向专业大户、家庭农场、农民合作社、农业企业流转，使农民依法获得土地流转收益。四是保障农户宅基地用益物权，改革完善农村宅基地制度，选择若干试点，慎重稳妥推进农民住房财产权抵押、担保、转让，使农民依法获得宅基地和房产转让收益。五是允许农村集体经营性建设用地出让、租赁、入股，实行与国有土地同等入市、同权同价，建立兼顾国家、集体、个人的土地增值收益分配机制，合理提高个人收益，使农民公平分享土地增值收益。六是建立农村产权流转交易市场，将土地承包经营权、农村房屋产权、农村经济组织股权等各类产权纳入到产权交易市场范围，制定和完善农村产权流转交易管理办法，健全产权交易规则和操作流程，推进城乡统一的产权交易平台建设，推动农村产权流转交易公开、公正、规范运行。政府和有关部门要进一步完善上述部署的法律法规和政策措施，稳妥有序地释放农民财产权的经济效益。

（三）推进城乡要素平等交换和公共资源均衡配置

党的十六大以来，国家出台了一系列强农惠农富农政策，促使工农、城乡关系得到了明显改善，但城乡二元结构矛盾和城乡发展水平差距仍没有得到彻底改变，城乡一体化进程中深层次的矛盾和问题依然存在，亟须建立城乡要素资源合理流动的体制机制，形成城乡良性互动、互促互进的发展格局。

1. 推动城乡物质要素与人口流动相协调

城乡二元体制下，城市具有明显的比较优势，受市场机制自发引导，农村资金、土地、人才源源不断地向城市流转，但很少向农村回流，造成农村发展动力不足和面临资源瓶颈。一些研究表明，中国土地城镇化速度远超过人口城镇化速度，导致城乡资源配置不均衡问题进一步突出，无形之中扩大了城乡差距。推进城乡发展一体化，需要引导更多的现代生产要素流向农村，促进城乡要素双向合理流动，促进城乡物质要素与人口协调流动，加快建立土地、资金和人才资源城乡平等交换机制和补偿机制，提高要素配置带来的经济效益、社会效益和生态效益。在城乡土地流转方面，要加快改革征地制度，调整土地出让收益分配关系，按照"取之于地、用之于农"的原则，提高对农民的征地补偿标准和用于农业基础设施建设的投入比重，保护农民土地权益。在资金流动方面，要鼓励发展新型农村金融组织，加强农村金融产品创新，积极鼓励大中型银行开展涉农贷款批发业务、小微型银行开展零售业务，放宽抵押担保范围，建立符合农村实际的抵押、担保制度，完善农业保险制度，破解"三农"发展的资金制约。在劳动力流动方面，要加快形成城乡统一的劳动力市场，大力推进城乡劳动力同工同酬同保障，逐步实现同城同待遇。

2. 加大对农业的反哺支持力度

"工业反哺农业、城市支持农村"是统筹城乡发展的战略举措，而"反哺"和"支持"的能力，取决于工业和城市发展所积累的实力。城镇化和工业化作为经济增长的两大引擎和拉动农村发展的重要支撑，其发展不足客观上削弱了对农业农村发展的反哺和带动作用。推进城乡发展一体化，必须全面提升工业反哺农业、城市支持农村的能力。一是健全农业支持保护体系，从资金投入、价格支持、基础设施建设等方面，完善相关政策机制，加大对农业支持保护力度，形成支持保护的长效机制。二是改革农业补贴制度，充分发挥农业补贴对提高农业特别是粮食生产能力的作用，补贴资金要重点向种粮农民等粮食生产者集中，切实提高种粮积极性。三是完善粮食主产区利益补偿机制，加大对粮食主产区的财政转移支持力度，使粮食主产区人均公共财力和收入不低于全国平均水平。四是鼓励和引导工商资本到农村发展适合企业化经营的现代种养业，向农业输入现代生产要素和经营模式。

3. 推动公共资源下乡

近年来，随着新农村建设的推进和统筹城乡发展力度的加大，农村基础设施和公共服务建设不断增强,新型农村合作医疗、新型农村社会养老保险制度实现全覆盖,覆盖城乡的社会保障体系初步建立。但由于历史欠账较多,农村基础设施建设水平仍明显落后于城市。在城市面貌发生重大变化的同时,农村面貌的改观还不大。特别是,在公共服务和社会福利等方面,城乡还有不小差距。推进城乡发展一体化,必须推进公共资源向农村配置,全面提升农村社会服务水平,让农民共享改革发展成果、平等参与现代化进程。要按照提高水平、完善机制、逐步并轨的要求,大力推动社会事业发展和基础设施建设向农村倾斜,努力缩小城乡差距,加快实现城乡基本公共服务均等化。首先,要大力推进公共服务改革,加快健全农村基本公共服务制度框架,积极调整国民收入分配格局,优先并加大农村基本公共服务投入力度,逐步提高农村基本公共服务的标准和保障水平,加快建设农民幸福生活的美好家园。其次,要制定实施城乡一体的基本公共服务设施配置和标准,提高农村社会保障水平,逐步实现社会保障制度的城乡并轨。再次,要加大对农村的投入力度,切实把基础设施建设和社会事业发展的重点转向农村,把国家财政新增教育、卫生、文化等事业经费和固定资产投资增量主要用于农村,提高农村基础设施和社会事业发展水平。最后,要充分发挥城市公共资源和服务的辐射带动作用,推动城市优势公共资源和服务向农村延伸。

(四) 完善城乡融合健康发展的体制基础

以新型城镇化引领城乡发展一体化,是解决农业、农村、农民问题的重要途径,是推动城乡协调发展的有力支撑,是扩大内需和促进产业升级的重要抓手,对全面建成小康社会、加快推进社会主义现代化具有重大现实意义和深远历史意义。

1. 充分发挥市场的决定性作用

充分发挥市场机制在一体化进程中的内生动力作用。以市场机制优化城乡资源、要素配置,为一体化发展提供效率保障,利用市场化机制促进城乡资源要素的流动,优化资源配置效率,从而由内而外、自下而上地积蓄起城乡一体化的内生推动力量。以市场机制引导城乡内部产业集聚,为城乡一体化发展提供产业支撑;以市场机制引导城市对农村的反哺与支持,为城乡一体化发展提供长效机制。

2. 更好发挥政府的引导作用

在城乡融合加快推进阶段，更需要通过"政府之手"辅助"市场之手"引导资源与要素流动，并发挥政府在政策创新、体制改革、政策修正等一系列制度安排中的核心推力作用，促进城乡经济社会一体化更好更快向前推进。在这方面，政府尤其要做好以下几个方面。

（1）坚持城乡规划一体化。在城乡各种规划中，坚持"一体化"的指导思想和思维理念，将城乡作为一个整体来规划建设和统筹布局，城市规划必须在不断发展的城市化过程中反映出城市与其周围地域之间动态的统一性，克服、摒弃城乡二元观念；确保城乡规划的科学性、前瞻性与可操作性；加强规划的衔接配套，全面实现城乡空间布局规划，城乡控制性详规，镇村建设规划，产业体系规划，交通、电力、生态环境建设等专业规划全覆盖。

（2）坚持基础设施一体化。以超前的眼光、系统的思维谋划好城镇基础设施建设，全面提升城市的承载力、服务力、集聚力和辐射力。全面打通乡村断头路，形成城乡一体的交通循环网络。更加注重水、电、气、信等要素保障，构建安全高效的电力网络体系，加强城镇电网改造，使城网配电更趋合理，形成城乡统一调度管理的供电体系。加强城乡移动通信、宽带、邮政等基础设施建设，加快广播电视向下延伸工程，提高城乡通信网络覆盖面。加快推进城镇生活垃圾、污水收集及处理设施建设。

（3）坚持功能布局一体化。合理布局城乡功能，实现融合发展。深入推进产城互动，全面推进工业转型升级。在城乡功能一体化推进过程中，要高度重视城乡的基础功能、民生保障功能、教育卫生等公共服务功能的完善和一体化发展。

（4）坚持城乡产业一体化。做好农业科技创新、农业结构调整、农业产业化经营、农村土地制度改革等方面的工作，推进农业现代化，进而为工业和服务业的发展提供支撑。促进城乡工业根据各自的技术经济实力和要素禀赋情况，按照各自的比较优势形成合理分工：城市工业以重化工业为主体产业结构，走以资本密集型与技术密集型产业为主的产业高级化发展道路；农村工业则在城市工业升级前的产业层面扩张发展，形成以轻加工业为主体的劳动密集型的产业格局。

（5）坚持公共服务一体化。按照中央十八届三中全会的要求，加快推进户籍制度改革，全面放开中小城市中心城区、县城和建制镇落户限制。把进城落户农民全部纳入城镇住房和社会保障体系，将在农村缴纳的养老保险和医疗保险规范转入城镇社保体系。积极推进城乡要素平等互换和公共资源均衡配置，维护农民生产要素权益，保障农民工同工同酬。统筹城乡基础设施建设和社区建设，推进城乡基本公共服务均等化。建立公共服务向县以下延伸机制。

第六章 人本城镇化的"城数融合"

城镇化拓宽了信息化的空间维度，信息化提升了城镇化的功能品质。随着物联网、移动网和云计算等技术的兴起和发展，人类生活发生了翻天覆地的变化，已经进入大数据时代。大数据是中国信息化发展进入深水区后的核心主题和战略选择。

中国是信息化起步较早的国家之一，但前期发展较慢，在改革开放前没有真正意义上实施信息化。真正的信息化应该是在改革开放之后，具体来说可分成 3 个阶段，其中第一阶段是数字化的建设，即通过电子计算机实现数据处理，如建设数据处理系统、管理信息系统等；第二阶段是网络化的建设，该阶段始于互联网逐渐在中国普及，主要是在 20 世 90 年代末期，利用互联网的技术，全国各地实现网络上的连接；第三阶段是"互联网＋"时代，这一阶段主要关注如何能够更科学地发展大中型城市和小城镇，将互联网技术和大数据应用到城镇建设管理中，解决"城市病"等问题，实现智能交通、智慧医疗、智慧教育等诸多方面。新型城镇化与大数据协调发展，已经成为"十三五"期间中国经济发展的一个重大课题。

一、"城数融合"的理论依据

（一）信息化与城镇化互动理论

信息化的理论渊源可以追溯到 1959 年美国学者丹尼尔·贝尔提出的"后工业社会"理论。1964 年，日本学者梅田忠夫在《朝日放送》上发表了《论信息社会的社会学》一文，首次提出"信息社会"的概念；1967 年日本政府研究机构"科学、技术和经济研究小组"创造性地提出了"信息化"的概念。此后信息化理论逐渐浮出水面并不断被补充和完善。

其中较有影响的代表作品是美国未来学家阿尔温·托夫勒所著并于 1980 年出版的《第三次浪潮》。在这本书中，托夫勒提出了著名的"第三次浪潮赶超战略",认为还未实现工业化的国家不能也不应重复发达国家的工业化模式,而应走一条全新的工业化道路。"第三次浪潮赶超战略"实际上是关于信息化与工业化关系的理论著述,第一次从理论层面思考了"两化"的发展问题,提出了跨越式发展的构想。

20世纪70年代末至90年代初,以信息技术为代表的第三次新技术革命席卷全球,信息时代扑面而来,推动了生产力的高速发展和经济社会的急剧转型。美国依靠10年信息化黄金期快速发展,不仅创造了"两低一高"的"新经济"时代,而且甩开日本重新确立了世界霸主的地位;韩国、新加坡、爱尔兰等新兴国家借助信息化迅速崛起,综合实力不断增强。历史和现实都已证明,信息化已成为推动经济社会变革的主导力量。

信息化与新型城镇化关系非常密切,两者之间存在着相互促进与作用、协同发展的纽带关系:城镇化是信息化的空间形式,信息化是城镇化的经济内容;城镇化是信息化的载体和依托,信息化是城镇化的提升机和倍增器;信息化是城市产业升级和城市功能提升的发动机,是解决城镇化发展中许多问题的有效手段,是实现新型城镇化目标的主要技术措施。信息化推动新型城镇化建设的作用机制主要体现在三个方面。

一是信息化的发展促进经济结构的转型升级。应用信息技术改造和提升传统产业,改变其设计、生产和流通方式,进而推动企业流程再造与组织结构调整,提高传统产品科技含量,降低资源消耗,提高生产效率;在经济和社会活动中,通过普遍采用信息技术和电子信息装备,更有效地开发和利用信息资源,推动经济发展和社会进步,使由于利用了信息资源而创造的信息经济增加值在国民生产总值中的比重逐步上升,从而使信息产业发展起来。通过大力发展信息产业,促使经济结构向高技术、现代服务业方向发展。

二是信息化推进城乡一体化。利用现代信息通信手段可以加快推动农业产业化和现代化进程,提高农业生产经营的标准化、集约化及组织化水平,促进农业结构的调整和发展方式的转变;信息化对改善农村基础设施、促进农村发展具有明显的倍增作用。信息技术可以有效带动城镇化进程,促进农村经济社会的发展和进步,促进"小生产"对接"大市场",帮助农村及偏远地区实现信息脱贫、信息致富;通过信息化可以构建城乡一体化管理服务系统,推进城乡文化教育、公共卫生、医疗救助、社会保障等方面的资源共享,促进公共资源在城乡之间的均衡配置。

三是信息化促进城市管理水平和服务能力提升。信息化发展使城市管理水平大幅提升。通过完善城市通信基础设施、建设地理信息公共服务平台、实现城市管理信息系统跨部门融合等措施，及时准确掌握城市建设、发展数据，政府按照这些数据及时、准确地对城市进行顶层设计，调整城市交通、城建等，从而极大地提升了政府的社会管理水平。城市作为区域信息资源汇集地及信息资源交换和共享中心，其信息化发展程度对于提升区域公共服务能力具有重要影响。

（二）数字城市理论

建设城镇化需要考虑时代背景。信息化是 21 世纪主要的时代特征，因此，一定要在这一时代背景下考虑城镇化的发展模式。新型城镇化要与传统城镇化区别开来，不能重走传统城镇化的发展道路。传统城镇化发展模式是粗放式的、污染的、高消耗的、不以人为本的发展，而新型城镇化则是集约化、绿色的、以人为本的发展。要想实现新型城镇化，信息化手段能够很好地提供支撑。以"大、云、平、移、物"为主要特征的信息化为新型城镇化发展提供了可能性。

1. 数字城市的内涵

数字城市是数字地球的重要组成部分，是传统城市的数字化形态。数字城市是应用计算机、互联网、3S、多媒体等技术将城市地理信息和城市其他信息相结合，数字化并存储于计算机网络上所形成的城市虚拟空间。数字城市建设通过空间数据基础设施的标准化、各类城市信息的数字化整合多方资源，从技术和体制两个方面为实现数据共享和互操作提供了基础，实现了城市 3S 技术的一体化集成和各行业、各领域信息化的深入应用。数字城市的发展积累了大量的基础和运行数据，也面临诸多挑战，包括城市级海量信息的采集、分析、存储、利用等处理问题，多系统融合中的各种复杂问题，以及技术发展带来的城市发展异化问题。

2. 数字城市的实践

美国副总统戈尔于 1998 年 1 月 21 日提出了"数字地球"的概念之后，中国学者特别是地学界的专家认识到"数字地球"战略将是推动中国信息化建设和社会经济、资源环境可持续发展的重要武器，并于 1999 年 11 月 29 日至 12 月 2 日在北京召开了首届国际"数字地球"大会。从这之后，与"数字地球"相关、相似的概念源源不断。"数字中国""数字省""数字城市"

"数字化行业""数字化社区"等名词见诸报端和杂志，成了当前最热门的话题之一。

3. 数字城市的建设

"数字城市"是一个庞大的系统工程，搞好组织协调管理是实现"数字城市"的关键环节，组织协调管理的核心问题是网络资源共享和数据资源共享，这也就是为什么美国政府在 1993 年和 1994 年需要克林顿总统签署"信息基础设施建设"和"空间数据基础设施建设"的法令，其基本目的是有效地协调解决网络资源共享和数据资源共享问题。数字城市建设的关键在于以下几点。

（1）城市设施的数字化。在统一的标准与规范基础上，实现设施的数字化，这些设施包括城市基础设施——建筑设施、管线设施、环境设施；交通设施——地面交通、地下交通、空中交通；金融业——银行、保险、交易所；文教卫生——教育、科研、医疗卫生、博物馆、科技馆、运动场、体育馆、名胜古迹；安全保卫——消防、公安、环保；政府管理——各级政府、海关税务、户籍管理与房地产；城市规划与管理——背景数据（地质、地貌、气象，水文及自然灾害等）、城市监测、城市规划。

（2）城市的网络化。三网连接：电话网、有线电视网与 Internet，三网实现互联互通；通过网络将分散的分布式数据库、信息系统连接起来，建立互操作平台；建立数据仓库与交换中心、数据处理平台、多种数据的融合与立体表达、方正与虚拟技术的数据共享平台。

（3）城市的智能化。城市的智能化方面包括：电子商务——网上贸易、虚拟商场、网上市场管理；电子金融——网上银行、网上股市、网上期货、网上保险；网上教育——虚拟教室、虚拟试验、虚拟图书馆；网上医院——网上健康咨询、网上会诊、网上护理；网上政务——网上会议等。

（4）数字城市建设的组织协调。"数字城市"建设不能仅依靠某一个行政部门来组织协调。例如，若仅依靠电信局，至多可以协调网络资源共享问题；仅依靠规划局，只能解决规划局的信息系统建设，而不能保证其他行业信息系统的健康发展。为了有效地协调建设"数字城市"，应制定"数字城市"的发展纲要及资源共享的政策与标准，解决各自为政、互相封锁等问题，使"数字城市"在政府的统一领导下健康发展。

（三）智慧城市理论

新一代信息技术的发展使得城市形态在数字化基础上进一步实现智能化成为现实。依托物联网可以实现智能化感知、识别、定位、跟踪和监管；借助云计算及智能分析技术可以实现海量信息的处理和决策支持。同时，伴随知识社会环境下创新 2.0 形态的逐步展现，现代信息技术在对工业时代各类产业完成面向效率提升的数字化改造之后，逐步衍生出一些新的产业业态、组织形态，使人们对信息技术引领的创新形态演变、社会变革有了更真切的体会，对科技创新以人为本有了更深入的理解，对现代科技发展下的城市形态演化也有了新的认识。

智慧城市是新一代信息技术支撑、知识社会新一代创新（创新 2.0）环境下的城市形态。智慧城市基于物联网、云计算等新一代信息技术及维基、社交网络、Fab Lab、Living Lab、综合集成法等工具和方法的应用，营造有利于创新涌现的生态。利用信息和通信技术（ICT）令城市生活更加智能，高效利用资源，降低成本和节约能源，改进服务交付和生活质量，减少对环境的影响，支持创新和低碳经济。实现智慧技术高度集成、智慧产业高端发展、智慧服务高效便民、以人为本、持续创新，完成从数字城市向智慧城市的跃升。

智慧城市是智慧地球的体现形式，是 Cyber-City、Digital-City、U-City 的延续，是创新 2.0 时代的城市形态，也是城市信息化发展到更高阶段的必然产物。但就更深层次而言，智慧地球和智慧城市的理念反映了当代世界体系的一个根本矛盾，就是一个新的、更小的、更平坦的世界与我们对于这个世界的落后管理之间的矛盾，这个矛盾有待于用新的科学理念和高新技术去解决。此外，智慧城市建设将改变我们的生存环境，改变物与物之间、人与物之间的联系方式，也必将深刻地影响和改变人们的工作、生活、娱乐、社交等一切行为方式和运行模式。因此，本质上，智慧城市是一种发展城市的新思维，也是城市治理和社会发展的新模式、新形态。智慧化技术的应用必须与人的行为方式、经济增长方式、社会管理模式和运行机制乃至制度法律的变革和创新相结合。

智慧城市通过物联网基础设施、云计算基础设施、地理空间基础设施等新一代信息技术及维基、社交网络、Fab Lab、Living Lab、综合集成法、网动全媒体融合通信终端等工具和方法的应用，实现全面透彻的感知、宽带泛在的互联、智能融合的应用及以用户创新、开放创新、大众创新、协同创新为特征的可持续创新。伴随网络帝国的崛起、移动技术的融合发展及创新的民主化进程，知识社会环境下的智慧城市是继数字城市之后信息化城市发展的高级形态。

从技术发展的视角，智慧城市建设要求通过以移动技术为代表的物联网、云计算等新一代信息技术应用实现全面感知、泛在互联、普适计算与融合应用。从社会发展的视角，智慧城市还要求通过维基、社交网络、Fab Lab、Living Lab、综合集成法等工具和方法的应用，实现以用户创新、开放创新、大众创新、协同创新为特征的知识社会环境下的可持续创新，强调通过价值创造，以人为本，实现经济、社会、环境的全面可持续发展。

智慧城市是创新与新信息技术发展、成长于社会创新环境下的新兴城市形态，是传统城市文明与新知识、新技术的创新融合的产物。智慧城市将极大改变城市的管理方式和生活方式，并有效保障城市的可持续发展。建设和发展智慧城市，是经济增长的新动力和经济发展方式转变的重要契机，也是提高城镇化质量，缓解"大城市病"的重要方式。智慧城市是信息化时代城镇发展的新目标，同时也是城镇发展的新模式。智慧城市具有以下特征。

一是感知与互联。通过智能传感器，对城市的物理空间进行全面感知，对城市核心的运行系统进行实时监测。通过互联网将智能传感器网络连接起来，实现对数据的智能存储、管理、使用。

二是重视基础建设。通过互联网、物联网、卫星传感器网的融合，以及多源异构数据的整合，为智慧城市的建设提供信息基础设施，从源头上保障智慧城市的良性发展。

三是协同与智能。在建设智慧城市基础设施的基础上，协调智慧城市各要素、单元、系统的高效运行；通过构建新的服务模式与服务体系，对各类数据进行处理、挖掘，提供各种不同层次的智能化服务。

四是鼓励创新。在城市智慧信息基础设施上，鼓励各级各类主体进行各种形式的创新应用，不断为城市经济、文化的可持续发展提供动力。

二、"城数融合"的实践发展

大数据在智慧城市中的应用是信息化与城镇化结合的最佳模式。智慧城市是"城数融合"的最生动的实践。"大数据"在物理学、生物学、环境生态学等领域及军事、金融、通信等行业存在已有时日，却因为 2012 年以来互联网和信息通信技术领域的发展而引起了人们关注。现今，大数据已成为 21 世纪的战略资源，成为发达国家战略部署和跨国企业资金投入的重点。从概念上讲，大数据指的是所涉及的资料量规模巨大到无法采用目前主流软件工具在合理时间内撷取、管理、处理和整理。大数据不同于传统数据的基本特征在于：大量化（Volume）、多样化（Variety）、快速化（Velocity）与价值密度低（Value）。大数据时期就是信息技术革命和人类社会活动的经验融合时期，是新一代的信息架构和技术架构的时期，更是我们运用信息资源发现知识、创造价值的新的认识世界与改造世界的能力时期。

大数据不仅是一次颠覆性的技术革命，更是思维方式、行为模式与治理理念的全方位变革，为智慧城市设计理念的创新带来了新机遇。随着国家大数据战略的实施落地，大数据将成为智慧城市建设的核心要素，通过加强信息基础设施建设、推动数据资源共享开放，促进大数据在政府决策、经济运行、公共服务、社会管理、产业发展、创业创新等各个方面的应用，"用数据说话、用数据决策、用数据管理、用数据创新"的理念，将推进智慧城市向新的发展阶段迈进。

（一）大数据对智慧城市的要求

大数据是一个非常庞大的系统总称，伴随着互联网技术的发展和广泛应用，给人们的出行和生活带来了便捷式的服务，对目前城乡发展规划也起着非常重要的作用，对智慧城市的发展也起到了引路人的作用。

智慧城市的建设重点，无外乎是"智慧"。所谓"智慧"，必然是源自对大数据的充分分析和利用。从智慧城市的体系结构来看，和之前的数字城市相比，最大的区别在于智慧城市对感知层获取的数据融合了大数据的处理，从而获得了支撑和保障智慧城市顺利运营的多元信息，因此，也可以简单地认为，智慧城市其实就是对数字城市的升级版。由城市数字化到城市智慧化的转变，关键因素在于要实现对数字信息的智慧处理。因此，我们必须大力提升大数据应用水平，积极运用新兴网络和信息技术，推进城市管理和公共服务信息化，着力提升城市智能化水平。

1. 加强数据收集和感知，提高城市感知水平

大数据时期利用的就是对大量信息的分析和处理而解决社会中出现的问

题，所以政府部门应该主动加强在管理和服务过程中的数据感知和收集，并且加大促进商业机构采集在各流程中所产生的数据。城市应该提高对数据的感知能力，推进无线识别技术、传感器、无线网络、传感网络等新技术的广泛应用，实现基础设施智慧化、城市运行与管理智能化。

2. 进一步整合数字资源，联通城市信息孤岛

中国智慧城市建设的一个瓶颈就在于"信息孤岛"的问题，各政府部门间不愿公开、分享数据，就没有办法让数据产生深度价值和综合价值。我们要充分利用政府、企业和行业协会三者的积极作用，在智慧城市建设中分工合作、利益协调、明确其责任地位，避免自建体系现象。在大数据时代，大力推进大数据基础平台和基础网络建设，积极推进信息资源数据交换和共享体系建设，最大限度地整合资源，避免低水平的重复建设，使大数据真正产生"大智慧"。同时，完善城市综合管理运行体系，构建城市部门之间横向融合、纵向贯通的合作机制，保持密切融合的业务合作关系，打破智慧城市建设中行政分割、管理分治的不利局面。

3. 注重城市人才的培养，充分挖掘产业优势

智慧城市的建设必然催生大数据的进步，未来中国智慧城市中大数据应用市场年均将翻番。因此，在智慧城市建设的过程中，要形成以政府为引导、企业为主体、高校和科研院所为支撑、专业培训机构为补充的优势互补人才培养体系；要高度重视、积极培育围绕大数据运营管理的相关产业和龙头企业，建立研发和产业集聚带动人才集聚的机制，扩大对外开放和交流，引进先进的技术和创业型团队，吸引国内外知名企业和配套企业来中国共谋发展；要积极引导院校和企业关注大数据技术演进、承担关键技术和系统的创新研发工作，以创新技术的推广应用带动城市产业链集聚和发展。

4. 完善数据的安全体系，加大保护网络安全

大数据时代，数据资产化是必然趋势，企业内部运行数据和客户资料更是宝贵的数据资产，更为重要的是很多智慧城市的应用系统涉及公民财产安全甚至国家安全，数据价值可想而知。所以，完善城市信息网络安全审查评估机制，定期在网上发布城市信息网络安全评估报告成为必然，同时政府要严格履行政务信息化项目审批、监管、招标等流程。建立安全监测及应急反应机制，协调各部门进行监测，阻止和减少不法分子对公共及企业网络进行的网络威胁。

5. 充分发挥市场主导，推动商业模式

创新处理好政府引导与市场主导的关系，使智慧城市建设走出政绩工程、形象工程的误区。鼓励银行等金融机构创新金融产品，提高对大数据产业的金融服务功能。依托市场无形之手，实现规划建设与应用需求的有效对接，真正将智慧城市建成聚焦民生与服务民生的惠民工程。

（二）大数据在智慧城市发展中的主要功能

大数据是中国信息化发展进入深水区后的核心主题和战略选择。《促进大数据发展行动纲要》指出"坚持创新驱动发展，加快大数据部署，深化大数据应用，已成为稳增长、促改革、调结构、惠民生和推动政府治理能力现代化的内在需要和必然选择"，明确了"打造精准治理、多方协作的社会治理新模式，建立运行平稳、安全高效的经济运行新机制，构建以人为本、惠及全民的民生服务新体系，开启大众创业、万众创新的创新驱动新格局，培育高端智能、新兴繁荣的产业发展新生态"五大目标。将大数据的新理念、新技术融合到智慧城市建设中，有助于推动城市的智慧化进程。

1. 大数据驱动信息系统由分散化向平台化变革

以往的信息化建设中，各部门、各领域分别建设独立、分散的信息系统，可以满足自身业务领域的需要，但难以应对城市发展中跨领域的复杂治理问题。为实现智慧城市复杂系统的深度协同运作，底层数据的集成和融合是必要的基础。因此，信息系统必须从分散化向平台化变革，即在智慧城市的架构中需要有一个统一平台，使得智慧城市系统内各部门、各行业、跨层级、跨区域的多源异构数据，经过处理后能够在此平台上集成和交互。而大数据存储、清洗、融合、挖掘的技术为此平台提供有力的技术支撑。

2. 大数据驱动政府决策由经验主义向科学化变革

城市运行产生海量数据，这些数据多为机器自动生成，不易受决策者主观因素影响，为决策者提供了坚实、准确的决策参考依据。通过对这些数据的汇总、挖掘、分析，可以揭示出更多传统方式难以展现的关联，能够更加真实、全面地反映城市运行状态。在智慧城市中利用大数据辅助决策，形成"用数据说话、用数据决策"的模式，而不是基于传统经验和直觉的"拍脑袋"决策，能够避免随意性，提升政府决策的科学性、前瞻性。

3. 大数据驱动公共服务由政府中心向公民中心变革

在公共服务领域运用数据分析技术将有助于政府部门更加及时、全面地获取公众需求热点，改进公共服务质量，有助于政府提供更加智能化、便捷化、有针对性、有实效性的公共服务，服务态度由"被动"向"主动"转变，服务方式从"索取"向"推送"转变。此外，随着教育、医疗、就业、旅游、环境等重点领域城市数据的逐步开放，社会力量对细分领域城市数据的增值开发利用将会越来越多，这将使得城市公共服务内容更加便民、惠民、实用、丰富，公共资源利用效率得到提升，实现"让数据多跑路、让群众少跑腿"。

4. 大数据驱动社会管理由各自为政向多元共治变革

城市中的复杂社会问题往往涉及多个部门，为有效处理这些问题，社会管理体制从碎片化向网格化转变是智慧城市的必然趋势。在大数据背景下，城市数据资源高度集中整合，有助于推动社会各管理主体之间的协同与合作，为有效处理复杂社会问题提供了新手段和新途径。同时，大数据有利于使政府治理模式突破传统的封闭模式，促进政民互动，撬动社会力量，形成政府主导、公众参与、多元协同治理的共治新格局。

5. 大数据驱动产业发展由传统生产方式向新业态变革

大数据时代，数据流引领技术流、物质流、资金流、人才流，深刻影响社会化分工协作的组织模式，促进了生产组织方式的集约和创新。大数据推动社会生产要素的网络化共享、集约化整合、协作化开发和高效化利用，已成为新兴领域促进业务创新增值、提升核心价值的重要驱动力。将大数据等信息化技术和传统产业融合，能够提升传统的生产方式和经济运行机制，激发商业模式创新，催生产业发展的新领域和新业态，从而带动城市实体经济转型升级，推动城市产业结构调整优化，培养新的经济增长点。

6. 大数据驱动体制机制突破创新

大数据时代，城市竞争力的提升和数据资源的利用密切相关。传统的条块分割式的体制在一定程度上已对城市中的大数据应用造成阻碍，国内已有部分地区通过建立数据统筹机构、完善数据资源维护和更新机制等手段，从体制机制上为数据的统筹管理、共享开放提供保障。大数据应用带动跨领域、多主体的协同合作，对人才机制、投融资机制的同步创新也提出了新要求。同时数据的开放利用，将不可避免地引发权属、隐私、安全等一系列问题，亟须在法律法规、标准体系等约束机制方面加紧建设，为智慧城市中大数据的应用营造良好的环境。

当前，城市发展面临诸如人口膨胀、环境恶化、公共卫生事件频发、交通拥堵、资源浪费等的挑战，人们的生活也因此受到不利的影响。而且，随着城市化文明进程的推进，人们日益膨胀的需求与城市日益有限的供给之间的矛盾会继续增大，未来人们的生活质量和城市的发展不容乐观。基于和谐发展的智慧地球、智慧城市是未来的发展趋势。

智慧城市是指在物联网和互联网结合的基础上，通过各种智能化的应用，提升城市基础设施的运作效率，提升城市运行管理和公共服务水平，让人们的生活更美好。目前，中国已经有300多个城市提出或正在建设智慧城市。

（三）大数据在智慧城市发展中的主要运用

大数据是支撑智慧城市发展的重要信息资源，城市运行体征是通过数据进行量化表现出来的，通过大数据技术收集各部门有关城市运行体征的数据，可帮助城市管理者进行数据汇总、分析，最终对城市体征的量化形态即各类数据进行管理。大数据与智慧城市的关系可表述为：大数据的发展源于物联网技术的应用，并用于支撑智慧城市的发展；智慧城市的衡量指标由大数据来体现，大数据促进智慧城市的发展；物联网是大数据产生的催化剂，大数据源于物联网应用。

1. 智慧城市的数据资源与技术

智慧城市的数据来源广泛、结构多样，涵盖智能交通、智能医疗、智能楼宇、智能电网、智能农业、智能安防、智能环保、智慧旅游、智慧教育、智能水务等大数据资源，涉及智慧城市方方面面的应用范畴。其多是由互联网、传感设备、视频监控、移动设备、智能设备、非传统IT设备等渠道产生的海量结构化或非结构化数据，并且时时刻刻都在源源不断地渗入城市日常管理和运作的方方面面。

智慧城市的数据资源体量巨大，但有价值的信息密度低，需要进行深度整合和分析，将不同来源、不同格式、不同类型、不同应用的数据进行规范、融合，形成智慧城市的数据资源体系，打破各系统间数据不能共享的现状，实现空间信息和非空间信息的统筹管理、统一服务、共享共用。

从智慧城市的业务需求角度来说，一方面，智慧城市管理需要深度整合、分析数据；另一方面，大数据环境下的智慧城市运行体征管理，需要对城市运行状况进行信息的收集和整合。因此，需要从整合现有信息资源并为未来的信息化建设提供统一支撑的角度，打破各个系统间数据不能共享的现状，实现空间信息和非空间信息的统筹管理、统一服务、共享共用。

从业务内容角度来看，智慧城市需要有建立在标准规范之上的信息资源体系，它是一个分层的树状结构，包括元数据资源、数据资源、服务资源三大类。

从技术实现的角度来看，对智慧城市数据资源的管理，可以采用数据生命周期管理、大数据采集、大数据存储、大数据处理、智慧城市大数据决策分析等技术。

（1）数据生命周期管理。主要对智慧城市业务数据的产生、规范、使用和存档的各个阶段进行有效的监控和管理，以保证数据的共享性、完整性、可靠性和有效性等，并以此为基础提供给上层决策分析系统。

（2）大数据采集。主要通过网络数据获取、媒体流获取、日志信息获取和传统应用数据获取等技术在智慧城市场景中获取大数据。

（3）大数据存储。主要利用 CAP 原则，通过对大数据特征分析，选择合适的存储方案。

（4）大数据处理。主要是采用基于大数据方案的计算技术、数据挖掘技术和大数据可视化技术实现数据处理。

（5）智慧城市大数据决策分析。主要利用当前成熟的模型技术，对海量冗余的数据源进行抽取转换等操作，以形成高质的智慧城市数据资产，为城市的发展决策提供明确的数据支撑。

2. 智慧城市中的大数据综合应用

智慧城市助推大数据的产生，也给大数据提供了广阔的应用市场。智慧城市数据资源多源、异构、冗余，需要从数据采集、整合、分析的整个流程，进行综合数据管理，将其转变为城市有效、高质的数据资产，发挥大数据在城市建设发展中的最大效用。

（1）大数据采集。网络大数据和政府部门数据资源是智慧城市大数据资源的主体，对推动城市智能化、创新化、互联化起着举足轻重的作用。网络大数据采集包含对互联网数据采集、物联网数据采集和个人数据采集。互联网数据采集涉及页面和后台数据2个层面，页面数据可以通过爬虫程序直接抓取所需的数据，而网站后台数据层次较深、相对较复杂，常通过开放或授权数据接口让各方方便获取数据、开发应用；同时对互联网海量的网页，可以建立大数据抓取集群，实现统一的互联网数据抓取，保证抓取的实时性。物联网数据采集，主要是建设城市统一的数据监测采集系统，实现行业数据，如车联网大数据、环境物联网大数据等的统一采集、统一管理，各行业按需调用相应的数据服务即可。个人数据采集主要是对个人日常活动数据、与政府企业资源设施互动数据等采集，有助于创新社会管理、提升公共服务、建立个性化服务。政府部门数据资源共享度低，数据采集重复性高，且易形成"信息孤岛"。进行跨部门大数据管理，以城市一体化为目标，建设城市运营数据的统一采集，建立起跨部门的数据共享体系，为各领域的智慧应用提供大数据统一服务。

（2）大数据开放服务。大数据要发挥巨大价值，开放是关键。智慧城市建立统一的大数据开放服务，有助于打破信息孤岛，并实现数据授权，有助于发展数据产业。智慧城市大数据开放服务的基本思路为：政府数据开放、机器可读；应用云计算等新模式；鼓励社会化的数据再开发；城市一体化而不是部门孤岛。大数据开放服务，将连接居民、政府、社会开放设备和平台，形成一个大数据服务生态环境，将使居民更方便地获取信息，政府实现跨部门数据共享，数据再开发利用使数据增值，数据利用更加安全，城市数据服务一体化等。

（3）大数据决策分析。大数据能提升智慧城市决策支持的能力，形成更智能的趋势分析。建立大数据技术与业务深度融合的模式，降低各领域应用大数据进行分析决策的难度，实现对决策支持的服务。大数据的分析服务，提供大数据分析的工具引擎，包括多源数据关联分析、数据建模、数据仿真、数据报告等共性功能。深入的分析和挖掘，大数据可以为智慧城市的很多领域服务，包括交通运行、医疗卫生、社会管理、农业、商业、金融及宏观经济等。例如，对医疗大数据进行分析，可以帮助政府更科学地进行医保预算，实现医保控费，提升医疗机构的疾病诊断能力，提升市民的健康水平；对应用电子商务大数据进行分析，可以在一定程度上预测经济状况，按需生产；对公共大数据的分析，可以发挥数据的协同作用。

总之，在智慧城市中综合应用大数据，可以形成趋势判断、数据共享，将有助于智慧城市创新社会管理、增强各行业的互联互通，进而使智慧城市获得良性竞争与可持续发展。

3. 智慧城市中的大数据行业应用

充分利用智慧城市大数据潜能，以满足城市各行业发展需求。智慧城市中大数据行业应用重点领域有民生、市场监管、政府服务、基础设施等，涵盖了医药卫生、环境保护、智慧教育、交通物流、市民服务、市场监管、公共安全、国土资源、科技服务、文化创意、电子政务等方方面面。

（1）智慧民生领域。智慧城市中采集的人口数据、环境数据、交通数据、健康数据、监控数据、经济数据等是民生大数据的重要组成部分。同时，互联网上用户相关的民生大数据的采集是在用户参与下，由运营商、服务方分别采集完成的。通过民生大数据的开放和共享，构建民生大数据集市，需求方可按需获取数据。民生大数据将在民生领域的舆情、预测、决策、调控等方面发挥巨大的作用。大数据技术对于把握民生、民情、民意具有重要意义，可以获取广大市民的需求，使民生服务领先一步，比市民本人知道得更多、了解得更细、发现得更早，可以分析社会现象及本质，发现潜在的民生问题，还可以预测趋势，指导民生决策，使立法、监管先行，防患于未然。

（2）智慧市场监管领域。市场实时数据、历史数据、其他数据源等共同构成市场监管领域大数据集。通过大数据智能分析算法和数据挖掘技术，实时分析市场数据，以对市场变化及时做出反应。分析历史数据，提取被监管对象的行为模式、消费者的行为模式及他们行为模式的趋势，并结合实时数据分析，可以对非正常的活动提出预警。将新的数据源整合至监管领域大数据集，可提高对非正常事件进行预警的准确度。对不同行业大数据分析，可支持多行业的监管。

（3）智慧政府服务领域。运用大数据，通过多渠道数据采集、快速综合的数据处理技术，增强社会管理能力，实现政府公共服务的管理创新、技术创新和服务模式的创新。首先，大数据在政府服务领域的应用。一方面，通过大数据共享性应用，实现政府各部门之间、政府与市民之间的信息共享，提高政府各机构协同办公效率和为民办事效率；另一方面，大数据价值应用，通过大数据决策分析，提示人们关注信息之间的关联度，实现信息价值的放大。其次，应用大数据和云计算等新技术，构建实体社会管理与虚拟社会管理相结合的社会管理一体化模式,实现智慧城市的创新社会管理。

(4)智慧基础设施领域。城市基础设施是城市生存、发展所必须具备的社会性基础设施和工程性基础设施的总和。运用大数据,通过对各基础设施,如轨道交通、电力设施等数据采集、分析,将有助于促进城市基础设施建设的完善。例如,在轨道交通领域,通过采集客流信息、轨道交通数据、监测数据等,形成轨道交通大数据集。通过对大数据的数据挖掘和决策分析,进行大客流预测、事件预警、推送出行路线等,为规划新的路线提供决策支持,为安全畅通提供保障,也将有利于城市综合交通的优化。

(5)智慧医药卫生领域。在医疗改革的国家政策背景下,大数据在医药卫生行业的应用也日显重要。在医药卫生领域,患者个人信息、诊疗信息、处方医嘱、检查报告等共同构成医药卫生的大数据资源。可以通过对这些数据源的采集、抽取、转换,形成医疗信息资源库,为居民个人、医生、卫生管理部门提供数据支持。

(6)智慧企业领域。掌控数据就可以支配市场,大数据处理将决定企业的核心竞争力。过去很多企业对自身经营发展的分析只停留在简单业务信息层面,缺乏对客户需求、业务流程、产品营销、市场竞争等方面的深入分析。在大数据时代,企业通过收集和分析大量内部和外部的数据,获取有价值的信息。通过挖掘这些信息,企业可以预测市场需求,进行智能化决策分析。智慧电子商务和智慧物流是这方面的典型应用。

(四) 智慧城市建设现状分析

1. 智慧城市的总体进展

(1)国家层面推进情况。中国政府通过一系列政策文件的发布,逐步构建了有关智慧城市的宏观政策体系。2013年8月8日,《国务院关于促进信息消费扩大内需的若干意见》中明确提出"加快智慧城市建设。在有条件的城市开展智慧城市试点示范建设"。2014年3月16日发布的《国家新型城镇化规划(2014—2020年)》中明确提出"推进智慧城市建设",并指出"信息网络宽带化、规划管理信息化、基础设施智能化、公共服务便捷化、产业发展现代化、社会治理精细化"的智慧城市建设方向。2014年8月27日,经国务院同意,国家发展和改革委员会等八部委联合印发了国家第一份智慧城市指导文件《关于促进智慧城市健康发展的指导意见》,明确了智慧城市发展是一项长期而复杂的系统工程，提出了"公共服务便捷化、城市管理精细化、生活环境宜居化、基础设施智能化、网络安全长效化"的发展目标，为中国智慧城市建设的健康、有序发展提供了系统性的指导。文件印发后，国家发展和改革委员会同 24 个部委联合成立了"促进智慧城市健康发展部际协调工作组"，在国家层面首次形成了推进智慧城市发展的跨部门统筹协调机制，为促进中国智慧城市健康、有序发展奠定了坚实的基础。2015 年 12 月 20 日，中央城市会议再次指出，要"提升管理水平，着力打造智慧城市"。2016 年 4 月，经请示并得到国务院同意，原有的司局级层面的协调工作机制升级为部级领导层面的"新型智慧城市建设部际协调工作组"，并召开了第一次工作组会议。

近年来，国务院及各部委相继出台了关于物联网、云计算、宽带中国、电子商务、信息消费、信息惠民、智能制造、大众创业、万众创新、PPP（公私合作）的政策文件，大多通过城市开展落地工作。而 2015 年发布的《关于积极推进"互联网＋"行动的指导意见》和《促进大数据发展行动纲要》更是为智慧城市的建设提供了新的发展视角和实现模式。智慧城市已经成为新时期政策红利形成叠加、集中释放的重要载体。

（2）地方建设总体进展。在国家战略部署的引导下，全国多个省份提出了本省的智慧城市指导意见，越来越多的城市将建设智慧城市作为城市战略发展的重要抓手，列入政府重点工作。截至 2014 年年底，全国所有副省级及以上城市、89% 的地级及以上城市、47% 的县级及以上城市都提出要建设智慧城市，其中部分先行城市已经进入项目建设阶段，其余城市进入规划设计阶段。

2014 年 6 月 12 日，国家发展和改革委员会等八部委联合批复深圳市等 80 个城市建设信息惠民国家试点城市，"围绕解决民生领域管理服务存在的突出矛盾和制约因素，以解决当前体制机制和传统环境下民生服务的突出难题为核心"开展试点城市建设工作。信息惠民工作本质的核心是要推动信息共享、强化协同服务、整合服务资源、优化管理机制，与智慧城市工作本质相同，而智慧城市的主要目的之一是利用信息化手段普惠民众，两项工作密切相关、不可割裂。随着信息惠民工作的推进，民生领域信息化逐渐成为地方智慧城市建设的重要内容之一。

2. 智慧城市发展面临的主要难题

大数据的使用已经成为一个国家各领域提高生产力、创新能力及竞争力的关键要素。虽然中国在智慧城市建设、在大数据的开发和利用方面取得积极进展，但也暴露出重视概念口号、轻视行动配套，重视建设投入、轻视绩效提升，重视设备技术、轻视机制建设，重视建设发展、轻视安全保障的"跟风、虚风、歪风、阴风"问题，亟须"避免设计局限化、破解信息碎片化、力戒建设空心化、破除安全脆弱化"。目前，提出建设智慧城市的城市中，有一部分城市并不完全具备开展智慧城市建设的成熟度，一些城市的信息化基础尚未达到智慧化跃升所需水平，互联互通、信息共享、业务协同的模式并未完全形成，使得智慧城市的应用实效大打折扣。在传统信息化建设、电子政务建设中未能彻底解决的一些老大难问题，仍然是当前智慧城市建设面临的核心挑战，而且在大数据时代背景下更加凸显。

（1）共享受限开放不足，无数据可用。智慧城市的智慧源泉在于海量数据的深度挖掘和再利用。如果没有足够的信息资源，将使之成为无源之水，数据挖掘的效用将大大降低，也就无法抓住发展的机遇。随着智慧城市建设的推进，智慧城市建设将进入"深水区"，信息孤岛问题变得更加迫切，亟须解决。信息孤岛不但造成硬件设施重复建设、标准不一，而且数据信息分散、凌乱，严重影响了大数据的综合分析和利用，难以在改进城市管理中发挥积极作用。中国城市、企业行业发展水平参差不齐，因此，信息孤岛在中国是一个普遍问题。若不能解决信息孤岛问题，智慧城市建设将变成一个个"行业示范应用"，无法真正全面推广。要让智慧城市变为现实，各地亟须打破信息孤岛，加快数据开放和共享的步伐。

尽管政府掌握的公共数据量大、面广、价值密度高，但由于部门利益不协调、技术规范不一致、安全责任不明晰等原因，不同行业、部门、地域的数据普遍被隔离，相关数据之间天然的关联性和耦合性被割裂。部门之间和层级之间亟须交换、融合、共享、开放的各类数据难以产生联系，"信息孤岛""信息盲点""数据垄断"和"数据打架"现象大量存在，各级政府数据向社会开放更加受到制约。部分地方的人口、法人、空间地理等基础数据库建设尚不完善，可供开发利用的高质量、高价值密度的"大数据集"难以形成，数据的可用性和易得性难以得到保证，数据资源利用受限，城市的智慧应用面临"无米之炊"的难题。

（2）人才不足技术受制，无能力应用。任何时代，人才都是竞争力强弱与否的关键。当前社会进入了大数据时代，对信息人才的需求很大，而中国信息化人才众多，但高端信息人才严重匮乏，尤其是政府部门中领导干部的信息化素质参差不齐，大多数人只会简单的信息技术，其管理能力、沟通能力比较突出，但年龄普遍偏大，观念传统，对于应用信息技术提升城镇建设的能力欠缺，仍有很大的提升空间。

智慧城市建设本质上属于地方事权，而各地政府对于智慧城市的理解和认识直接影响应用的推进和成效。目前政府公务人员的信息化应用能力和意识水平参差不齐，政府部门信息化专职人员数量普遍无法满足业务需求，复合型人才匮乏，应用大数据分析提升业务水平的能力有待提升。在大数据浪潮下，部分地方政府对于大数据理念和技术的理解不到位：一方面容易导致智慧城市重建设轻应用，大量建设机房，却忽视对政府数据进行有效分析应用，城市信息服务的智慧化、便捷化程度依然较低；另一方面容易导致重投资轻成效，被企业绑架，在发展条件不成熟的领域盲目投资，无法匹配城市发展的实际需求。

（3）统筹缺乏、法规缺位，无制度管理。当前中国部分城镇中政府职能部门分工缺乏统筹规划，容易出现各自为政的现象，信息化和新型城镇化建设各自进行，单纯依靠行政命令、政绩考核等手段和指标来指导行为，在实践中将GDP作为衡量一切经济工作的唯一标准，结果是大部分政府部门都去开展新型城镇化工作和信息化，效率低下，这种管理体制上的分工不明确是新型城镇化与信息化难以协调发展的最大障碍和制约因素。

信息化建设中"信息碎片化"的根源在于管理体制的碎片化，不同部门之间职能交叉重叠，政府部门各自为政，公共权力部门化、部门权力利益造成业务协同和信息共享存在壁垒。管理制度不健全、标准规范不统一、信息数据保密和公开的法律法规发展滞后，更助长了壁垒的存在。要破解信息碎片化难题，推动城市范围内相关部门、行业、群体、系统之间的数据融合、信息共享、业务协同和智能服务，强有力的统筹协调机制是必要条件。目前，中国已有部分城市探索建立大数据局、大数据管理局等统筹机制，对政府数据进行统筹，并将大数据、智慧城市等信息化工作有机结合、统一部署，这是一种有益的尝试。

（4）整体信息技术水平落后，无安全可言。当前中国信息化发展速度很快，但存在着信息技术整体水平落后现象，具体包括信息成本偏高、信息泛滥和信息安全等诸多问题。跟发达国家相比，中国城镇信息化建设和信息技术水平是比较落后的，尤其是三四线城市及中小城镇，信息化建设水平低下，很多城镇的信息化就是居民能够使用手机和互联网，在城镇为居民提供的公共服务中，如医疗、保险、教育等方面，在技术上实现不了真正的智能化服务。

大数据时代数据资产化成为趋势，智慧城市将充分运用物联网、云计算、大数据、空间地理信息系统等新一代信息技术，为智慧城市建设提供强大的后台依据和支持。智慧城市的发展在促进城市建设、规划、管理和服务走向智慧化的同时，也带来了"互联网＋"时代的信息安全风险与挑战。从城市管理角度而言，智慧城市的信息安全一旦防护不当，还很可能造成城市管理局部混乱，政府管理应急决策失误，甚至引发社会局部动荡。例如，智慧城市涵盖了城市运行的多个信息系统，包括政务信息、城市运营数据、企业数据、客户资料前所未有的大量宝贵的社会运行的数据财富，而且通过大数据的挖掘，能够萃取出非常宝贵的信息资产。如果不法分子窃取到这些机密信息，不仅会造成社会经济的动荡，甚至会威胁到整个国家的长治久安，所以防范合法用户数据的意外泄露，是消除安全隐患的重要手段。

从客观角度来看，中国信息安全技术水平相对国外来说，差距不止一大截，一些核心软硬件产品依然需要国外提供，而智慧城市建设中的信息安全关系到城市安全、社会安全、政府安全等重要方面，一旦某一方面出问题，后果将不堪设想。2012 年 12 月 28 日，全国人大常委会第三十次会议通过了《关于加强网络信息保护决定》，该决定将政府、企业、个人信息数据上升到极其重要的法律保护位置，同时对惩处威胁信息安全的行为提供了法律依据。有效管控与防范信息安全风险是智慧城市建设中非常重要的一环，因此，信息安全建设必须在智慧城市建设中有所体现，在规划的交界面上更需要重点划分安全界限，保障国家、政府用户的安全，这也是智慧城市发展过程中大数据来源众多、数据量大、数据增长速度快等特点给大数据安全带来的新挑战。

智慧治理确实使城市变得更为智能，也提高了城市政府治理的效能，提高了便民服务的水平。但在综合集成的物联网、云计算、大数据发展环境下，智慧城市中信息技术的应用与发展所面临的网络环境将会更加复杂，个人信息将会缺乏系统的安全防护，这将成为大数据时代下智慧城市建设的挑战之一。信息和通信技术（ICT）是智慧治理的技术基础，同时，由信息和通信技术支撑的网络也成为越来越多的潜在和实际的攻击目标。

目前，网络承载了公民太多的个人信息。在智慧城市社会管理应用中，公民个人的身份证号、工作单位、家庭住址、户口等信息，以及纳税、参保缴费、违法违纪等公民信息也都存储在云平台中。一旦这些服务平台中发生安全漏洞，必将引发公民个人信息的泄露，使违法分子有机可乘，不仅使公民对智慧城市建设的自觉性遭受打击，同时也会使公民对政府失去信任，以后信息的采集就会非常困难。此外，随着网络银行、电子商务、互联网金融等服务的兴起，网络彻底改变了人们的生活、消费方式，扩大了公民生活的轨迹内容，加之近年来各种移动终端的普及，进一步扩大了公民生活的轨迹内容，这些轨迹反映了公民个人在物理世界的行为，如活动范围、社会关系、行为偏好、情绪状态等，而这些都是个人信息泄露面临的潜在危机。

在智慧治理中，网络安全不仅必须要应对蓄意的攻击，如那些心怀不满的员工、企业的间谍活动、世界上的恐怖分子等，而且也要应对由于用户错误、设备故障和自然灾害等对信息基础设施造成的影响。任何漏洞都可能会导致攻击者侵入我们自认为无懈可击的系统，获得软件控制权，窃取公民个人的隐私。社会信任机制缺失风险，会对社会普遍信任的形成和保护构成挑战，社会信任机制的缺失将威胁人与人、人与社会的基本社会关系，最终会影响智慧城市建设。

三、深入推进"城数融合"

在时间的荒野里，在信息的洪流中，用什么抓住每时每分产生的信息流，并用这些为"城数融合"的实践服务呢？掌握一个城市的脉搏，要悉知它的每一次脉动，城市在不停运转中所产生的巨大信息流将需要一个足够包容支撑它的利器来容纳，而大数据就在这时横空出世。大数据不仅是创造价值的载体，它所能影响的还有城市管理、电子政务、舆情监测、企业管理等，一旦掌握了大数据这把钥匙，城数融合的发展困局将轻松化解。

所以我们一定要抓住大数据这个大好机遇，挖掘海量数据下的潜在价值，进而推进智慧城市建设，推进"城数融合"。城市加强智慧化的建设，不仅有利于加快城市国际化的步伐，促进发展方式的转变，推动经济结构的调整，也将影响和变革着人们的生活方式，让城市发展更科学、管理更高效、社会更和谐、生活更美好。

（一）高度重视城镇信息化管理

1. 树立创新发展理念

当前中国多数城镇发展趋向同质化，一窝蜂似的集中发展，因此在"大众创新、万众创业"的背景下，应利用好现有的网络资源和社会成本，建设具有结构合理、安全可靠的城镇信息网络，用创新的理念来发展特色城镇信息化，尤其是加强中小城镇的管理水平和综合竞争力。

2. 树立协调发展理念

协调发展理念是五大发展理念之一，至关重要。只有协调发展，才能保证中国经济长期稳定发展，因此要使新型城镇化与信息化协调同步发展，不要出现短板和缺口。提升城镇的综合竞争力，信息化是必然选择，因此应在城镇的管理规划中高度重视信息化的作用，用协调发展的理念引导二者共同发展。

3. 树立"智慧城镇"的理念

新型城镇化为信息化的发展提供广阔的发展空间，我们要建设"美丽中国"和"智慧城镇"，推进以人为本的城镇化建设，必须扭转传统城镇化的观念，树立"智慧城镇"的理念，运用信息化技术手段来协助城镇管理，从而促进信息化空间广度与深度的高质量、有规模地发展。

（二）提高整体信息技术水平，强化信息安全

打造"智慧城镇"，减轻大城市和小城镇的"城市病"，要从整体上提高信息技术水平，尤其是中小城镇的基础设施要完善。

1. 各级政府要增强对信息技术的扶持力度

治理信息污染等问题。首先在政策上进行扶持，加强公关宣传，促进城市及乡村电子商务的发展，扩大信息消费市场；其次对科技创新上的扶持，针对高科技产业和信息化产业等，加大扶持力度，通过政策引导和法律规范来推进技术上的创新；最后要增大政策的透明度，创建一个公开、公平的投资环境。

2. 各大产业之间要积极合作

信息产业要发挥集聚效应，要加强与其他产业，尤其是与高科技产业和

新兴产业之间的联合，共同打造一个良好的积极向上的环境，共享科技成果和信息，研发高科技产品，提高信息技术整体水平。

3. 企业要有社会责任感

用公平竞争的理念来指导企业的行为去参与市场竞争，提高信息技术的整体水平，加大信息技术的研发力度。通过发挥自己的优势和特色，积极进行技术创新和网站建设，进行良性竞争，打造一个良好的道德经济环境。

4. 推动技术、产品与服务的加速融合与创新

智慧城市的建设更加离不开大数据相关技术和产品的应用、服务和管理模式的创新、融合业务和运营模式的探索，大数据不仅是引领新一轮城市经济社会发展的重要驱动因素，一定意义上也将是人类社会发展进程中的划时代变革。鼓励多种形式的服务模式的探索和创新；鼓励政府部门购买大数据相关的产品和服务；鼓励社会第三方基于大数据的运营模式探索和创新；支持大数据公共服务平台、专业大数据公共平台、产学研联盟及相关基础设施的建设。

5. 强化数据安全

加强对数据隐私、安全、知识产权、法律法规、标准规范的研究与制定：建立相关标准规范、法律法规；研究个人数据保护的法律瓶颈；明确拥有者、使用者、第三方社会资源、最终用户等各方的责任、权利和义务；加强对数据主权研究；加强对数据跨境流动监管；加强数据风险分级管理。

充分利用 RFID 技术、通信技术、网络技术、自动控制技术、视频检测识别技术和信息发布技术，保障城市中人、财务、城市生命线和其他重要系统的安全，实现城市安全信息的全面感知，并促使各子系统间协同运作、资源共享，在发生突发事件时得以应急联动、统一调度、统一指挥。智慧安全涉及社会多个领域，如公共卫生、基础设施、通信、环境、商品供应、社会稳定、灾害防控等。通过大数据的挖掘，可以及时发现人为或自然灾害、恐怖事件，提高应急处理能力和安全防范能力。

（三）完善管理体制

推进新型城镇化与信息化的协调发展，需要从战略高度上予以重视，尤其是政府要高度重视，完善其管理体制，明确各行政部门的分工，提高整体效率水平。

1. 明确规定各行政部门的职责和权利

各行政部门之间要经常进行协调沟通，共同制定有利于信息化和新型城镇化协调发展的规章制度，制度和政策的制定要经过实地调查研究，反复推敲，具备科学性、合理性和时效性。

2. 政府各部门要各司其职

行使自己的权利和义务。好的体制和政策需要有效实施才能发挥出其应具有的效果。应站在宏观角度上统筹规划各部门的职责，分工明确，不能简单以 GDP 经济指标为考核标准，应以长远发展的眼光来衡量各部门的业绩，用信息化的技术成果来推动新型城镇化建设，用新型城镇化促进信息化高质量发展，使二者实现共同进步。

3. 建立政府数据开放机制

参考国外政府大数据开放所遵循的原则，完整性、原始性、及时性、可获取性、可处理性、非歧视性、非专有性、非许可性等；鼓励政府部门共享和开放，建立数据质量评估机制；鼓励第三方挖掘政府信息资源的积极性，出台相关的奖励措施。

（四）培养高端信息化人才

当前社会进入了大数据时代，就需要培养具有信息化思维的人，尤其是加强领导干部的信息化素质的提高。新型城镇化建设的发展需要多方面的协助，但更重要的是人的参与，关键就在于吸引人才、留住人才、培养人才。

一是吸引人才。从政府层面制定人才引进政策，结合自己的特色和优势资源，吸收高素质信息化人才，来进行城镇信息化建设和管理。

二是留住人才。对于引进的人才要制定相应的激励体制和管理体制，同时加强硬件设施和软件设施的建设，以此来留住人才，形成良性循环。

三是培养人才。要对政府干部进行培训，尤其是对新城镇建设的主要领导的培训，由国家层面到地方层面都要重视起来，组织高等院校信息技术部门及特定培训机构有计划地对干部进行培训，讲授最新的信息化知识，以此培养出信息化人才。加强大数据人才（分析、管理、技术）的培养与培育，尤其注重培育跨界复合型人才，既要熟悉政府业务，又要熟悉大数据技术；加强对政府信息化和管理决策部门、对大数据技术人才的相关培训，加强人才、技术与业务的结合点的培训。

第七章　人本城镇化的"城绿融合"

中国是有着 13 亿人口的大国，人口众多、资源短缺是中国的基本国情，资源能源严重短缺已成为城镇化发展的刚性约束。随着城镇化的快速发展，人口快速向城镇集中，经济社会活动流动性、复杂性加大，由此带动城镇环境更加脆弱敏感、环境安全问题更加复杂多样。以往城镇化基本上走的是一条"以资源换增长"的外延式扩张道路，造成中国的生态资源过度消耗，生态环境已不堪重负，严重的资源环境挑战已不再遥远和抽象。总结近年来城镇化道路的经验和教训，我们必须认真分析和对待城镇化发展中的资源环境问题，并且要毫不动摇地坚持走中国绿色城镇化道路。

一、"城绿融合"的理论基础

（一）生态城市理论

1. 生态城市的内涵及特点

"生态城市"是在联合国教科文组织发起的"人与生物圈计划"研究过程中提出的一个重要概念。生态城市是一个经济高度发达、社会繁荣昌盛、人民安居乐业、生态良性循环四者保持高度和谐，城市环境及人居环境清洁、优美、舒适、安全，失业率低、社会保障体系完善，高新技术占主导地位，技术与自然达到充分融合，最大限度地发挥人的创造力和生产力，有利于提高城市文明程度的稳定、协调、持续发展的人工复合生态系统。

生态城市（Ecological City）从广义上讲，是建立在人类对人与自然关系更深刻认识基础上的新的文化观，是按照生态学原则建立起来的社会、经济、自然协调发展的新型社会关系，是有效地利用环境资源实现可持续发展的新的生产和生活方式。从狭义上讲，就是按照生态学原理进行城市设计，建立高效、和谐、健康、可持续发展的人类聚居环境。

生态城市原理认为生态城市是按照人工复合生态系统原理建设的城市。

所谓人工复合生态系统，简单地说就是社会、经济、自然人工复合生态系统，蕴涵社会、经济、自然协调发展和整体生态化的人工复合生态系统。具体地说，社会生态化表现为，人们拥有自觉的生态意识和环境价值观，人口素质、生活质量、健康水平与社会进步及经济发展相适应，有一个保障人人平等、自由、接受教育、人权和免受暴力的社会环境。经济的生态化表现为，采用可持续发展的生产、消费、交通和居住发展模式，实现清洁生产和文明消费，推广生态产业和生态工程技术。对于经济增长，不仅重视数量的增长，更追求质量的提高，提高资源的再生和综合利用水平，节约能源、提高热能利用率，降低矿物燃料使用率，研究开发替代能源，提倡大力使用自然能源。环境的生态化表现为发展以保护自然为基础，与环境的承载能力相协调。自然环境及其演进过程得到最大限度的保护，合理利用一切自然资源和保护生命支持系统，开发建设活动始终保持在环境的承载能力之内。

生态城市具有和谐性、高效性、持续性、整体性、区域性和结构合理、关系协调 7 个特点。

(1) 和谐性。生态城市的和谐性，不仅反映在人与自然的关系上，人与自然共生共荣，人回归自然，贴近自然，自然融于城市，更重要的是在人与人的关系上。人类活动促进了经济增长，却没能实现人类自身的同步发展。生态城市是营造满足人类自身进化需求的环境，充满人情味，文化气息浓郁，拥有强有力的互帮互助的群体，富有生机与活力。生态城市不是一个用自然绿色点缀而僵死的人居环境，而是关心人、陶冶人的"爱的器官"。文化是生态城市重要的功能，文化个性和文化魅力是生态城市的灵魂。这种和谐乃是生态城市的核心内容。

(2) 高效性。生态城市一改现代工业城市高能耗、非循环的运行机制，提高一切资源的利用率，物尽其用，地尽其利，人尽其才，各施其能，各得其所，优化配置，物质、能量得到多层次分级利用，物流畅通有序，住处交通便捷，废弃物循环再生，各行业各部门之间通过共生关系进行协调。

(3) 持续性。生态城市是以可持续发展思想为指导，兼顾不同时期、空间、合理配置资源，公平地满足现代人及后代人在发展和环境方面的需要，不因眼前的利益而使用"掠夺"的方式促进城市暂时"繁荣"，保证城市社会经济健康、持续、协调发展。

(4) 整体性。生态城市不是单单追求环境优美或自身繁荣，而是兼顾社会、经济和环境三者的效益，不仅重视经济发展与生态环境协调，更重视对人类生活质量的提高，是在整体协调的新秩序下寻求发展。

（5）区域性。生态城市作为城乡的统一体，其本身即为一个区域概念，是建立在区域平衡上的，而且城市之间是互相联系、相互制约的，只有平衡协调的区域，才有平衡协调的生态城市。生态城市是以人与自然和谐为价值取向的，广义而言，要实现这个目标，全球必须加强合作，共享技术与资源，形成互惠的网络系统，建立全球生态平衡。广义的要领就是全球概念。

（6）结构合理。一个符合生态规律的生态城市应该具有结构合理的土地利用，好的生态环境，充足的绿地系统，完整的基础设施，有效的自然保护。

（7）关系协调。关系协调是指人和自然协调、城乡协调、资源利用和资源更新协调、环境胁迫和环境承载能力协调。

2. 生态城市的标准

一个城市是否是生态城市，或者说是否达到了生态城市的标准，要从社会生态、自然生态、经济生态三个方面来考察。社会生态的原则是以人为本，满足人的物质和精神方面的各种需求，创造自由、平等、公正、稳定的社会环境；经济生态原则保护和合理利用一切自然资源和能源，提高资源的再生和利用，实现资源的高效利用，采用可持续生产、消费、交通、居住区发展模式；自然生态原则，优先考虑给自然生态以最大限度的保护，使开发建设活动一方面保持在自然环境所允许的承载能力内，另一方面减少对自然环境的消极影响，增强其健康性。生态城市应满足以下 8 项标准：①广泛应用生态学原理规划建设城市，城市结构合理、功能协调；②保护并高效利用一切自然资源与能源，产业结构合理，实现清洁生产；③采用可持续的消费发展模式，物质、能量循环利用率高；④有完善的社会设施和基础设施，生活质量高；⑤人工环境与自然环境有机结合，环境质量高；⑥保护和继承文化遗产，尊重居民的各种文化和生活特性；⑦居民的身心健康，有自觉的生态意识和环境道德观念；⑧建立完善的、动态的生态调控管理与决策系统。

（二）可持续发展理论

可持续发展是当代人类社会进步的指导原则，是关系到人类文明的延续，直接参与国家最高决策的不可或缺的基本要素。从区域角度研究区域经济要素间的相互衔接与配合，以及区域经济要素与区域自然要素、非经济要素的协调，是可持续发展研究的核心问题。

随着人口迅速增加和人类对地球影响规模的空前扩大，在人口、资源、环境与经济发展关系上，出现了一系列尖锐的矛盾，引起了人们的忧虑和不安。1972年斯德哥尔摩环境大会提出了"我们只有一个地球"的警告，1992年6月，联合国环境与发展大会在巴西里约热内卢通过了《里约环境与发展宣言》《21世纪议程》等纲领性文件。

1994年《中国21世纪议程——中国21世纪人口、环境与发展的白皮书》制定，标志着可持续发展已成为中国的既定发展战略。1996年3月，中国八届人大四次会议通过的《中华人民共和国国民经济和社会发展"九五"计划和2010年远景目标纲要》，明确把"实施可持续发展，推进社会事业全面发展"作为战略目标。通过这些会议和广大科技工作者、环保工作者的宣传，人们已经开始认识到，环境与发展相互依赖、相互支持。没有环境保护，就不可能有持续的发展，而没有发展，就不可能保持高质量的环境和改善人类的生活质量。因此，我们需要的是持续的发展，也就是毫不含糊地考虑发展过程中所依据的各种环境因素长期持续下去的发展。城市作为现代聚落和产业载体，也必须遵循可持续发展的理论指导，新型城镇化建设更是如此。

可持续发展从字面上理解（也是最初的定义）就是既满足当代人的需求，又不对后代人满足其需求的能力构成危害的发展。可持续发展是一个密不可分的系统，既要达到发展经济的目的，又要保护好人类赖以生存的大气、淡水、海洋、土地和森林等自然资源和环境，使子孙后代能够永续发展和安居乐业。可持续发展与环境保护既有联系，又有不同。环境保护是可持续发展的重要方面。可持续发展的核心是发展，但要求在严格控制人口、提高人口素质和保护环境、资源永续利用的前提下进行经济和社会的发展。发展是可持续发展的前提，人是可持续发展的中心，可持续长久的发展才是真正的发展。

从城镇化的角度看，可持续发展理论主要体现在如下几个方面。

（1）可持续发展的系统观。可持续发展把当代人类赖以生存的城市及其相关地区，看成是由自然、社会、经济、文化等多因素组成的复合系统，它们之间既相互联系，又相互制约，其相互作用因地而异，且处于变化之中。这种系统科学观点是可持续发展的理论核心。一个可持续发展的城市，有赖于资源持续供给的能力；有赖于其生产、生活和生态功能的协调；有赖于自然资源系统的自然调节能力和社会经济的自组织、自调节能力；有赖于社会的宏观调控能力，部门间的协调行为，以及民众的监督和参与意识。因而在制定和实施城市发展战略时，需要打破部门和专业的条块分割及地区的界限，从全局着眼，从系统的关系进行综合分析和宏观调控。

（2）可持续发展的效益观。城市经济发展与资源环境保护应该是相互联系和互为因果的。忽视对资源环境的保护，经济发展就会受到限制，没有经济的发展和人民生活质量的改善，特别是最基本的生活需要的满足，也就无从谈到资源的保护。因此，一个城市管理系统所追求的，应该包括生态效益、经济效益和社会效益的综合，并把系统的整体效应放在首位。经济效益、生态效益和社会效益是可以而且应该是互相促进的。

（3）可持续发展的体制观和法制观。可持续发展要求打破传统的条块分割、信息闭塞和决策失误的管理体制，建立一个能综合调控社会生产、生活和生态功能，信息反馈灵敏，决策管理水平高的管理体制，这是实现社会高效、和谐发展的关键。把可持续发展的指导思想体现在政策、立法之中，通过宣传、教育和培训，加强持续发展的意识，建立与可持续发展相适应的政策、法规和道德规范。新型城镇化建设也需要涉及或改革相应的体制和法制。

（4）可持续发展的社会平等观。可持续发展主张人与人之间、城市与城市之间的关系，互相尊重、互相平等。一个社会或一个团体的发展，不应以牺牲另一个社团的利益为代价，这种平等的关系不仅表现在当代人与人、国家与国家、社团与社团的关系上，同时也表现在当代人与后代人之间的关系上。新型城镇化和传统城镇化的区别之一就是传统城镇化的一部分人享有特权，而新型城镇化要体现社会平等与和谐。

（三）循环经济理论

1. 循环经济内涵

循环经济（Cyclic Economy）即物质闭环流动型经济，是指在人、自然资源和科学技术的大系统内，在资源投入、企业生产、产品消费及其废弃的全过程中，把传统的依赖资源消耗的线性增长的经济，转变为依靠生态型资源循环来发展的经济。

循环经济以资源的高效利用和循环利用为目标，以"减量化、再利用、资源化"为原则,以物质闭路循环和能量梯次使用为特征,按照自然生态系统物质循环和能量流动方式运行的经济模式。它要求运用生态学规律来指导人类社会的经济活动,其目的是通过资源高效和循环利用,实现污染的低排放甚至零排放,保护环境,实现社会、经济与环境的可持续发展。循环经济是把清洁生产和废弃物的综合利用融为一体的经济,本质上是一种生态经济,它要求运用生态学规律来指导人类社会的经济活动。

循环经济是针对工业化运动以来高消耗、高排放的线性经济而言的一种善待地球的经济发展模式。它要求把经济活动组织成为"自然资源—产品和用品—再生资源"的闭环式流程,所有的原料和能源能在不断进行的经济循环中得到合理利用,从而把经济活动对自然环境的影响控制在尽可能小的程度。广义的循环经济涵盖经济发展、社会进步、生态环境三个方面,追求这3个子系统之间达到理想的组合状态。这3个子系统构成一个完整的系统,这个系统不是纯粹自发地演化出来的,而是在把握自然生态系统、经济循环系统和社会系统的自组织规律后,人为建构起来的人工生态系统。广义的循环经济学就是要研究这个人工生态系统的自组织规律和物质、能量、信息循环规律的综合的知识体系。

2. 国内外循环经济的发展过程

循环经济的思想萌芽可以追溯到环境保护兴起的20世纪60年代。1962年美国生态学家蕾切尔·卡逊发表了《寂静的春天》,指出生物界及人类所面临的危险。"循环经济"一词,首先由美国经济学家K. 波尔丁提出,主要指在人、自然资源和科学技术的大系统内,在资源投入、企业生产、产品消费及其废弃的全过程中,把传统的依赖资源消耗的线性增长经济,转变为依靠生态型资源循环来发展的经济。其"宇宙飞船经济理论"可以作为循环经济的早期代表,大致内容是地球就像在太空中飞行的宇宙飞船,要靠不断消耗自身有限的资源而生存,如果不合理开发资源、破坏环境,就会像宇宙飞船那样走向毁灭。20世纪90年代之后,发展知识经济和循环经济成为国际社会的两大趋势。中国从20世纪90年代起引入了关于循环经济的思想,此后对于循环经济的理论研究和实践不断深入。

3. 循环经济的发展类型与实现途径

循环经济的三大模式。从资源流动的组织层面,循环经济可以从企业、生产基地等经济实体内部的小循环,产业集中区域内企业之间、产业之间的中循环，生产、生活领域的整个社会的大循环3个层面来展开。以企业内部的物质循环为基础，构筑企业、生产基地等经济实体内部的小循环；以产业集中区域内的物质循环为载体，构筑企业之间、产业之间、生产区域之间的中循环；以整个社会的物质循环为着眼点，构筑包括生产、生活领域的整个社会的大循环。

循环经济的技术路径。从资源利用的技术层面来看，循环经济的发展主要是从资源的高效利用、循环利用和无害化生产3条技术路径来实现。依靠科技进步和制度创新，提高资源的利用水平和单位要素的产出率；通过构筑资源循环利用产业链，建立起生产和生活中可再生利用资源的循环利用通道，达到资源的有效利用，减少向自然资源的索取，在与自然和谐循环中促进经济社会的发展；通过对废弃物的无害化处理，减少生产和生活活动对生态环境的影响。

（四）生态文明建设理论

生态文明是人类文明发展的一个新的阶段，继工业文明之后的世界伦理社会化的文明形态；生态文明是人类遵循人、自然、社会和谐发展这一客观规律而取得的物质与精神成果的总和；生态文明是以人与自然、人与人、人与社会和谐共生、良性循环、全面发展、持续繁荣为基本宗旨的文化伦理形态。从人与自然和谐的角度看，生态文明是人类为保护和建设美好生态环境而取得的物质成果、精神成果和制度成果的总和，是贯穿于经济建设、政治建设、文化建设、社会建设全过程和各方面的系统工程，反映了一个社会的文明进步状态。

文明是人类文化发展的成果，是人类改造世界的物质和精神成果的总和，也是人类社会进步的象征。在漫长的人类历史长河中，人类文明经历了3个阶段。第一阶段是原始文明。约在石器时代，人们必须依赖集体的力量才能生存，物质生产活动主要靠简单的采集渔猎，为时上百万年。第二阶段是农业文明。铁器的出现使人改变自然的能力产生了质的飞跃，为时1万年。第三阶段是工业文明。18世纪英国工业革命开启了人类现代化生活，为时300年。从要素上分，文明的主体是人，体现为改造自然和反省自身，如物质文明和精神文明；从时间上分，文明具有阶段性，如农业文明与工业文明；从空间上分，文明具有多元性，如非洲文明与印度文明。

党的十八大报告指出，建设生态文明是关系人民福祉、关乎民族未来的长远大计。面对资源约束趋紧、环境污染严重、生态系统退化的严峻形势，必须树立尊重自然、顺应自然、保护自然的生态文明理念，把生态文明建设放在突出地位，融入经济建设、政治建设、文化建设、社会建设各方面和全过程，努力建设美丽中国，实现中华民族永续发展。坚持节约资源和保护环境的基本国策，坚持节约优先、保护优先、自然恢复为主的方针，着力推进绿色发展、循环发展、低碳发展，形成节约资源和保护环境的空间格局、产业结构、生产方式、生活方式，从源头上扭转生态环境恶化趋势，为人民创造良好生产生活环境，为全球生态安全做出贡献。

中国特色的生态文明发展模式是一个必然实现的中国梦，是中华民族从人类世界历史生态、文化生态和现实生态出发，在生态全球化背景下，以提升人格文明、生态文明、产业文明为发展方向；以完善法制、优化体制、优化结构促进公民意识和认知水平的提升；以真诚的民主来反映公民的社会存在，建立社会公众信仰及其相应的伦理精神的法制秩序，让社会各阶层利益公开自由地表达权利以期让社会真理能够获得真实的公共表达；将人格质量的提升放在国民教育的首位，来提高人在群体公共事物中的智慧能力；将生态文明发展放在战略首位，来提高文明产业化社会的上升能力；将未来优先的战略放在国家建设的首位，来提高国家在国际社会中的战略产业能力；将公众人本信念及其相应的伦理精神的法制秩序放在推动联合国改革的首位，让国际社会各阶层利益公开自由地表达权利以期让社会真理能够获得真实的公共表达，来提高联合国维护和尊重人的能力，走生态文明发展的国家发展道路。新型城镇化不能依靠农业文明和工业文明实现，必须依靠生态文明的指导。

（五）绿色化理论

绿色化是党中央提出的关于中国发展理念的最新思想，是关于中国发展总体战略布局中的最新布局，这是对中国发展现状、发展要求、发展规律的最新把握，是中国"十三五"的五大发展理念之一，对中国今后发展具有指导作用。

1. 新常态下绿色化的提出

中共中央政治局于 2015 年 3 月 24 日召开会议，审议通过《关于加快推进生态文明建设的意见》，指出："当前和今后一个时期，要按照党中央决策部署，把生态文明建设融入经济、政治、文化、社会建设各方面和全过程，协同推进新型工业化、城镇化、信息化、农业现代化和绿色化，牢固树立'绿水青山就是金山银山'的理念，坚持把节约优先、保护优先、自然恢复作为基本方针，把绿色发展、循环发展、低碳发展作为基本途径，把深化改革和创新驱动作为基本动力，把培育生态文化作为重要支撑，把重点突破和整体推进作为工作方式，切实把生态文明建设工作抓紧抓好。"其中，绿色化是"新型工业化、城镇化、信息化、农业现代化和绿色化""新五化"中的重要"一化"，这是绿色化的首次提出。

绿色化是在"新型工业化、城镇化、信息化、农业现代化"的基础上新增加的"一化"，是"新五化"统筹与协调发展的新思想和新理念。这是"我们将更加注重绿色发展。我们将把生态文明建设融入经济社会发展各方面和全过程，致力于实现可持续发展。"把生态文明建设和环境保护放在国家和民族的整体和全局的发展角度、从未来发展长远战略意义的眼光来看待经济发展的生态要求和生态文明建设的经济价值意蕴，是从经济增长与发展的生态经济伦理角度与生态的经济学价值考量相结合的视角提出的战略新思想。

绿色化是以习近平为核心的党中央提出的关于中国发展理念、战略布局、总体安排的最新思想，目的就是要大力推进绿色发展、循环发展、低碳发展，弘扬生态文化，倡导绿色生活，加快建设美丽中国，使蓝天常在、青山常在、绿水常在，实现中华民族永续发展。

2. 绿色化的丰富内涵

（1）绿色化第一要义是绿色发展。绿色化第一要义和首要含义是发展，并且是绿色发展，要求建立生态经济，使得生态经济成为经济新的增长点和经济增长的新引擎与新动力，逐步实现经济生态化。新常态下，经济发展动力正从传统增长点转向新的增长点，绿色化发展是新常态下的绿色发展，是要实现生态绿色经济成为经济新的增长点、经济增长的新动力和新的经济竞争优势，这是新经济发展方式，即绿色经济增长与发展方式。

（2）绿色化追求的是效益经济。绿色化是追求最经济的发展，就是效应经济，这种效益经济就是追求高质量和高效益的经济增长和发展，就是追求好的发展。这是新常态下，经济发展方式正从规模速度型粗放增长转向质量效率型集约增长的必然要求。绿色化就是追求投入与产出比例高、对环境污染少、社会效益高的方式进行生产的方式，建立绿色低碳循环发展产业体系。实现用高效益的生产方式进行生产的经济，这是由生产和增长转型实现的经济转型，由此形成新的转型经济。

（3）绿色化内含绿色消费观。绿色化在生产上坚持的是高效率方式生产，在消费上坚持的是节俭节约的方式进行消费，即绿色消费，这就是绿色消费观。新常态下，中国经济结构正从增量扩能为主转向调整存量、做优增量并存的深度调整，这种调整带来的量上的深度调整要求节俭节约消费，推动形成勤俭节约的社会风尚。这就是绿色化要求的在消费上实现勤俭节约消费的绿色消费观，这是绿色化一个重要的经济学内涵。

（4）绿色化是一种新的经济生态伦理。绿色化是一种新的经济生态伦理，并且以此为中心形成了政治、社会、生态等伦理道德体系，其核心就是绿色化发展是实现发展为人的价值向度，我们追求绿色化发展就是要实现绿色化发展为了人的发展的目的。实现绿色发展为人是绿色化的手段，更是绿色化的目的，是目的和手段的统一。新常态下，中国的发展正从高速增长转向中高速增长，这是我们从追求 GDP、经济速度、经济规模与量的发展的转型，这是一种从牺牲人的发展为代价的发展向为了人的发展而发展的转型，绿色化发展为此提供了前提和契机。绿色化强调绿色发展为人的价值追求，这是绿色化经济增长与发展向度必须服从和服务于人的发展向度，这是通过建立绿色化新经济伦理来实现。在实现绿色化发展的过程中，既要创造人发展的物质财富条件，还要注重生态环境保护，在保护环境中实现发展，创造山清水秀、空气清新、碧水蓝天、鸟语花香的优美环境，使人们在良好的生态环境中享受发展成果，使得良好的生态环境条件成为人的发展的条件，由此实现人的发展。

二、"城绿融合"的现状分析

通过对 30 多年来中国城镇化进程与资源环境保障关系的分析，我们发现，日益紧迫短缺的生态资源与生态环境破坏的压力将是未来中国发展新型城镇化进程所必须要面临的，这些问题的出现也必将使资源环境保障问题日益严重。据中国科学院的预测，未来城镇化进程对能源的需求将净增加 1.89 倍，对水的需求将净增加 0.88 倍，对建设用地的需求将净增加 2.45 倍，对生态环境超载的压力将净增加 1.42 倍。如何解决中国未来新型城镇化发展过程中出现的这些资源环境问题，是我们目前及未来几十年城镇化发展中必须攻克的重点难题。总结中国近年来城镇化进程中的经验和教训，我们必须认真地分析城镇化发展对资源环境所造成的影响，并且要毫不动摇地坚持走中国绿色城镇化道路。

资源是我们人类赖以生存和发展的基础，生态环境是维系城市可持续发展的重要条件。从城镇化历史发展进程来看，任何一个国家城镇化进程的加快，都会给本国资源和生态环境造成很大消耗和破坏，中国城镇化进程也一样。随着中国工业化、城镇化进程的不断推进，现代化建设速度的不断加大，对资源和生态环境的大量消耗和破坏不可避免，各种自然生态环境问题也随之凸显。

（一）城镇化对自然资源的影响

1. 城镇建设用地规模不断扩大，耕地面积逐年减少

自 1984 年城市经济体制改革以来，随着社会经济的大力发展，中国的城镇化进程也进入快速发展阶段。但在发展的同时个别地区一味谋求发展而忽视了基本国情，从而背离了统筹发展、合理布局和节约资源的发展原则，以至于在建设空间的布局上出现了无序化、失控性，耕地被建设用地大量吞噬。尤其是最近 10 年，城市建设用地规模不断扩大，城区建成面积不断增加，城市人均综合占地达 110～130m² 的高水平，这是大多数人均耕地资源比中国多几倍乃至十几倍的发达国家的水平。目前，导致空间布局失控的许多不合理行为还在继续，如各地对开发区的大力兴建、政府办公区大规模搬迁及扩大、高成本兴建城市绿地、乱砍滥伐树木、盲目修建"大学城"等行为。近些年自中国东部沿海地区到中西部地区，为加快推进工业化、城镇化发展进程，到处都在大力兴办工业园区，大范围圈地，有的地方工业园区面积已占到县域面积的 10% 甚至 20% 以上，但这些工业园区的兴建不但没有为本地引来多少工业项目，还致使很多的优质耕地大片被摧毁。

从全国情况看，改革开放以来中国耕地面积已经减少了 10% 以上，而正在快速推进的城镇化占用了大量耕地资源，致使耕地面积呈现逐年减少之势。《2015 中国国土资源公报》显示，截至 2015 年年末，全国耕地面积为 20.25 亿亩；全国建设用地总面积为 5.78 亿亩，新增建设用地 760 万亩。经核查，2003—2015 年，全国耕地面积有所减少，这制约了城镇化的可持续发

展。随着全国耕地面积的不断减少，人均耕地面积也在持续下降，而中国又面临人口众多，土地资源相对较少的国情，因此，在加大推进城镇化的进程中，我们面临的是人口不断增长和土地资源短缺的双重压力。

2. 水资源短缺和水污染问题日益严重

水资源是一切生物赖以生存的重要自然资源，也是工农业生产、经济发展和环境改善不可替代的极为宝贵的自然资源。由于人口剧增、生态环境恶化、工农业污染排放加剧、水资源污染浪费等原因，使水资源本就贫乏的我们"雪上加霜"。从水源看，地表水径流量减少，储蓄量下降，水资源稀缺，人均淡水资源仅为世界平均水平的 1/4，目前中国有 2/3 的城市供水不足，1/6 的城市严重缺水，其中包含天津、北京等特大城市。

突出的水资源稀缺与水污染问题逐步威胁到中国经济与社会安全，是当前经济社会发展亟待解决的问题。城镇化进程的加快，无疑加大了城镇生活污水和工业废水排放量，进而导致城镇水污染情况更加严重，水资源环境急剧恶化，水质量降低，这对人们的身体健康和工农业用水非常不利。更为不利的是，水污染问题正从城市向农村扩展，与大城市相比，小城镇市政建设相对落后、排污排水设备不健全、缺少正规污水处理厂，再加上农村居民受教育程度低、缺乏环境保护意识，他们集中向水体倾倒大量生活、生产垃圾，致使水污染日益严重。《2015 中国环境状况公报》显示，对全国 967 个地表水国控断面（点位）开展了水质监测，I－III类、IV－V类和劣V类水质断面分别占 64.5%、26.7% 和 8.8%。5118 个地下水水质监测点中，水质为优良级的监测点比例为 9.1%，良好级的监测点比例为 25.0%，较好级的监测点比例为 4.6%，较差级的监测点比例为 42.5%，极差级的监测点比例为 18.8%。对 338 个地级以上城市开展了集中式饮用水水源地水质监测，取水总量为 355.43 亿吨，达标取水量为 345.06 亿吨，占 97.1%。

由于对自然资源的不合理开发利用，在耕地不断减少的同时，湿地资源也在大量萎缩，特别是围湖养殖及填湖造地，也会致使湖泊大量减少，淡水资源告急。目前，中国的地表水容量十分有限，除大江、大河外，大多数支流的污染物排放已严重超标，而且主要水库、湖泊的水质大部分不能满足用水要求，如江苏太湖和安徽巢湖的蓝藻大规模爆发，正是水污染问题不断恶化、积重难返的表现。

（二）城镇化对能源的影响

中国的能源国情具有 2 个明显的特点：第一，人均能源、资源占有量低；第二，对能源需求量大。随着经济的发展和城镇化进程的不断加快，中国已由原来的能源输出国变为能源进口大国，进口油气比例逐年上升，这不仅对国际能源市场供求关系造成很大影响，也在很大程度上对中国能源安全形成极大威胁。

在加速城镇化发展的初期，中国第三产业尚不发达，为了加快推进城镇化进程和促进经济快速增长，就需要第二产业、第三产业为其发展做出强大支撑。中国的第二产业具有高能耗、不利于环保等特点，而大量的能源消耗已经对中国的可持续性发展造成很大阻力。虽然能源产业规模和生产总量的不断扩大为中国的工业化进程做出很大贡献，但由于生产和消费结构合理规划，致使在能源开采、运输、加工和使用过程中，造成大量能源浪费及污染。据国家统计局数据显示，目前中国能耗增长主要体现在钢铁、煤炭、石油、电力等行业。有关专家估计，若按目前的开采水平，中国石油资源和东部的煤炭资源将在 2030 年耗尽，水力资源的开发也将达到极致，节能和减排任务十分艰巨。

（三）城镇化对生态环境的影响

生态环境破坏逐渐威胁人类生存。从空气质量看，《2015 中国环境状况公报》显示，2015 年京津冀地区 13 个地级以上城市达标天数比例为 32.9%～82.3%，平均超标天数比例为 47.6%，其中轻度污染、中度污染、重度污染和严重污染天数比例分别为 27.1%、10.5%、6.8% 和 3.2%，PM2.5 平均浓度为 77 $\mu g/m^3$（超过国家二级标准 1.20 倍）；京津冀及周边地区（含山西、山东、内蒙古和河南）是全国空气重污染高发地区，2015 年区域内 70 个地级以上城市共发生 1710 天次重度及以上污染，占 2015 年全国的 44.1%。长三角地区 2015 年 25 个地级以上城市达标天数比例为 61.5%～90.8%，平均超标天数比例为 27.9%，其中轻度污染、中度污染、重度污染和严重污染天数比例分别为 20.9%、4.6%、2.3% 和 0.1%，PM2.5 平均浓度为 53 $\mu g/m^3$（超过国家二级标准 0.51 倍）。珠三角地区 2015 年 9 个地级以上城市达标天数比例为 84.6%～97.5%，平均为 89.2%，平均超标天数比例为 10.8%，其中轻度污染和中度污染天数比例分别为

9.6%和1.2%，未出现重度污染和严重污染。《2015中国环境状况公报》显示，全国338个地级以上城市中，只有73个城市环境空气质量达标，占21.6%；265个城市环境空气质量超标，占比78.4%。近年来，中国城市空气质量总体趋好，但生态环境形势依然严峻。

（四）城镇化对经济资源的影响

从就业情况看，就业吸纳能力不足，加大了城市发展负荷。人力资源和社会保障部发布的《2015年度人力资源和社会保障事业发展统计公报》显示，2015年年末城镇登记失业人数为966万人，城镇登记失业率为4.05%。全年城镇新增就业人数1312万人，城镇失业人员再就业人数567万人，就业困难人员就业人数173万人。总体来说，虽然新增就业人数和再就业培训人员逐年上升，但失业人员不断增加和失业率不断增长现象依然严重，而且中国目前对于失业人数的统计仅仅是依靠登记人数，如果将其他隐性失业情况考虑在内，中国实际的失业情况不容乐观。目前，仅靠中国现有大规模的制造业和采掘业等产业吸引农村富余劳动力是远远不够的，就业人口的增加越来越倾向于依赖第三产业技术服务业的发展。人力资源和社会保障部《2015年度人力资源和社会保障事业发展统计公报》显示，2015年年末全国就业人员77 451万人，比上年末增加198万人；其中城镇就业人员40 410万人，比上年末增加1100万人。全国就业人员中，第一产业就业人员占28.3%；第二产业就业人员占29.3%；第三产业就业人员占42.4%。有研究表明，如果今后城镇化率平均每年增长1个百分点，就会有约2000万人口从农村到城市，然而目前中国产业的发展空间及其规模难以持续提供城镇化带来的就业岗位和规模需求，农村人口向城镇的大规模涌动，无疑也会为城市带来人口密度过大，资源过度消耗等发展压力，从而引起城市病等其他社会问题。

社会保障问题突出。由于中国城乡结构差异较为明显，随着城镇化进程的不断加快，从总体上看虽然居民接受最低生活保障人数呈减少趋势，但城镇居民接受最低生活保障人数在增加，农村反而在减少。有数据表明，城乡居民接受最低生活保障的人口总数在减少，农村也相应减少，但城镇却在增加。结合城镇化进程中的分析结果表明，并不是因为现在农村居民比城市居民富裕，而是由于城镇化进程中农民由农村向城镇转移的过程中，农村贫困问题实际上并没有解决，由于农民自身素质、技能及观念等多种原因，其容易成为城镇中的困难弱势群体和救济对象，这些农村贫困问题随着他们的转移而带到城镇中。因此，我们在实施城镇化过程中需要认真研究和解决这一重要问题。

（五）城镇化进程中资源环境问题的成因分析

由于在城镇化发展进程中太过注重经济目标的增长，从而忽略了对资源环境的保护，也由于中国的社会发展远落后于经济的增长，在城镇化进程中城市公共服务严重供给不足、供给制度严重缺失，从而造成了较为严重的资源环境问题。从总体来看，城镇化进程中的资源环境问题，产生的原因是复杂的，具体表现如下。

1. 环保理念的缺失

城镇化进程加快，各地都在付出环境代价，也都在探索新型城镇化道路。目前，虽然国家已经出台了完善的新型城镇化总体规划，但还是普遍缺乏实现集约、智能、绿色、低碳的新型城镇化道路的标准规范和系统知识。近年来，随着重视程度不够造成资源浪费和环境污染问题的日益凸显，中国已经开始意识到这个问题的严重性，但目前对于治理资源环境问题的工作更多的是流于形式，各级政府部门及社会大众虽然已经意识到资源环境问题的重要性，但往往是说起来容易做起来难。加快发展仍是中国当前的首要任务，能源消耗和污染排放仍将在一段时间内保持较快增长。尤其是一些经济落后地区，发展愿望十分迫切，但受限于自然环境、基础设施和发展基础等因素，经济发展仍以大量消耗资源为代价，忽视甚至损害生态环境的现象仍然存在，一些规模小、技术落后的企业仍有适宜发展的土壤。

2. 环境保护法制不完善

目前中国环境保护法律法规不完善，现有的环境保护法与现阶段中国社会发展不配套。当前中国环境法律法规虽已成体系，但仍不健全，对环境违法行为处罚力度不够。基层环保部门对于很多企业出现的偷排、漏排和超标准排放污染物的行为疏于监管；基层政府为了追求经济收入目标，对发展过程中带来的资源环境问题置之不理；加之缺乏农村环境管理机构，致使农村资源环境保护职权分割不明确。中国当前的城镇管理体制并不适合新型城镇化建设规划所提出的资源节约型、环境友好型社会的建设。首先，中国对官员的考核制度不健全。为了追求高额的经济增长，一个地区的国内生产总值增长成为衡量一个官员好坏的评判标准，这就使得许多政府官员为了本地区的国内生产总值增长政绩，往往置资源、环境于不顾，对发展过程中所带来的资源浪费和环境恶化问题视而不见。其次，城镇规划缺乏稳定性的体制保障。城镇政府拥有制定规划、调整规划的权力，缺乏相应的规划审批监管部门，这就使得城镇政府在进行城镇规划时过于随意，如果遇到政府换届，那就很可能意味着之前做出的城镇规划会被新一届政府领导班子调整甚至取消，城镇的稳定发展成为空谈。最后，缺乏失误问责制度。在城镇建设中某些管理者决策缺乏相应监管部门，独断专行，如果决策失误也不用为自己的失误行为负责。

3. 粗放型经济发展方式的制约

发展经济是永恒的主题，当经济发展到一定水平时，人们才有足够的科技能力、经济能力以减少资源占用和耗费，实现经济发展和资源、环境的共赢。中国目前的资源环境问题是由于城镇化发展过程中，过于粗放的经济增长方式和过于粗放的传统农业生产经营方式造成的，它不仅是导致生态环境问题出现的经济成因，也是导致经济社会不可持续发展的根源。

4. 对农村环保投入力度不足

目前政府部门对环保的投入力量主要集中在城市，对农村环境污染治理及生态保护方面的投入很少，这是由于在社会发展过程中政府一味为了追求高额的经济增长，认为农村资源环境的破坏对政府的税收远远低于城市，因而他们不愿意并且也缺少足够的治理资金来整治农村环境。

5. 资源价格管理机制缺失

由于资源和环境无价或低价的经济外部化特征，资源性产品的价格形成机制存在一定缺陷，由于受到政府的严格管制，其价格远低于市场均衡水平。同时，缺乏外部管理机制，许多资源性产品生产企业为了节约社会成本，相关生产设施并未按照国家标准规定执行，缺乏对环境保护、生产安全等方面的经济投入。

三、"城绿融合"的因应之策

城镇化进程的加快不仅对社会经济的发展有利，也能够在很大程度上改善人民生活质量、极力缩小城乡差异、统筹城乡协调发展等问题。面对人口数量多、人均资源少及生态环境破坏严重的现实国情，未来的新型城镇化，我们必须以最少的资源消耗和最低的环境破坏为代价，创造出最大的经济利益和社会效益，这是我们今后甚至是未来发展最为紧迫的要求。资源环境问题本质上是发展方式、经济结构和消费模式问题，要解决中国城镇化发展中的资源环境问题，必须以观念创新为前提；以市场创新为动力，产业转型创新为基础；以体制机制创新为保障；以科技创新为路径，建立资源节约型、环境友好型城市，走集约、智能、绿色、低碳的新型城镇化道路。

（一）贯彻落实生态文明理念

将生态文明理念全方位融入城镇化建设领域，加强对新型城镇化建设的总体规划。提升理念，要把"绿色发展"理念作为今后城镇化建设的生态文明核心理念，注重经济社会发展的同时也要注重人与自然的和谐发展。第一，加大对生态环境保护建设力度的同时，实施生态环境保护与生态环境建设并举的原则。第二，考虑到区域污染与生态环境破坏的相互影响与作用这一情况，要坚持污染防治与生态环境保护并重的原则，统一规划、同步实施。第三，在对资源进行开发时，应充分考虑生态环境的承载能力，决不能为了眼前利益而做出牺牲生态环境的行为，要坚持合理开发、统筹兼顾的原则。第四，要明确生态环境保护权责关系，要坚持谁开发谁保护、谁破坏谁治理的原则。

要做到符合可持续发展战略的要求，就要在全社会普及和提高人们的可持续发展意识。首先，要加强城镇决策管理部门的领导干部对新型城镇化规划中新发展理念的学习贯彻和落实，从而做到在发展过程中不能只注重眼前利益，还要充分考虑到人与自然的和谐发展。其次，城镇工业、企业负责人要加强对环保知识的学习，增强自身环保意识，使他们认识到自觉保护当地的环境，不仅是对当地生态、环境及民众的良知，更是一个企业家的社会责任。最后，普通居民应加强对环境保护和可持续发展知识的学习，通过教育使他们在一定程度上增强环保意识，政府也应通过电视、电影、互联网、微博、广播、报刊、书籍等方式在全社会对环境保护进行普及和宣传，使广大居民意识到保护自身生存环境的必要性和重要性。

（二）加强生态环境综合治理

城镇化进程中不可避免地会带来环境污染和资源消耗，因此，针对空气污染和水环境污染、垃圾等固体废弃物污染、城市"热岛效应""温室效应"等现象对生态环境治理进行综合整治。综合整治生态环境,营造良好的环境支撑体系,稳步提升水环境质量,持续改善空气环境,稳定降低噪声污染,妥善处置固体废弃物,加强土壤防治,构筑生态产业支撑。鉴于中国农村生态环境已经恶化,并已严重制约经济社会的可持续发展,因此,保护农村生态环境必须引起我们的高度重视,应该把它放在和城市环境保护同等重要的地位,为此,国家应该从宏观调控的战略高度,按照城乡统筹发展的要求来综合治理生态环境。

面对城镇化发展过程中出现的一系列资源环境问题,我们要结合中国现有的城市承载能力现状,从长远发展的角度做好规划。在大气治理方面,严格落实全国清洁空气行动计划,主要从推动能源结构调整、扬尘控制、工业污染防治、机动车排放监管等方面全面落实大气污染防治工作。在水污染治理方面,加大污水治理力度,大力推进水环境、水生态治理,加强污水处理和再生水利用设施建设,逐步实施水源回补工程,增加全国水资源总量。在实际工作中认真对不同规模城市的发展需求和规划目标进行规划设计,着力将粗放型发展模式转向节约型发展模式,从片面追求数量上的扩张转向追求质量上的提高,以防止城市的不合理开发对资源环境造成重大损害。

(三) 建立健全资源环境评判和预警机制

中国的资源具有明显的稀缺性特点,而环境又决定生存质量和空间优劣,因此,在实施城镇化进程中应该更加注重加强对资源和环境的保护。城镇化的发展本身就具有很强的刚性特点,这是由于城镇人口人均能耗远远大于农村人口决定的,同时这也意味着,在城镇化发展进程中一旦出现问题就很难纠正。目前很多地方缺乏严厉的惩罚和监督机制,这就造成了城镇化进程中城市基础设施建设结构性矛盾突出,对资源环境造成了很大破坏。因此,应由国家设立城镇化进程与资源、环境评估监测机构,通过对城镇资源和环境进行科学测算、评价,对城镇化进程中威胁资源和环境的城市和项目进行及时预警及对造成资源浪费和严重污染的违纪违法行为进行查处等手段,从而制定出切实可行的符合中国实际情况的城镇化发展战略,这对于保护资源和环境无疑具有重要的作用。同时,城镇化进程与资源环境监测机构的成立,除了能够使资源环境得到更好保障,还可以根据经济发展速度对中国城镇化进程进行合理有效的政策调控,更好地促进中国的城镇化建设的健康有序发展。

（四）突出发展循环经济，强化"城绿融合"的产业基础

循环经济作为当前一种全新的经济发展模式，是实现经济、环境和社会协调发展的重要途径。发展循环经济是以利用高新技术手段为基础，以遵循自然生态法则的绿色导向来发展经济的，因而，这种发展模式不但能够促进经济更好发展，更能够在发展的同时有效解决好生态环境破坏带来的多种问题。资源环境问题是产业粗放发展的副产品，对产业来讲，循环经济模式是推动产业模式转型的基本途径，只有大力发展循环经济，才能使我们的环境治理和保护能力得到更好提高，最终形成一个社会发展、经济增强与环境保护间的良性发展模式。随着城镇化进程的不断加快，由于资源消耗量越来越高、社会对环境的管制越来越严格，导致了消耗资源与排放污染的成本不断增高，因此，只有遵循循环经济的发展模式，降低对废弃物被废弃的比例，将废弃物进行重新再利用，才能够使经济效益不断增长的同时带来更好的环境效益，从而实现经济发展和环境保护的"双赢"局面。

研究出台再生能源产业发展支持政策，引导金融和社会资本投入。淘汰落后产能，加快水泥、建材、有色冶炼等行业的调整转型，运用高科技手段从产品工艺、物料、设备等方面入手，着力改进产品的生产技术，从而降低产品的能源消耗、物质消耗和环境污染。提高控制污染技术水平，着力改进无废、少废生产工艺与清洁生产工艺、技术和设备，坚持以项目为载体，大力实施循环经济示范工程，构建覆盖城乡的资源循环利用体系，形成节约资源和保护环境的产业结构、生产方式、生活方式。大力发展化害为利、变废为宝的生态技术和生态工业，大力推广综合利用、重复利用、循环利用技术，优化环境容量产业布局、优化环境管理产业结构，以推动产业更好地转型升级。

（五）加快科技创新，强化"城绿融合"的技术支撑

中国的生态环境问题是由于过快地追求社会发展所造成的，主要存在"发展不足"和"发展不当"两个方面问题。因此，要想解决生态环境问题必须从发展的角度入手。"科学技术是第一生产力"，科技的发展对于治理中国生态环境问题起着至关重要的作用，无论是粗放型的经济增长方式向集约型转变，还是科技的技术支撑在环保中所充当的角色，都需要靠科技的大力

发展来为其提供强大的技术支撑。

当前，中国的科技水平还存在很大的上升空间，科技在中国经济发展和环境治理中的作用尚未充分发挥。事实表明，只有在中国城镇化进程中大力发展科学技术，才能更好地克服经济快速发展给生态环境造成的污染，才能减少经济发展中对资源的需求，才能更大程度地减轻经济活动对自然环境所造成的压力。大力发展绿色科技，通过技术创新，提高资源的使用效率，集中突破低碳关键技术瓶颈，加强对传统产业改造、绿色产业发展、龙头企业发展及重点科技项目的创新和扶持。同时加强清洁低碳技术的研发，加快新能源技术开发和推广，重点实施一批新能源发电、公交新能源替代、餐厨垃圾处理、绿色建筑、工业锅（窑）炉节能、畜禽养殖污染治理、"城市矿产"再利用等技术推广项目，以增强对城镇化过程中污染转移的消化能力。

（六）完善环保法制，强化"城绿融合"的制度保障

中国环境管理的法律必须强化，真正确立法律手段在管理环境中的严肃性和权威性，注重加强对农村干部和农民环保法律意识的宣传，由于农村文化水平普遍不高，一些村干部和农民的环保法律意识淡薄，因此，必须在广大农村加强环保法律法规的宣传，要鼓励党员发挥带头模范作用。同时，也要完善环境法律监督体系，当前中国环境法律监督体系中，真正发挥作用的是各大权力监督机关和行政监督机关，而其他群体的监督力量较弱，因此，要采取措施加强监督作用的发挥。同时，国家环保总局不但要在法律层面和行政层面上加大对各级环保机关的稽查力度，还要针对个别环保机构出现的环保不力或不作为情况进行严格查处并追究相关责任人的法律责任，只有这样才能使环保部门在广大人民群众中树立执法威信，才能更好地保证中国环保法律法规的顺利实施。

保护环境，根本靠制度。中国现有的环境监测、信息披露制度还有待加强，追究谎报、瞒报者责任的法律法规还有待完善，因此应从实际情况出发，科学合理地建立环保监测考核指标制度和环保责任界定法律法规。同时，也要针对高能耗、高污染的工农产业建立环境保护奖励补偿机制，以增强他们对节约资源和环境保护的责任意识；加强对以生态补偿为重点的区域性环境联动机制改革和以排污权交易为重点的市场化减排改革。

（七）完善资源定价机制，健全"城绿融合"的激励机制

价格是市场活动中最敏感的因素，充分发挥价格机制在生态环境开发利用中的调节作用，促进企业间形成生态经济的良性循环。进一步推进水、电、气等资源性产品价格激励机制。建立重点用能企业能源信息平台，在电力、机械、化工、建材等重点耗能企业实施节能工程。成立环境资源交易平台，通过地区减排合作机制和各种排污权交易制度，来激励市场化减排。逐步提高矿产开发的环境补偿标准，实现环境成本内部化。

第八章　人本城镇化的"城人融合"

城镇化的核心是人。城市建立的初衷是为了人的存在而存在，还是为了城市的存在才存在？是先有人还是先有城市？众所周知，不同于先有鸡还是先有蛋的问题，上述问题的答案是显而易见的，人是城市的主体，是人类和人类的活动创造了城市，城市是人类将物质、能量、信息、自然等多个条件融为一体的大系统。例如，2010年上海世博会的主题"城市，让生活更美好"，就很好地诠释了二者的关系。城市是"人工生命"，其存在的最终目的，是为了使人类社会能够发展得更好。

城镇化的过程可以理解为伴随着社会的进步、生产力的提高、人类对更好生活的追求而出现的农村向城市的人口迁移现象，以及由于人口迁移带来的城市建设用地扩张和土地性质变更等问题。由于人的转变给城镇发展带来了重大转变，人与城镇的发展密不可分，人成为城镇化最核心的要素。

国外城镇化经验表明，人是城镇化的主体与核心，只有以人为本地推进城镇化才是城镇化的可取之路。英国的快速城镇化始于圈地运动，采取的是暴力驱赶小农离开土地的强制性手段。据统计，英国约有一半的农业劳动力因圈地运动涌入城市，成为城市二、三产业的从业人员。虽然圈地运动在短期之内强制性地快速促进了城镇化，但由于城市人口的快速膨胀，以伦敦为首的大城市出现了居住环境恶化、基础设施不足等城市病，又反过来制约了城市发展，同时暴力驱赶手段也导致大批离开土地的农民因饥寒交迫而死。以剥夺人的生存和生活权利为代价的城镇化，在制约城乡发展的同时也导致了人的困苦和死亡。韩国的城镇化快速发展是在20世纪70年代，通过与新村运动互动发展而形成城乡一体的发展格局，重视农业与农村的发展和人的发展，通过促进产业的发展，满足人的住房需求，不仅解决了20世纪60年代遗留下来的城市问题，也破解了当时农村经济面临崩溃的局面。同时，通过产业结构升级带动人口转移，使得农业就业人口从20世纪60年代的78%下降到20世纪90年代的19.6%，形成了人与城镇化的良性循环。

因此，城镇化过程中人的问题才是最根本的问题，只有解决好人的问题，以人为主体，以满足人的需求为原则和根本要求来推进城镇化，才能保证城镇化的质量和可持续发展。

一、"城人融合"的理论基础

（一）马克思、恩格斯有关城市人口迁移的人本思想

马克思认为资本的原始积累"是生产者和生产资料分离的历史过程"。而生产者和生产资料的分离，正是农民大量进入工厂、流向城镇的前提条件。正是这种分离给工业的发展带来了大量的劳动力，促进了人口的城镇化。人口迁移（由农村向城镇）的直接动力（诱因）就是在城镇的非农产业就业收入高于在农村的农业产业就业。"工业的迅速发展产生了对人手的需要，工资提高了，因此，工人成群结队地从农业地区涌入城市。人口以令人难以相信的速度增长起来，而且增加的差不多全是工人阶级"。在此基础上，马克思、恩格斯进一步分析了资本条件下传统城镇化发展造成城乡对立的恶果，指出城镇化的终极去向是城乡对立的消失，最终实现人的自由全面发展。"城市已经表明了人口、生产工具、资本、享受和需求的集中这个事实；而在乡村则是完全相反的情况：隔绝和分散"。在未来社会中，"城市和乡村之间的对立也将消失。从事农业和工业的将是同一些人，而不再是两个不同的阶级"。"代替那存在着阶级和阶级对立的资产阶级旧社会的，将是这样一个联合体，在那里，每个人的自由发展是一切人的自由发展的条件"。

马克思、恩格斯以上有关城镇化一般规律的论述，同样适合社会主义初级阶段的中国现实。由于长期形成的城乡对立的二元结构，城市工业部门（城市现代工业体系）和农村传统部门（农业经济体系）两个部门之间劳动生产率的差异引起工资水平的差异，从而导致在农村只能获得低收入的农村劳动力，向可以获得更高就业工资的城市地区转移。由于工资和收入水平的城乡差异和城乡二元制度的分割，导致越来越多的农民工到城市寻找更多的就业机会，因而农民工逐渐成为中国产业工人的主体，这种情况在工业和建筑业领域最为突出。有关数据显示，目前，中国有 2.7 亿农民工及其随迁家属子女未能在教育、就业、医疗、养老、保障性住房等方面享受城镇居民的基本公共服务。这给城市治理和城市建设带来新的挑战。同时，农村留守儿童和留守老人问题在农村带来了安全、教育、医疗和养老等诸多问题，甚至

直接冲击传统文化和几千年来的伦理道德根基。因此，解决这一问题的根本之道，就是科学有序推进人口城镇化，有序推进农业转移人口市民化进程，通过城乡教育、医疗和社会保障等基本公共服务均等化建设，不断提高人口素质，实现发展成果共享、基础设施共建和社会公平正义，促进人的全面自由发展，提高城镇居民的幸福指数。

这些理论所揭示的城镇化规律对于中国新型城镇化最大的启示就是，必须以"非农人口市民化"为核心，实现"城人融合"，实现"人口城镇化"与"土地城镇化"同步协调发展，这是城镇化的本质要求，是人本城镇化的落脚点。

（二）国外关于农业剩余劳动力转移的理论

古典经济学认为"马尔萨斯陷阱"导致土地稀缺而致劳动力过剩，因此，农业部门中存在部分边际生产率为零的剩余劳动力。这种理论被刘易斯、费景汉和拉尼斯等人所继承，成为构建二元经济理论的基石，由此形成的刘易斯－费景汉－拉尼斯模型带有明显的古典主义色彩，并成为此后探讨二元经济结构问题的经典模型。劳动力流动理论最初起源于统计学家 Ravenstein 的迁移规则，他根据迁移者的基本特征，总结了 6 条人口迁移的基本原理。之后，经济学家开始从各个不同的角度来分析劳动力流动的深层次原因。Thomas（1925）和 Bogue（1959）正式提出了推力－拉力理论，并把劳动力流动归结为这两个方面的原因。Lewis（1954）提出了著名的二元经济模型，并认为城乡收入差距才是影响剩余劳动力转移的根本原因。自此，这一模型就成为迁移理论的核心，并在农业经济学、发展经济学中得到广泛应用。在此基础上，Fei-Ranis（1964）对这一模型做了若干补充和修正，并强调了农业部门在劳动力向城市转移中的重要作用。同时，Jorgenson（1961）强调认为，农业部门劳动力转移的前提是有足够多的农业剩余劳动力。之后 Todaro（1969），Harris 和 Todaro（1970）引入收入预期的概念，并把整个国民经济划分成城乡两个部门。同时他们还认为，劳动力迁移主要依赖于个体预期的城市失业率和面临的长期失业风险。从 20 世纪 80 年代开始，新劳动力流动经济学（NELM）开始盛行，一些先驱者，如 Stark 和 Taylor（1991）等开始用相对剥夺和风险规避的概念来解释劳动力流动的现象，从而进一步丰富和深化了传统模型在这一方面的不足。与传统的劳动力流动理论相比，新劳动力流动经济学更加强调了家庭作为经济决策的基本单元，并认为家庭成员内部是同质的。

总体来看，文献中提出的影响劳动力流动决策的因素可以归纳为两个方面：拉力和推力因素。正如 Bogue（1959）所指出的那样，拉力因素包括城市的高收入、良好的教育、健全的生活设施和便利的交通条件等；而推力因素则主要集中在农村日益耗竭的自然资源、持续降低的农业边际生产率、过多的剩余劳动力、较低的社会保障等。

（三）国内关于人口城镇化的理论

1. 关于农民工市民化进程的研究

王桂新等（2008）通过微观主体视角对农民工市民化进程进行了一系列卓有成效的探索。他们主要从经济、社会、政治、心理、住房 5 个维度建立了指标体系。研究结论认为，农民工的经济生活、社会融合和心理认同是农民工市民化过程中最为重要的三个方面。刘传江等（2009）采用层次分析法，构建了一个新生代农民工市民化的指标测度体系，主要包括社会身份、职业、自身素质、意识行为 4 个维度。通过专家赋值法得出 4 个维度的得分情况依次为 0.258、0.558、0.096 和 0.096。据此，该文得出结论认为，老一代农民工的市民化水平为 42.03%，而新生代农民工的这一指标得分要高于老一代农民工 3.5 个百分点。但上述指标体系在之后的文献中被认为缺乏说服力，可质疑之处甚多。周密（2011）利用"biprobit"模型分析方法测度得出沈阳地区、余姚地区的农民工市民化程度分别为 68.52%、59.17%，该方法不仅得出了农民工市民化的总体评价，还从影响农民工市民化的因素分析中分析得出何种因素更为重要。该文分析认为，"是否与市民为邻"及农民工的"职业阶层"，是影响新生代农民工市民化的主要因素。与前人的研究方法相比，这一方法有其独到之处，但主观性较强。如何科学合理地测度出农民工市民化进程，是学术界仍需努力探索和思考的一个问题。

针对农民工市民化过程中存在的诸多障碍和制约性因素，学者们主要从以下方面提出了相关的对策建议。第一，户籍制度改革。逐步取消附加在户籍之上的教育、卫生等公共服务差别，以及城市公用设施补贴等社会福利差别。将有合法固定住所、稳定职业或生活来源作为基本条件，制定和实施统一的户口迁移制度（王阳，2013）。第二，调整财政政策。包括以实际承载人口为基础，建立"人钱"挂钩机制，中央和省级财政转移支付规模随城市吸纳农民工定居数量增加而增加（倪鹏飞，2013）。第三，分批渐进。依据社会分层理论，根据农民工的城市融入状况实行分批渐进的市民化推进模式，根据城市户籍的紧缺程度实行差异化的人户制度改革（谢建社，2006）。第四，转变政府职能。将农民工市民化问题全面纳入流入地政府的管理体系和政绩考核体系，包括针对其流动就业的特点，做好暂住证管理服务、进城和返乡交通服务、疾病预防控制和适龄儿童免疫服务、计划生育管理服务、出租房屋管理服务等（姜玉婷，2007）。第五，实现就地转移。农民工市民化的另一条有效途径是，以城乡经济发展和公共财政体制改革为前提，大力发展乡镇经济，加强中小城市的基础设施建设，分阶段、分区域引导农民工向有城郊地理优势的中心镇、县城转移（沈文彪，2010）。

2. 人口城镇化的关键点

学者们对人口城镇化关键点的研究，可归纳为人口转移和户籍制度改革两个方面。

（1）人口转移。人口转移，不单单是指人口在地理位置的迁移，关键是农业转移人口的市民化，即生活方式的转变和工作技能的培训。

一是地理位置的迁移。当前的人口迁移，主要体现在地理位置的迁移，从农村流向城市，从落后地区流向发达地区，具体可分为主动迁移和被动迁移。主动迁移的最大群体即"农民工"。这部分人群身在城市从事非农业工作，但身份仍然是农民，绝大部分最终仍要回归农村，属于临时性迁移。被动迁移主要是指在经济快速发展、城镇化不断推进的过程中，因城市建设征用土地，这部分人群由农民身份转为居民身份，由从事农业为主的生活方式转换为从事工商业为主的生活方式，属于永久性迁移。

二是生活方式的转变。迁移到城市中的人口生活方式也发生重大变化。农业转移人口面临在地域、职业、身份、权利、生活方式等各方面逐渐转化为市民的一种过程和状态，其中的关键是价值观念、思维方式、生活方式和行为方式的异化。生活上由原来的自由散漫转变为时间观念强；生产上由原来的随心所欲转变为严格的工作流程；交往上由原来的以血缘、地缘为主转变为以业缘为主；社会角色上由原来的农民向生产性工人转变。相对于第一代以劳务流动为主的农民工，新生代农民工劳动力成本增加，回报预期提升，土地情结弱化，由半农、半工为主转变为非农为主，定居城镇的意愿强烈；迁移单元由劳动力个体流动向举家迁移转变。迁移动力由生存型向发展型转变，流动人口的思想观念、生活习惯、行为方式与城市不断融合，向上流动意愿强烈，市民化诉求刚性，人口城镇化稳定趋势显著。

三是工作技能的培训。在城镇化进程中，要避免农民迁移到城市来却找不到工作的情况。经济学家辜胜阻指出，强调人的城镇化，推进农业转移人口市民化。他建议实施农民工培训工程，大力提高进城劳动者素质，使农民工能更好地融入城市社会；同时通过鼓励外出打工的农民工返乡，在中小城市创业，使就业者变成创富者，并以创业带动就业。因此，要对进城务工人员进行职业技能培训，提高就业创业能力和职业素质。这需要政府在政策层面予以支持。《国家新型城镇化规划（2014—2020 年）》指出，"整合职业教育和培训资源，全面提供政府补贴职业技能培训服务。强化企业开展农民工岗位技能培训责任，足额提取并合理使用职工教育培训经费。鼓励高等学校、各类职业院校和培训机构积极开展职业教育和技能培训，推进职业技能实训基地建设。鼓励农民工取得职业资格证书和专项职业能力证书，并按规定给予职业技能鉴定补贴。加大农民工创业政策扶持力度，健全农民工劳动权益保护机制。实现就业信息全国联网，为农民工提供免费的就业信息和政策咨询。在政府层面，完善促进就业、鼓励创业、扶助失业等系列相关政策；完善公共就业服务体系，促进跨区域劳务协作和国际劳务输出，健全就业援助制度。"

（2）户籍制度改革。近年来，伴随着城镇化进程，延续了半个多世纪的户籍制度也进行了一系列改革。2011 年 6 月 8 日，中国政府网全文刊载《全国主体功能区规划》，规定"优化开发和重点开发区域要实施积极的人口迁入政策，加强人口集聚和吸纳能力建设，放宽户口迁移限制，鼓励外来人口迁入和定居，将在城市有稳定职业和住所的流动人口逐步实现'本地化'，改革户籍管理制度，逐步统一城乡户口登记管理制度。加快推进基本公共服务均等化，逐步将公共服务领域各项法律法规和政策与现行户口性质相剥离。"《全国主体功能区规划》推进实现主体功能区主要目标的时间是2020 年。

2012 年 2 月 23 日，《国务院办公厅关于积极稳妥推进户籍管理制度改革的通知》（国办发〔2011〕9 号）（以下简称《通知》）发布。《通知》要求各地区、各有关部门认真贯彻国家有关推进城镇化和户籍管理制度改革的决策部署，积极稳妥推进户籍管理制度改革。

2013 年 2 月，国务院批转了发展和改革委员会、财政部、人力资源和社会保障部制定的《关于深化收入分配制度改革的若干意见》，指出"实行全国统一的社会保障卡制度""全国统一的纳税人识别号制度""全民医保体系""农业转移人口市民化机制""全国统一的居住证制度"，努力实现城镇基本公共服务常住人口全覆盖。

2013 年 5 月 6 日，国务院常务会议提出"围绕提高城镇化质量、推进人的城镇化，研究新型城镇化中长期发展规划。出台居住证管理办法，分类推进户籍制度改革，完善相关公共服务及社会保障制度，保护农民合法权益。"

2013 年 6 月 26 日，在第十二届全国人大常委会第三次会议上，国家发展和改革委员会在《国务院关于城镇化建设工作情况的报告》中称，中国将全面放开小城镇和小城市落户限制，有序放开中等城市落户限制，逐步放宽大城市落户条件，合理设定特大城市落户条件，逐步把符合条件的农业转移人口转为城镇居民。

2014 年 7 月 30 日，国务院出台《关于进一步推进户籍制度改革的意见》，启动中国新型户籍制度的整体构建。此次户籍制度改革特别强调了农业、农民转型以后，进城后的基本公共服务，包括就业、子女教育、社会保障、养老、住房保障等问题。这为农民和农业转型在进城之后，在城市里创造生活和发展条件提供了一个很好的基础。

二、"城人融合"的现实难题

（一）改革开放以来人的城镇化实践探索

目前，农业流动人口仍是中国城镇化的主体。新中国成立后 60 多年间，中国的城镇化经历了前 30 年政策引导的波动发展期和后 30 年市场经济与政策双重影响的稳步发展期。

改革开放前的 30 年，受 1958 年颁布的户籍制度对人口迁徙的限制、"大跃进"时期城市过度向农村招工，以及"上山下乡"的政策使城市人口向乡村迁徙等方面的影响。这个时期中国人口迁移和城镇化呈现明显的波动发展特征。

1978 年改革开放后，随着家庭联产承包责任制改革序幕的拉开，农业生产率显著提高，农村剩余劳动力也随之增加。在改革开放后的这 30 多年中，中国人口迁移在市场经济与政策双重因素的推动下，经历了 2 个发展阶段。

第一阶段是 20 世纪 80 年代以乡镇企业引领就地城镇化为主要特征的稳定增长期。1978 年国家层面明确提出"控制大城市的规模，多搞小城镇"的发展方针。社会学家费孝通提出了"离土不离乡"政策，就是通过大力发展乡镇企业，为城镇化探索出一条非农化途径（即农民可以充分利用原有的农村生活设施，进城镇从事工商业活动）。在这一阶段，外出就业的农民数量从 20 世纪 80 年代初的 200 万人左右发展到 1989 年的 3000 万人左右。1985 年被美国《商业周刊》评为"中国新时代的英雄"的鲁冠球，就是那个时期崛起的乡镇企业家的典型代表。这种"离土不离乡"的城镇化模式，避免了大批农民涌向城市而带来一系列的经济、社会问题。但当时由于户籍制度的管理和限制的严格性，农民在乡镇企业工作却居住在农村，这也制约了城镇化水平的提高，同时，在相当程度上制约了服务业的发展。

第二阶段是 20 世纪 90 年代以异地迁移为主要特征的快速增长期。20 世纪 90 年代以来，受市场经济的冲击，乡镇企业的发展速度趋于缓慢，城市的第二产业和第三产业成为农民工就业的主要渠道。同期外出农民工就业人数从 20 世纪 90 年代初期的 6000 万人已发展至 21 世纪初期的 1 亿人。城市向农民敞开了大门，农民进入城市正常的工作生活，但这一时期的迁移仍没有摆脱户籍制度的束缚，以非户籍迁移为主，大部分的农民仍旧是农村户口。从迁移地点和迁移模式来看，20 世纪 90 年代以来的人口迁移可以分为 2 个阶段。

20 世纪 90 年代向东部沿海转移跨省、跨地区为主的迁移阶段。这个时期，个体经济、私营经济和外资经济激发了中国城市的活力。东部沿海由于区位优势成为中国发展的先导区。最为典型的是深圳由一个边陲小渔村快速崛起为一个千万人口的国际化大都市。由于产业的快速发展和就业需求的快速提升，农村剩余劳动力大量涌入珠三角、长三角等沿海地区，这个时期的人口迁移以跨省、跨地区为主。

21 世纪从东部引领逐渐转为向中西部转移而跨省比重开始下降的迁移阶段。随着中国产业结构的调整、区域经济布局的改变及西部大开发和中部崛起等战略的实施，东部沿海劳动力密集型产业开始向中西部转移，20 世纪 90 年代，以东部沿海为主导的人口转移格局开始转向以中西部为主。据国家统计局 2009 年调查显示，东部沿海吸纳外出农民工的数量与农民工总数的比例从 2005 年的 75.4% 下降到 2009 年的 62.5%，中部地区由 12.3% 提高到 17.3%，西部地区由 12.3% 提高到 20.2%。其中，珠三角、长三角、京津冀、成渝等城镇群人口增长明显，而河南、安徽、江西、广西等传统人口流出地人口回流明显。这个时期跨省比重开始下降，省内流动的比重开始大幅上升。

由于中国特殊的基本国情，人的城镇化进程也表现出独有的特色。从人口规模上看，中国是世界上转移人口数最大的国家。国际城镇化经验表明，城镇化率达到70%会趋于稳定，这也就预示着，即便中国未来总人口数量不变，也需要使约4.7亿的农业人口真正市民化。这个人数比世界第三大人口国——美国总人口的3.18亿还多出约1.52亿人，约为日本总人口的3倍多、韩国总人口的9倍。从人口增长速度来看，中国的城镇化是在人口增长趋缓基础之上进行的。随着计划生育政策的实施，以及国内外文化、观念的冲击和影响，人们的价值观和生育观已经发生了很大的改变，当代人开始追求自我价值。另外，住房、医疗、教育等生活成本的提高，在一定程度上也减缓了人口增长的速度。从1987年以后，中国人口增长率开始逐年降低，到2010年降低为4.8‰，之后人口增长率稍有回升，到2014年增长率上升为5.2‰。但与1987年的16.7‰相比，仍降低了11.5个千分点。

（二）城镇化进程中城人融合面临的现实难题

目前，中国正在进行全世界人口规模数量最大的城镇化运动。无数城市里，尤其是郊区都有一个个大工地，聚集了超过全世界半数的起重机。尽管中国城镇化已经取得了良好的成绩，但我们却惊奇地发现，在这场声势浩大的城镇化运动中，大批的农民工却并未成为真正的城市市民。高房价使得他们不得不住进城中村、城乡接合部。中国传统的城镇化就像一辆奔驰前行的列车，有些人在猛踩油门不停加速，另一些人则差点被甩出车外。它是重视经济增长和城市快速发展的"重物型"的城镇化，重视产业发展，重视城市建设，重视融资功能，但是忽略了人的全面发展。以人口红利为前提，以农民工的不彻底转移和权益的缺失为代价。

1. 人口过度集中导致大城市的资源环境压力

城镇化的快速发展，不仅带来人口快速向超大城市、特大城市和大城市集中，同时区域优势非均衡分布，导致人口发展的不均衡。尤其是在改革开放以后，伴随着人口转移，人口大量向以北上广深为主的超大城市集中，随之而来的是土地、水、交通、环境等资源压力的增大。

人口过度集中带来的大城市土地资源压力主要体现在人均拥有的土地指标上，按照国际通用的标准，当人均城市建成区的面积大于 250 m^2 的时候，就可以认为城市无土地压力。但实际上，在 2010 年，北京、上海两大城市的人均土地指标分别为 82 m^2 和 56.6 m^2，远低于国际标准。

由于人口和产业不断向大城市集中，工业用水和生活用水的增加给城市的水资源供应带来了巨大的压力。根据联合国标准，人均水资源量不足 1000 m^3 的地区为缺水地区，人均水资源量小于 500 m^3 即为严重缺水地区。据统计，中国约有 400 多个城市存在不同程度的缺水，其中，约有 110 个城市严重缺水。《北京市城市总体规划（2004—2020 年）》研究表明，北京市水资源的承载容量约 2000 万人，而事实上到 2011 年年底北京市常住人口已经突破 2000 万人（为 2018.6 万人），北京市城市用水面临很大的压力。为了保证水资源的可持续，北京市自 2000 年以来，将城市用水量维持在 30 亿 m^3 左右，北京市人均用水量持续下降。

由于人口向大城市过度集中，导致大城市的道路交通、市政、公共绿地等压力增大。公共交通发展跟不上人口扩张的速度，无法满足居民的生活需求，导致城市私人小汽车拥有量日渐增加，交通拥堵问题成为很多城市面临的现实问题。在城市公共绿地方面，根据《中国城市统计年鉴 2014》统计数据，2013 年，中国地级以上城市建成区的人均公园绿地面积为 10.8 m^2，远远低于联合国规定的 50~60 m^2/人的国际标准。同时由于人口增多，城市发展，大城市废水、废渣、废弃物排放量的增加也导致了城市环境污染的加剧。

总之，人口向大城市过度集中的过程，在带给城市繁荣的同时，不可避免也带来了土地资源、水资源、道路及市政、生态环境等方面的压力，使得城市病日益明显，人口资源的空间矛盾进一步加剧，这种人口数量爆发式增长的人口迁移城镇化模式所带来的后遗症，值得我们深思。

2. 农民不完全转移导致的农村的凋零和留守问题

伴随着城镇化的进程，农业人口的转移，大量的农村剩余劳动力进城务工，但由于城市高昂的房价、高出生活负担水平的教育和医疗成本，绝大多数的农民工将他们的子女和父母留在家中，形成"留守儿童、留守老人、留守妇女"的问题。同时由于农村主要劳动力的流失，出现农村田地无人耕种的局面，随之而来的是农村的凋零。农业转移人口把生命的壮年期贡献给了城市，却将少年和老年留给了农村。留守儿童最突出的问题是由于父母长期不在身边，缺少父母在生活上的照顾和亲情上的关怀，不少孩子的情感荒漠化，感情变得脆弱，性格变得孤僻。这些都有可能为他们日后的成长埋下悲剧的种子，也有可能成为社会的重大隐患。有研究表明，近年来中国各级法院判决生效的未成年人犯罪平均每年上升13%左右，其中留守儿童犯罪率约占未成年人犯罪的70%，而且还有逐年上升的趋势。随着子女纷纷外出务工，农村留守老人群体不断扩大，由于经济收入低，除了少数年纪较大、行动不便的老人，绝大部分留守老人还需要承担繁重的农业劳动，他们的生活环境和生活条件差，同时生活上缺少照料，这个群体中存在众多的安全隐患。

中国农村的凋零主要表现在农村人口的流失和农村空间的被挤占。中国农村人口的大量外流，一方面造成了农村区域发展潜力、活力及竞争力的丧失；另一方面人口资源的外流导致行政资源配置的弱化，医疗卫生、教育资源等公共服务萎缩，乡村吸引力下降，最终导致农村转移人口不愿意回去，形成了"人口外流—经济凋零—农村吸引力下降—人口继续外流"的恶性循环。另外，在城镇化过程中，由于城市用地扩张等需求，乡村用地一步步被城市蚕食，乡村也由于土地空间的被挤占而走向衰落。

3. 钟摆式迁移背后农业转移人口的"城人融合"困境

在大数据时代的春运迁徙图上，每年40天的春运期间，超过30亿人次的大迁徙一目了然地呈现在众人面前。这种线路一头连着北上广，一头连着数以万计的地级市、县城和村庄，大量"候鸟式"和"钟摆式"迁移的农村外来务工人员，来回奔波于城市与农村之间。321国道，起点广州，终点成都，因每年大量农民工往返闻名。

城镇化，带来了中国最大规模的人口迁徙，但过度依赖"人口红利"和农民工不彻底转移的"半城镇化"发展模式，造成农民工权益的缺失。一方面，大量农村剩余劳动力从农业中解脱出来，背井离乡来到繁华的都市谋求生计，为城市的发展提供源源不断的廉价劳动力。他们在城市中从事着建筑、装修等低端服务业，促进了城市的建设和发展，推动了城镇化进程。另一方面，转移出来的大部分农村劳动力又无法实现真正意义上的再就业。突出表现为大部分农民工既不能从农村和农业中退出，又不能完全融入城市，只是简单地实现职业转换和地域转移。同时，企业对农民工多采用"取而不予,用而不养",与城市劳动者相比,他们面临着"同工不同酬、同工不同时、同工不同权"的不公平待遇。因此,对于城市来说,他们无法享受到应有的福利待遇及身份认同;对于农村来说,尤其是第三代农民工,他们从未从事过农业劳动,既进不了城,也回不了乡,处于十分尴尬的境地。

4. 农民市民化的利益格局难调整

有序推进农业转移人口市民化是新型城镇化的核心任务。2015 年,中国的城镇化率达 56.1%,而按城镇户籍人口计算的城镇化率仅为 39.9%,之间存在着 16.2 个百分点的差距。这说明 2 亿多农民工及城镇间流动人口在城市还没有享受到与城镇户籍居民同等的公共福利。如果按照每年 1 个百分点的增长速度,2020 年中国城镇化率将达到 60%,意味着中国的城镇人口将会达到 8 亿人左右。进城的农民工将会在现有基础上再增加 1 亿人。如果不及时解决他们的公共服务和进城落户定居、就业问题,中国城镇化的质量将不会得到根本改善,反而会加剧未来可能出现的各类社会矛盾。新型城镇化的核心要求,就是要实现城镇化从数量型增长到质量型提升的转变,也就是说要解决农民工进城后公共服务均等化和定居落户难的问题。

农民工市民化必然会带来原有市民和新市民利益关系、农民工与企业利益关系、流出地与流入地利益关系、中央与地方利益关系的调整。新型城镇化作为一个重大的战略,也是中央政府力图推进的政策目标。但现实的城乡利益格局却把城镇化的道路限制得很紧,因为我们很难改变既得利益者——城镇居民的愿望和呼声。固化的利益格局和群体优势,使所有可能要出台的城镇化政策都面临严峻的考验。对企业来说,农民工的存在带来了大量的廉价劳动力,而企业不愿承担农民工医疗、工伤、住房等方面的保险支出,不少企业对由农民工转化而来的新产业工人缺乏起码的尊重和保护,导致农民工收入长期被拖欠。而给予农民工平等的市民权则意味着企业要提高劳动成本,产品将失去市场竞争力。对地方政府来说,农业转移人口要享有与城市居民相同的排他性公共服务,就必将大幅增加地方政府的财政支出。随着农业转移人口规模的扩大,非排他性公共服务供给也必然大幅增加,但由于城镇公共服务经费依现有户籍人数而定,地方政府没有动力、很多地方政府也没有多大财力为农业转移人口提供公共服务。在现行模式下,要"人手"不要"人口"仍是地方政府最现实的选择。

因此,推进新型城镇化的核心难题是调整农民市民化的利益格局,其中最现实的就是要解决"钱从哪里来"和"人到哪里去"的问题。即农民工市民化的成本由谁承担;如何处理农民工市民化与原有城镇居民的利益冲突及地的城镇化与人的城镇化、中央与地方等利益关系。

三、推进"城人融合"的对策建议

改革开放至今是中国城镇化飞速发展的 30 年,也是人口数量城镇化高速发展的 30 年,这种模式对社会经济发展具有一定的促进作用,但也不得不反思由此带来的一系列社会问题。新型城镇化要求从关注"物"转变到关注"人",人成为新型城镇化推进的主体与核心关键,要解决人的城镇化问题,最核心的是解决农业转移人口市民化的问题。

农业转移人口市民化最核心的是解决两大矛盾——户籍和公共服务,提供两大需求——住房和就业,也就是要走人的均等化发展之路。人的均等化不是绝对的平均化,其对象也不仅仅包括公共服务,它强调的是公民在公共服务、生活水平、居住条件、劳动就业等基本生存权利方面,基于底线层面的无差异化。其重点内容是消除同一区域内本地农民、本地市民及农业转移人口之间,因身份不同而享受着不同权利和待遇的福利怪圈,构建同城共享的"身份—权利—待遇"体系。使得农业转移人口从心理、情感、生活习惯等各个方面真正融入城市,真正推进农业转移人口合理、有序的市民化。

人的均等化,在国家层面更多强调公共资源的均等,而不是全部的均等,在户籍制度、就业和住房等方面依然有所差别,不能随意放大。研究人的问题,不仅要实现公共服务的均等,还要考虑尊重平等,身份平等,发展、生存与机会均等等方面。要关注社会弱势群体的生活方式、人的素质、道德水平等因素,并将其上升到社会层面,这才是对人本理念的高定位。

如何实现人的均等化发展,解决"人往哪里去"的问题?可以通过深化户籍制度改革,让农民进得来、落得下。通过健全住房保障和供应体系,让进城农民住得下、住得稳。通过改革和完善就业机制让进城农民就业有保障。同时,需要将进城落户农民完全纳入城镇住房和社会保障体系,稳步推进城镇基本公共服务向常住人口全覆盖,使他们更好地融入城市生活。

（一）构建城乡一体的户籍制度

1958 年 1 月颁布的《中华人民共和国户口登记条例》，是新中国现代户籍制度形成的标志。其主体内容是严格规定了控制人口迁移的两项基本制度——户口迁移的事先审批制度和凭证落户制度，目的是"既不能让城市劳动力盲目增加，也不能让农村劳动力盲目外流"。由于中国划分农业户口和非农业户口的城乡二元户籍制度，户籍制度与众多福利、社会权利挂钩，形成在权利和待遇方面农业户口和非农业户口不对等的福利怪圈。因此，消除二元户籍制度的差异性，构建同城同权格局是实现人的均等化的重要组成部分。未来可以通过管理制度、迁移制度和配套制度的改革来实现。

建立城乡统一的户籍管理和迁移制度。2014 年，国务院颁布实施《关于进一步推进户籍制度改革的意见》，标志着中国农业户口和非农业户口的二元登记制度已经成为历史，将统一登记为居民户口，体现户籍制度的人口登记管理功能，这是中国户籍管理制度改革的第一步。户籍制度的改革应是一个长期的、循序渐进的过程。一方面应通过实施身份的电子化管理系统实现人口管理制度的革新，实现户口、档案电子化，将包括个人纳税情况、申领低保及信用情况犯罪记录等个人行为资料连同户籍相关资料统一到证件管理系统中，将传统的户籍管制转变为对人口行为轨迹的管理。另一方面应创新户口迁移制度。通过产业发展引导人口迁移，通过逐步放开中小城市落户限制、降低大城市落户门槛等方式，最终实现户籍制度及时迁移，避免出现黑户等户籍黑幕。

加大配套制度的改革，最终实现户籍制度与配置制度的剥离。中国户籍制度发展至今，已经不是单纯的户籍管理制度。从社会保障到公共服务，"户籍利益"几乎涵盖了所有的公民权利。实现户籍制度与配套制度的剥离，还原户籍仅为身份证明的本质已成为必然趋势。附着在户籍制度之上的利益关系错综复杂，配套制度的改革应统筹兼顾，协调各部门和各群体的关系，充分尊重广大人民群众的意见，突出重点、兼顾一般、分类分布、有序推进。

（二）完善的住房体系

健全农业转移人口的住房保障体系，让进城农民工住得下来，是农业转移人口市民化的必要保障。在"二战"以后，新加坡和日本均出现了因为外来人口的大量涌入，导致城市住房短缺的问题，政府通过一系列手段成功地解决了这些问题。

纵观新加坡和日本等一些国家在这方面的成功经验，均包括如下几个方面的努力：一是政府重视，通过成立专门部门和机构，协调和解决实际问题；二是提供金融支持和合理援助；三是提供多层次的房屋供应体系；四是改善居住环境。结合国际经验及中国的实际情况，可以从以下三个方面来完善中国农业转移人口的住房体系。

1. 促进城市保障住房向农业转移人口倾斜，构建多层次住房供应体系

要积极发展公共租赁住房，大力实施"百万安居工程建设行动"，继续开展"农业转移人口住房保障行动"，促进农业转移人口住房问题，构建多层次的住房供应系统。要建设专门针对农业转移人口的保障性住房，设定一些基本条件，将申请范围扩大到常住人口。结合实际情况构建以公租房、廉租房、经济适用房和限价房为主的保障性住房体系。通过给建设单位一定的土地和税收方面的优惠以控制房价。通过土地优惠和财政补贴等方式，鼓励吸纳农业转移人口就业的企业建设标准化的职工宿舍，以解决农业转移人口的住房问题。同时需要规范房屋租赁市场，挖掘市场潜力，构建专门针对农民工的房屋租赁板块。

2. 建立和完善城镇住房保障准入条件，逐步把进城落户农民完全纳入城镇住房保障体系

通过建立专项基金，完善农业转移人口住房补贴，促进农业转移人口住房问题的解决。要逐渐扩大住房公积金覆盖范围，将在城市中有固定工作的群体纳入住房公积金的覆盖体系，结合实际情况，实行灵活的存缴政策。例如，针对收入较低的农业转移人口群体，采用渐进式的方式，先建立公积金账号，允许按照较低的比例缴存；针对有条件购买城市经济适用房和商品房的农业转移人口给予契约优惠。同时要完善住房补贴和优惠制度，针对有住房需求但经济条件有限的农业转移人口，给予住房补贴；针对兴建农民公寓的个人或机构，给予政策优惠。关于保障房的建设，还需要在顶层设计层面加以落实，即在土地供应制度、土地利用规划、城市总体规划中都要为农业转移人口的住房预留空间。

3. 妥善改造"城中村"和"城乡接合部"

在中国当前的农业转移人口务工环境下，由于农业转移人口经济条件有

限，大多数农业转移人口以在城中村和城乡接合部租房居住的形式居住。在未来一段时间内，城中村和城乡接合部将会是农业转移人口成为市民之前的过渡地带。例如，西安雁塔区木塔寨村、重庆六公里等在很长一段时间就是外来务工人员的集聚地。因此，城中村和城乡接合部不能一刀切，当成城市毒瘤一般推倒重建，应结合实际情况，采取不同方式，妥善规划好城中村和城乡接合部，通过完善市政设施，改善居住环境，创造适宜于农业转移人口的住房环境。

（三）创造充足的就业和创业机会

有了稳定的工作和收入，才会有稳定的生活，农业转移人口的基本生活才能得到保障。据国家统计局公布的 2015 年国民经济统计公报数据显示：全国农民工总量仍超过 2 亿，其中，无固定单位的农民工占近 30%，这部分农民工频繁流动，就业得不到保障。因此，解决农民工的就业问题，将是农民工市民化的重要一步。通过产业发展提供就业岗位、通过创业环境的改善带动创业、通过就业保障制度的完善保障就业三个方面，将能促进农业转移人口就业。

1. 依托产业集聚引导人口集聚

中国目前人口集聚的最大困境表现为特大城市快速发展，但资源环境的承载能力不足，而中小城市和小城镇因产业发展滞后，对人口的吸纳能力不足。城镇化的核心是人，必须要有产业支撑，以产业留人。一方面要培育壮大特色优势产业，扩大就业机会。充分发挥产业集聚区的载体和引导作用。以产业园为载体，引导企业向产业园集聚，形成产业聚人、城市留人的格局，实现人、产、城的互动和融合。另一方面要促进服务业发展，服务业是相对工业和农业，就业带动系数最大的产业。据调查，农民工进入城市以后主要从事服务业、建筑和低端制造业等行业，服务业已成为吸纳农民工就业的重头。因此，促进服务业的发展有利于促进农业转移人口就业。

2. 通过创造良好的创业环境，引导自主创业

政府通过政策、资金支持，打造良好的就业环境，鼓励和引导一部分有条件的人通过自主创业的方式解决自身就业问题，促进地方经济的发展，提供许多就业岗位。根据美国小型企业管理部门的报告，1981—1982 年，是美国经济衰退高峰期，自负盈亏的小公司创造了 2 650 000 个新岗位，超过了

同一时期大企业的失业人数（1 664 000 人），帮助政府解决了很大部分的就业问题。

完善就业保障体制，采取措施促进农民转移人口就业。完善就业培训和就业服务平台，增强农民工从业自主选择机会。依托培训提高劳动者技能水平，建立完善的就业培训制度，针对不同就业群体实施不同的培训方案，提升劳动技能，促进就业。对现行人事劳动制度进行改革，实现同城劳动者的同工同酬待遇；同时，要将农民工纳入城市救助行列。制定所有居民统一的最低工资标准，援助城镇低收入和无法就业的弱势群体。

3. 健全失地农民有效再就业体制机制

城镇化进程中失地农民就业主要面临两大问题：一是土地流转后，大量农村富余劳动力滞留在农村，缺乏政府引导，失地农民对未来没有明确的规划，需要政府给予安置和指导。二是城镇化建设过程中需要大量经过培训的、知识化的、技术化的劳动力，但目前显然没有成熟的培训机制，失地农民远未实现从农民身份向城镇居民身份的根本性转变。

提供政策支持，建立失地农民的保障体系。加强宏观调控，发挥财政作用，建立健全社会保障体系和公共服务体系，让农民工真正平等享受城市基本公共服务。应该按照市场规律和城镇化发展规律来制定和调整征用土地补偿政策，提高和加大失地农民在土地收益分配中的比例，政府在征地收益中安排一定比例的资金，保障失地农民住有所居，甚至能够拥有财产性收入。应将失地农民纳入城镇居民最低生活保障体系，失地农民家庭人均收入低于城镇居民最低生活保障标准的，可以享受政府的城镇居民最低生活保障待遇。政府可以将失地农民和未被征地农民均纳入城镇居民的养老保障体系中，缴费标准可以根据当地的经济发展水平、发展待遇水平和支付能力确定，每年缴纳一定的费用，缴纳相应的年限后享受与城镇居民同样的养老保障。政府应按照统筹城乡的原则，完善相关征地制度，建立失地农民的失业补偿机制。

建立失地农民就业安置制度。在建立完善失地农民失业补偿机制的同时，政府应建立失地农民就业安置制度。失地农民的综合职业素质在市场经济条件下不具备竞争力，政府应积极引导，通过制度上的支持对失地农民进行帮扶，提供更多的就业机会，解决失地农民的就业问题。

优化就业环境，构建城乡统一的就业市场。构建可操作性强的就业帮扶体系，需要政府提供充足的培训基金，建立完善的保障政策，还需要充分的人力资源保障，形成人力、物力、财力共同构建的立体支撑体系。相关政府部门、社会机构和企业应当联手打造从就业信息收集、整理到发布的专业化服务平台，力求从形式到内容都符合失地农民的特点和需求，不断拓展就业服务功能，形成布局合理、功能齐全、多层次、多方位的就业服务机构，为劳动者提供各类及时有效的就业信息，为失地农民就业提供有力的帮助和支持。各级政府要积极组织，对失地农民实行免费的职业服务指导，提供职业介绍服务，关心支持失地农民的就业与再就业，逐步清除各种不利于统筹城乡就业的制度和文化因素，消除影响失地农民流动和就业的各种壁垒，保护失地农民的合法权益，切实解决好农民进城后的职业培训、子女教育、劳动保障及其他服务和管理，彻底打破城乡分割的二元就业结构，从全体居民的角度设置就业保障体系，逐步建立城乡劳动力自主择业、平等就业的就业机制，实现真正的城乡就业一体化。

鼓励农民自主创业。加大对失地农民的关注程度，及时发现问题和机遇，积极鼓励失地农民自主创业，从事经商、开店等商业活动，在政策允许的条件下，对自主创业人员在资金、税收、场地、收费等方面予以扶持，以减少他们的创业风险，增强他们自主创业的信心。根据各地区的实际情况，因地制宜、实事求是地开展特色帮扶，为失地农民开辟新的就业渠道铺平道路，对农业生产方面有特长的农户，积极为他们创造条件到农业园区、异地、基地继续从事农业生产，发挥他们的种植、养殖技能。政府应加大相应的财政投入力度，引进和开展就业培训、搭建就业信息服务平台和权益维护体系等，鼓励农民积极就业，鼓励有一定经验的本地外出务工人员返乡创业，提供各类有利于个人创业的优惠政策，使更多的人加入到个人就业带动群体就业的行列中来。

（四）推进基本公共服务的均等化

何为基本公共服务？基本公共服务指的是满足老百姓基本生活、基本尊严和基本健康所需要的公共服务，是最关乎老百姓生活的公共服务。国民经济与社会发展"十二五"规划纲要主要从义务教育、就业服务、社会保障、医疗卫生、人口计生、住房保障、公共文化、基础设施等方面，明确提出基本公共服务的范围和重点。结合以上标准和国民经济与社会发展"十二五"规划的指导，义务教育、医疗卫生、基础设施、社会保障、文化体育、商业服务、就业服务和住房保障等方面的公共服务，是老百姓最为关注和最迫切需要满足的公共服务，为基本公共服务的主要内容。

基本公共服务的均等化不是绝对平均化，其关注的是享受公共服务的机会均等和享受结果的相对均等。其内涵表现为：在公共服务设施的空间布局上覆盖所有居住人口且均衡分布；在提供服务的质量上强调基本公共服务基于底线的均等，原则上保证"底线完全平等"，也就是一个国家的公民无论居住在哪个地区，无论是失业还是就业，无论身体健康还是身患疾病，无论是城市居民还是农民都有平等享受国家最低标准基本公共服务的权利。在享受公共服务的机会上保障居民的大体相当，保障公共服务在分配上具有公正的起点，无人被排除在外。

1. 因地制宜的基本公共服务设施布局

众所周知，基本公共服务设施是基本公共服务的物质载体，其空间布局和建设质量直接关系到基本公共服务的服务质量和便捷性。中国基本公共服务设施可以分为：基础市政设施，包括给水、排水、垃圾处理、电信、交通等设施；基本生活服务设施，包括商业、文化、体育、教育和医疗等设施；特色型服务设施，包括特色博物馆、纪念馆、标志性建筑小品等设施。

在中国传统的公共服务设施的配置方法中重点是城市，依据城市规模和人口规模等配置相应的公共服务设施，不管从公共服务的空间布局方面还是服务质量方面都表现出明显的城乡差异。城市以城市的标准去配置，农村以农村的标准去配置，忽略了城市和乡村是一个整体，从而造成了城乡公共服务设施配置的标准差异性很大。另外，传统公共服务设施多以人口等级为依据，当人口规模达到某一级别就会配置相应等级的公共服务，却忽略了居民的实际需求。因此，在新型城镇化背景下，需要在公共服务设施布局方面进行创新。

强调基本生活服务设施的分层分级与城乡整体配置和软硬件建设。随着城乡一体化的快速推进，居民生活方式的转变和生活水平的提高，城乡居民对基本公共服务的需求也在增加。同时对服务的要求也不是仅停留在要求服务便捷的基本需求之上，而是更为关注公共服务的服务水平和服务态度。因此，要实现基本公共服务的均等，一方面要将城乡作为统一的整体考虑，结合居民点的布置，按照基本统一的原则进行生活性服务设施的布置，以保证服务设施类型和提供服务便捷程度的城乡一致。另一方面，注意服务设施的软硬件建设。尤其是教育、医疗等服务设施，不仅要重视服务设施的空间布局，而且也要重视教育设备、医疗设备等直接关系到服务质量的硬件设施，以及教师、医疗工作者的素质等软件条件，多管齐下以保证服务质量的相当。目前，中国基本生活性服务设施的空间布局正处在探索中，但国内外学者和规划实际项目中已经在这方面有所创新，生活圈理念和邻里中心的公共服务设施布局模式，为中国公共服务空间布局的城乡一体和均等化发展的道路打下了基础。

生活圈理念的基本出发点是城乡一体化的发展，是把城乡居民作为一个整体来考虑，将有助于破解中国城乡以不同标准配置服务设施的现状问题。生活圈理念将人的生活习惯、需求与空间相衔接，有利于因地区而异、因居住人群而异来配置基本公共服务设施，实现设施使用的便捷性。相较于中国传统生活性服务设施的布置方式，有一定的优势，但也存在一些不足。中国居民点分布的非均衡和城乡道路交通设施建设可达性的差异性，会导致公共服务设施的集约性不强和实施难度增大。新加坡邻里中心理念则按照居住户数和人口数划分服务范围，通过服务设施在区域内的集中分布，在很大程度上规避了生活圈理念上的浪费问题，但由于设施的集中、服务范围的设定，以及空间关系的弱化，适宜于城市和居住密度比较均衡的乡村。

由此可见，无论是生活圈的创新理念还是邻里中心的理念，均有其创新优势和局限性，都不是绝对的标准。因此，中国基本生活服务设施布局应结合实际情况，因地制宜地选择适宜的模式和理念。

强调基础市政设施向常住人口的全覆盖。促进城市公共交通系统、供水供电、污水处理等市政设施向农村延伸。在规划层面要从区域整体统筹考虑，促进农村公共服务网络与城市公共服务设施网络的一体化发展，解决农村信息"最后一公里"问题。通过"千村示范、万村整治""村村通公路""农村改厕行动"等惠民工程的实施，促进基本公共服务向常住人口的全覆盖。

强调特色服务设施的地域文化凸显。结合地域文化和生活习惯，在服务设施建设和服务设施的种类方面体现地方文化特色，强调地域文化。注重公众参与机制，关注民生需求。中国目前基本公共服务主要采用的是"自上而下"的供给模式，公共服务的使用者——广大人民的意愿长期没有得到重视，造成公共服务实施的供需失衡。因此，应完善"自下而上"的公共服务的供给和决策制度，完善有效反映居民真实需求的表达机制。鼓励居民参与到公共服务的供给过程中，打造政府和民间共同决策和管理公共服务设施的模式。应进一步推进城乡基层民主自治制度的建设，充分实行居民自治，使居民直接或间接参与公共服务的建设和管理。同时，政府应该促进部门之间的衔接沟通和职能分配，强化对县乡公共服务行为的监督作用。

2. 建立公共服务的标准和评估机制

相比国外，中国公共服务标准的制定工作十分滞后，还存在公共服务标准修订不及时、标准老化等问题，已无法适应经济社会发展和人们的生活需求。在这样的背景下，健全基本公共服务实时评估标准和制度是非常有必要的。结合中国公共服务评估制度的现实，中国需要从服务标准、责任分工和实施计划方面着力，完善公共服务的评估制度，保证服务质量。

划定城乡一体化服务的最低标准。这个服务标准并不是绝对的城乡标准统一化，应结合城乡实际情况、不同居民的接受程度而设立合理的运行效率和服务水平。应先明确中国各个不同类型法定公共服务的服务范围和服务对象，其次根据各地的经济发展水平，建立与经济发展水平和当地的需求相一致的公共服务最低服务标准，保障地区公共服务水平的一致性。

国家和地方政府分工协作、双重把控。通过国家建立公共服务的标准和评估机制，地方政府实行按照标准建设服务载体和提供服务的职责，结合各地方财政收入的实际情况，对于经济发展水平比较滞后的地区提出相应的财政等方面的帮助措施，保证各地区公共服务的建设标准和服务质量。

结合实际情况，制定分期发展重点，步步推进。公共服务的均等化不可能一蹴而就，需要分步、分期稳定推动。例如，养老保险城乡并轨的难点和重点在于，受农业转移人口流动性的影响，养老保险的划转问题规划起来会难度较大。中国应结合实际情况，根据公共服务的类别及并轨的难易程度划定不同阶段的重点，分步实现。

3. 加大财政支持和投入

20世纪80年代以来，发达国家城市公共服务的管理方式和投入方式发生了重大变化，呈现投资主体多元化、公共部门市场化、公共设施服务民营化等特征。投资渠道和方式的多样化，使政府的作用逐渐减少，由过去通过补贴、管制和合同的形式进行管理，转变为城市公共设施服务的间接提供者。长期的实践表明：这种公共管理方式的转变对于中国正在进行的城镇化建设中的公共服务管理具有重要的借鉴意义。

改革和完善公共服务领域的投资体制。一方面要完善各级政府服务职能。中央政府的相关部门应当从全权负责提供公共服务的支出转向对全国基本公共服务的规划、指导、制定政策和监督。通过相关规划和标准的制定，建立和完善针对专项设施的转移支付制度和机制。同时应制定和完善基本公共服务的各类标准，并结合实际情况对欠发达地区进行一定程度的补偿或者全权负责无支付条件地区的转移支付。通过政策手段提高弱势地区的财政收入能力，以及低收入阶层享受基本公共服务的财政支付能力。另一方面要加强政策统筹，完善转移支付制度保障。财政能力的均等化，要逐步建立和完善以实现基本公共服务均等化为目标，层级分明的财政转移支付体制。通过一般性转移支付来实现地方财政能力的均等化，通过专项和特定转移支付来确保全国基本公共服务的均等化。

促进多元投入主体的参与。由于公共服务涉及领域众多，财政投入较大，全部由政府投资压力巨大。因此，应当深入挖掘民间资本和社会资金的巨大潜力。对于义务教育、公共卫生、社会福利等纯公益性质的公共服务的资金问题，应结合实际情况，通过地方财政或者私人慈善基金、社会捐资等方式来解决；对于具有一定盈利能力及可以单独承包的公共服务，如文化类服务、公路修建等，可以通过市场的方式来推进，走公私合作的道路，更多地吸引民间资金投入公共服务，提高公共服务能力。

4. 消除城乡差异的保障制度

社会保障主要包括住房、就业、医疗、生育等制度。中国现有社会保障体制以城市居民为主，在服务类型上，城乡居民的社会保障差异很大，部分偏远农村，受交通条件和信息的闭塞等因素影响，甚至很难享受到社会保障。根据国家统计局对农业转移人口的子女在流入地接受义务教育的调研，35.95%的农业转移人口认为，他们的子女在城里就学所遭遇的最大困难是学费高；16.15%的农业转移人口认为自己的子女在学校受歧视。有调查显示，在务工经商期间生病时，约2/3以上的农业转移人口不上正规医院看病，主要原因是正规医院医疗费用太高，在缺乏基本医疗保险的情况下，其医疗费用已经远远超出了农业转移人口可承受的范围。

因此，完善社会保障制度，促进城乡一体是保障基本公共服务均等的前提。应从公共服务的覆盖范围、城乡服务内容及管理方式等方面着力。要扩大社会保障覆盖范围，实现城乡居民全覆盖；因地区而异制定标准，将农民工和失地农民纳入城乡社会保障范畴。同时需要针对医疗保险、养老保险等制度，整合资源，促进城乡一体。另外，要创新城乡社会保障管理体制，构建统一的管理方法，实行中央统筹、地方执行、群众监督、各专业部门分工的组织管理模式，提高管理效率。

第九章　人本城镇化的建设实例

一、人本城镇化建设的国外实例

（一）美国人本城镇的样板：伯克利

位于美国旧金山以东 21 km 的伯克利市始建于 1844 年，当时席卷加州的"淘金热"给这座城市留下了冶炼产业的根基，此后也逐渐兴起了金属加工业与机械制造业。1868 年，加州颁布法令，将私立的加利福尼亚学院和公立的农业、矿业与机械学院合并，成立加利福尼亚大学，校址就选在伯克利，因此也给这座城市提供了经济转型的契机。经过 100 多年的发展与改进，伯克利在规划、建筑、交通、能源、经济结构和市民行为等方面都不断向生态城市的目标迈进。

根据理查德雷吉斯特的观点：生态城市应该是三维的、一体化的复合模式，而不是平面的、随意的。同生态系统一样，城市应该是紧凑的，是为人类设计的，而不是为汽车设计的，而且在建设生态城市中，应该大幅减少对自然的"边缘破坏"，从而防止城市蔓延，使城市回归自然。根据这一理论，由他领导的"城市生态学研究会"在美国西海岸的伯克利开展了一系列卓有成效的生态城市建设活动，包括建设慢行道；恢复退化河流；沿街种植果树；建造利用太阳能的绿色居所；改造能源利用结构；优化配置公交路线；提倡以步代车等。

从 20 世纪 60 年代末起，美国还通过严格的立法来推进城市生态化建设并取得明显成效，通过立法已经建立了涉及绿色生产、绿色生活、绿色消费、绿色贸易、绿色税收、绿色审计、绿色教育、公众参与等一系列完善的生态城市建设的法律保障体系。例如，2000 年颁布的《有机农业法》，对农业的发展做出严格规范，伯克利发展的都市型农业就是生态农业的典范。

伯克利政府在绿色化建设方面非常重视听取普通市民的意见与建议，近年来由此而促成的项目包括城市中心花园广场、市郊河流整治、自行车道延伸等。如今这座在技术研发与咨询服务业极具优势的城市堪称硅谷的"后花园",而优越的城市生态环境也有助于加州大学伯克利分校从世界各地吸纳和培养各类优秀人才,在全球顶级研究型大学行列独占鳌头。

在理查德雷吉斯特理论的影响下,美国政府非常重视绿色化,大力发展生态农业和建设生态工业园,有力地促进了城市可持续发展。伯克利也因此被认为是全球"城绿融合"发展的样板。

(二) 法国人本城镇的典型:拉德芳斯新城

1. 城市概况

拉德芳斯新城位于巴黎市西北部,是巴黎都会区首要的中心商务区,位于巴黎城西的上塞纳省,邻近塞纳河畔纳伊,在巴黎城市主轴线的西端,距离巴黎城市中心区域 2 km。拉德芳斯区原是巴黎西郊一片僻静的无名高地。1958 年,为了满足巴黎日益增长的商务空间需求,缓解巴黎老城区的人口、交通压力,保护巴黎古都风貌,巴黎市政府决定在拉德芳斯区规划建设现代化的城市副中心。1982—1983 年,巴黎市组织开发设计方案国际招标,在 424 个设计方案中,优中选优,选中了丹麦建筑师奥托·冯·施普雷克尔森的设计方案。全区规划用地 750 公顷[①],先期开发 250 公顷,其中商务区 160 公顷,公园区(以住宅区为主)90 公顷。

经过近半个世纪的建设,拉德芳斯区现已建成商务与办公楼面积近 250 万 m^2,容纳公司 1600 多家,其中包括法国最大的 5 家银行和 17 家企业,170 家外国金融机构,还有 190 多家世界著名跨国公司的总部和区域总部。区内工作人员超过 15 万人。建区 50 年以来,拉德芳斯不再局限于商务领域的开拓,而是将工作、居住、休闲三者融合,环境优先的拉德芳斯也正在成为一个宜居区域。

2. 城市定位

巴黎一直为法国的政治、经济、文化和交通中心。人口规模也从 13 世纪的 10 万人、17 世纪的 50 万人、19 世纪末的 200 万人,发展到 20 世纪 40 年代末的 470 万人,直至 20 世纪 70 年代末的近 1000 万人。1994 年,巴黎

---

① 1 公顷 = 10000 m^2,余同。

市区面积 105 km² 时，人口 217 万人，包括近郊三省和远郊四省在内的巴黎市区面积为 12 012 km²，人口为 906 万人。巴黎的面积占全国的 2.2%，人口占全国的 15.6%，占全法商业首脑机构的 2/3、工业就业人数的 1/3、国家文职人员的 1/3、高校人数的 1/3，为法国最大的城市。

从空间结构上看，20 世纪 60 年代以前，巴黎是以市区为中心，发展的趋势是呈同心圆状向外扩散。由于市中心的集中程度相对较高，同时也顺应趋势逐步向郊区递减，而巴黎的行政、文化、商业和金融主要集中于市中心核心区内，巴黎城区的周边则主要为结构简单、单调的住宅群，市区街道布局呈现放射状。这种格局造成了巴黎市区绿地面积下降、居住地和工作场所之间的距离增加、交通紧张、城郊基础设施落后等问题。

1958 年，巴黎市政府决定在拉德芳斯规划建设现代化的城市副中心，主要目的在于巩固法国作为商业、交通和文化中心的重要地位；调整和改变城市核心区域东部和西部发展不平衡的状态；对历史文化遗址进行重建并保留部分城市遗址。

3. 规划布局

（1）空间布局。拉德芳斯区的总体设计体现了现代和未来城区的多功能设计思想，设计师把拉德芳斯广场和新区的代表建筑——大拱门（也称新凯旋门），建在象征着古老巴黎的凯旋门、香榭丽舍大道和协和广场的同一条中轴线上，让现代的巴黎和古老的巴黎遥相呼应，使巴黎变得年轻有魅力，使得高楼林立的新区，不仅体现了富有巴黎悠久深厚的文化底蕴，又充满了浓烈的现代气息。经过 20 多年建设，拉德芳斯区成为高楼林立，集办公、商务、购物、生活和休闲于一身的现代化城区。法国和欧美的跨国公司、银行、大饭店等都在此建起了摩天大楼。"四季商业中心""奥尚"超级市场、c&A 商场等，提供了购物的便利。广场上的电子音乐喷泉，成为在夏天和节假日时人们散步、纳凉、欣赏音乐的好地方。

规划建设写字楼 250 万 m²，供 12 万雇员使用，共容纳 1200 个公司。他们对拉德芳斯 CBD 进行改造，确保人车分离，与环境保持和谐。后来因优美的环境、完善的设施，拉德芳斯区 CBD 一举成为欧洲最大的商业中心。目前已建成写字楼 247 万 m²，其中商务区 215 万 m²，公园区 32 万 m²，法国最大的企业一半在这里；建成住宅区 1.56 万套，可容纳 3.93 万人，其中在商务区建设住宅 1.01 万套，可容纳 2.1 万人；在公园区建设住宅 5588 套，可容纳 1.83 万人；建成了面积达 10.5 万 m² 的欧洲最大的商业中心。

此外，拉德芳斯还建成 67 公顷的步行系统，集中管理的停车场设有 2.6 万个停车位，交通设施完善；这里还建成占地 25 公顷的公园，商务区的 1/10 用地为绿化用地，种植 400 余种植物；建成由 60 个现代雕塑作品组成的露天博物馆。优美的环境和完善的设施每年吸引约 200 万游客慕名而至，并成为巴黎的次中心区。

（2）生态建设。目前，拉德芳斯绿化面积超过了 67 公顷，占到整个商务区的 1/10，包括 Diderot 公园、Arche 花园及占地 23 公顷的 Amdre Malraux 县立公园等，种植 400 余种植物，绿化系统良好。这使拉德芳斯除商务功能外，成为一个宜居区域。

（3）交通系统。巴黎公共运输系统（Paris Public Transport System，RATP）和法国铁路（France Railways，SNCF）的组合，使得 EPAD 结合地方政府，共同努力协助拉德芳斯特区顺利跨入 21 世纪。高架交通、地面交通和地下交通三位一体——地面交通有火车、公共汽车、出租车。地下交通又分为浅层地铁、深层地铁。在新区地下设有多个大面积的停车场，新区道路两侧看不到沿路边停放的车辆。多样的运输服务使得每天输送 35 万人次的通勤者既方便又满意。因此，85% 的员工依靠公交上下班，证明了欧洲第一商务区交通条件的便利。拉德芳斯设置了邻近个别目的地的 26 000 个地下停车位、道路指标。从外环道开始清晰地引导驾驶人出入有数字编号的停车场，区内的道路网规划则有 A14 及 A86 号道路。

拉德芳斯区交通系统行人与车流彻底分开，互不干扰，这种做法在世界是绝无仅有的，地面上的商业和住宅建筑以一个巨大的广场相连，而地下则是道路、火车、停车场和地铁站的交通网络。拉德芳斯的规划和建设不是很重视建筑的个体设计，而是强调由斜坡（路面层次）、水池、树木、绿地、铺地、小品、雕塑、广场等所组成的街道空间的设计。

拉德芳斯新区的建设，既完好地保存了古典主义的旧巴黎，又体现了现代主义建筑理念的新巴黎。拉德芳斯区的成功开发，为中国 Sub-CBD 建设提供了许多可贵的经验。

一是建立合理的开发机制，保证 Sub-CBD 建设的有效实施。拉德芳斯区域开发公司是一个带有较强政府色彩的开发公司，机构中 18 名委员分别来自中央与地方。一方面，与中央政府密切联系，贯彻与执行政府对拉德芳斯地区的发展规划，对开发者在区内的建设进行有效控制，保证了政府在区域规划与计划中的主导权；另一方面，在土地收购、基础设施建设与出售上又拥有较大的自主权。此外，它还通过与地方政府的合作，处理政府与当地居民的利益关系，为居民争取更多的权益。

二是建设便捷的交通系统，保证人流、物流畅通。在拉德芳斯区建设初期，即制定了人车分离的交通规则。目前拉德芳斯区内已形成了高架交通、地面交通和地下交通三位一体的交通系统，地下有地铁 ML、RER – A 线，将拉德芳斯区与巴黎市中心区紧密连接起来。超过八成的人进出拉德芳斯区选择乘坐公共交通。

（三）日本人本城镇范例：北九州

北九州市的面积为 485 km^2，位于日本九州地区的北面。北九州市曾经是日本重型工业最重要的一个基地，曾经以钢铁和制造业为主。钢铁产业为北九州的发展和繁荣做出了很大的贡献，但是也带来了严重的污染问题。

北九州市生态城镇项目的具体政策是实施 3R 措施，即减排、再利用和循环利用。整个过程分为两个阶段：第一个阶段是 1997—2002 年，这个阶段主要执行"循环利用"的方针；2002—2010 年的第二个阶段的重点是"再利用"。

日本北九州市从 20 世纪 90 年代开始以减少垃圾、实现循环型社会为主要内容的生态城市建设，提出了"从某种产业产生的废弃物为别的产业所利用，地区整体的废弃物排放为零"的生态城市建设构想，其具体规划包括：环境产业的建设（建设包括家电、废玻璃、废塑料等回收再利用的综合环境产业区），环境新技术的开发（建设以开发环境新技术，并对所开发的技术进行实践研究为主的研究中心），社会综合开发（建设以培养环境政策、环境技术方面的人才为中心的基础研究及教育基地）。

市民积极参与，政府鼓励引导，是北九州生态建设的经验之一。为了提高市民的环保意识，北九州开展了各种层次的宣传活动。例如，政府组织开展的汽车"无空转活动"，制作宣传标志，控制汽车尾气排放；家庭自发的"家庭记账本"活动，将家庭生活费用与二氧化硫的减少联系起来；开展了美化环境为主题的清洁城市活动等。

北九州生态工业园建于 2001 年，是再利用型生态园的代表。日本政府给予园区内的企业 50% 的投资补偿，地方政府给予 10% 的投资补偿，园区内的土地由政府统一购买长期租给企业，以此鼓励园区内环保产业的发展。

园区设立两个区域：实证研究区和循环工业园区。

1. 实证研究区

由企业、行政部门、大学联合起来进行废物处理技术、再循环技术实证研究，目标是成为环境保护相关技术的研发基地。区域内有福冈大学资源循环与环境控制系统研究所、九州医疗烧酒酒糟高度再循环实验研究设施、北九州食品再循环协同工会的豆腐渣及食品残渣再循环工厂等 16 家研究单位及企业。

2. 循环工业园区

汇集了废旧工业产品再循环处理厂，即塑料饮料瓶再循环厂、办公机器再循环厂、建筑混合废物再循环厂、汽车再循环厂、家电再循环厂、荧光灯管再循环厂、医疗器具再循环厂、老虎机台再循环厂、打印机颜料墨盒再使用厂、饮料容器再循环厂、废木材与废塑料再循环厂等。园区通过复合核心设施，对企业排出的以残渣、汽车的碎片为主的工业废料进行合理处理。处理过程中将熔融物质再资源化（如制成混凝土再生砖、建筑用平衡锤等），同时利用焚烧产生的热能进行发电。

2004 年日本基本形成了推动循环经济发展的完备的法律框架。日本政府制定了《家电再循环法》《容器包装循环法》《特定家庭机械再商品化法》《食品循环资源再生利用促进法》《建筑工程资材再资源化法》《绿色采购法》《废弃物处理法》《化学物质排除管理促进法》《促进容器与包装分类回收法》等相关的法规；这些法规基于《促进可循环资源利用法》，并在日本《促进循环社会形成基本法》框架下分别制定。

日本家电资源循环利用率空调为 78%，电视为 73%，冰箱为 59%，洗衣机为 56%。日本北九州生态产业园是日本 2004 年 10 月后批准建设的 23 个工业园区之一，其充分利用作为工业城市积累起来的技术和人才、工业设施，以及企业、研究机构、政府、市民建立的网络，将振兴产业与环境保护两大政策有机结合，实施独具特色的地区政策的工业园区。

北九州生态城项目创建于 1997 年，项目创建的基本理念就是"零排放"，即将生活及工业垃圾用作其他行业的原料。项目位于北九州西北部响滩区的一个大型垃圾填埋场。之所以选在那里，是因为它具有明显的地理优势：紧靠关门港和洞海湾，有充足的废弃物可以利用；另外，它的面积很大，有 2000 公顷，管辖的地区可以进行低成本的垃圾处理，有充足的工业用水，附近的港口可以降低运输成本。

按照规划，生态城项目分两期建设，一期包括 3 个区：综合环境产业区、应用研究区和循环区。

综合环境产业区是整个生态城的核心部分，它的任务是在海岸附近的响滩建一些可以进行废弃物循环利用的工厂，创建一个废弃物及能源循环系统。目前，循环业已在 7 个领域运行：PET 瓶装、办公设备、汽车、家用电器、荧光灯、医疗设备及混合结构废料。各个领域通过规模化收集并处理废弃物，最大限度地降低循环成本。综合环境产业区有一个最大的特点，即北九州最活跃的大公司都是生态城项目的主要资助者。例如，PET 瓶装循环公司的主要资助商有日本钢铁公司和三井公司；而循环技术公司的主要资助商有废弃物处理商新菱公司和理光公司。然而，注资的母公司不仅提供资金，还提供厂房、技术和技术诀窍。例如，PET 瓶装厂就在使用日本钢铁公司的技术诀窍。因此，这些工厂与母公司之间的联系是很紧密的。为了完成某项任务，母公司还会派技术人员下厂。换句话说，该生态城的循环企业与北九州现有的制造业有着紧密的联系。

应用研究区是生态城的第二大支柱。该区汇聚了数家从事循环和废弃物处理的研究机构。目前，那里共有 16 家研究机构，包括大学研究所和公司测试机构。该区占地 16.5 公顷，在此落户的机构与居民区保持着一定的距离，这样便于进行废弃物处理和其他方面的研究，因为如果距离太近的话，有些因素可能会干扰研究工作。该区还建有生态区中心，该中心建于 2001年，主要目的是提供一个学习场所，接待学习考察团，支持研究活动及展示技术和产品。中心的设施包括教育交流研究室、展示生态区技术和产品的展览室及客人住所。2002 年，生态区中心又建了一个附属中心，主要任务是介绍生态区以外的、与环境有关的公司，它也有一个展览室。

生态城的第三个支柱是循环区。该区的目的是创建一些中小型废弃物处理公司，以获得最有效的循环，鼓励更多与循环业有关的企业投资。它分为"前沿区"和"汽车循环区"。前者是当地中小企业和投资公司应用创新技术的地方，目前已经建立了 4 家企业。而后者是将散布在城市里的一些报废汽车处理公司聚在一起，目的是创建更有效的汽车再循环企业，现在已有7 家公司在此落户。综合环境产业区的循环活动需要从更广泛的渠道收集废弃物，而循环区则不同，它的循环主要靠本区资源，循环对象是就近产出的废弃物。

在一期获得成功的基础上，二期工程除了扩大了地盘外，将重点放在建设多功能核心设施上，目的是为了妥善处理循环后残留物及生态城公司产生的其他废弃物，并用这些原料为生态城提供所需的电力和热能。该项目完工后，每天可以处理 320 吨废弃物，生产 14 000 千瓦电力。这些残留物的利用将有助于整个项目更接近实现真正的零排放。对于北九州市而言，此举将其发展成为亚洲国际资源循环和环境产业的重要基地。

（四）巴西人本城镇代表：库里蒂巴

位于巴西南部的库里蒂巴被认为是世界上最接近生态城市的城市，为巴西第七大城市，环境优美，在 1990 年被联合国命名为"巴西生态之都""城市生态规划样板"。该市以可持续发展的城市规划受到世界的赞誉，尤其是公共交通发展受到国际公共交通联合会的推崇，世界银行和世界卫生组织也给予库里蒂巴极高的评价。该市的废物回收和循环使用措施及能源节约措施也分别得到联合国环境署和国际节约能源机构的嘉奖。

库里蒂巴的城市开发规划有着独特的做法。自 1964 年起，由圣保罗建筑师若尔热维尔海姆制定的《库里蒂巴总体规划》经公众讨论，于 1965 年开始实施。城市规划的 3 项主要任务是：沿着 5 条交通轴线进行高密度线状开发；改造内城；以人为本，而非以小汽车为本。并确立了优先发展的内容：增加面积和改进公共交通。显然，正是由于早期的远见，才使得库里蒂巴走上了以低成本（经济成本和环境成本）的交通方式和人与自然尽可能和谐的生态城市发展道路，偏离了巴西大多数城市依赖于小汽车的城市发展定式。20 世纪 70 年代，库里蒂巴市的发展呈现了新的形态，拥有了逐步拓展的一体化交通网络、道路网络，并采取了致力于改善和保护城市生活质量的各种土地利用措施，城市外缘是大片的线状公园绿地。总体规划规定城市沿着几条结构轴线向外进行走廊式开发。

在连任 3 届市长的贾梅·勒内尔的支持下，从 1974 年开始，城市设计部门强调的沿着城市主轴放射性开发的思路得以实施。轴线也是公共汽车系统的主要线路，这些轴线在城市中心交汇。城市轴线构成了一体化道路系统的第一个层次；拥有公交优先权的道路把交通汇聚到轴线道路上，而通过城市的支路满足各种地方交通和两侧商业活动的需要，并与工业区连接。库里蒂巴较为成功的土地利用与交通相结合的典型政策之一是，不仅鼓励混合土地利用开发的方式，而且总体规划是以城市公交线路所在道路为中心，对所有的土地利用和开发密度进行了分区。5 条轴向道路中的 4 条所在地块的容积率为 6，而其他公交线路服务区的容积率为 4，离公交线路越远的地方容积率越低。城市仅仅鼓励公交线路附近两个街区的高密度开发，并严格抑制距公交线路两个街区外的土地开发。

库里蒂巴市约有 170 万人口，小汽车保有量为 50 万辆，但是 2/3 的库里蒂巴市民每天都乘坐公共汽车，并且做到公共汽车服务无需财政补贴。研究人员估计每年减少的小汽车出行次数达 2700 万次。由于城市 80% 的出行依赖公共汽车，其使用的燃油消耗是同等规模城市的 25%，每辆车的用油减少 30%。尽管库里蒂巴人均小汽车拥有量居巴西首位，污染却远低于同等规模的其他城市，交通也很少拥挤。

生态城市的内涵还应在社会可持续发展方面，库里蒂巴在社会公益方面的成就同样令人瞩目。目前库里蒂巴有几百个社会公益项目，从建设新的图书馆系统，到帮助无家可归的人，在最贫穷的邻里小区，城市开始了"Line to Work"的项目，目的是进行各种实用技能的培训。几年来，该项目培训了 10 万人。库里蒂巴还开始了救助街道儿童的项目，把露天市场组织起来，以满足街道小贩们的非正式经济要求。公园和绿地建设项目使得人均公共空间从 0.5 m^2 增加到 52 m^2，这在任何城市都是最高的。此外已经增加植树 150 万棵。公园和绿地网络受到专职人员和志愿者的保护与维修。库里蒂巴较为著名的环境项目是 1988 年实行的口号为"垃圾不是废物"的垃圾回收项目，垃圾循环回收在城市中达到 95%。每月有 750 吨的回收材料出售给当地工业部门，所获利润用于其他的社会福利项目。同时垃圾回收利用公司为无家可归者和流浪者提供了就业机会。这些简单的、讲究实效的、成本很低的社会公益项目旨在成为库里蒂巴环境规划的一部分，并使城市在环境和社会方面走上了一条健康的发展之路。

二、人本城镇化建设的国内实例

（一）成都双流"城乡融合"发展模式

成都市是中国西部地区超大型中心城市，基本市情是大城市带大郊区。全市辖 9 个区、4 个县级市和 6 个县，农业人口占到 45%，全域面积 1.24 万 km^2，城市建成区面积 395.5 km^2。经济社会发展呈现明显的城乡差别，中心城区已经基本完成城市化，建成了现代化大都市，而城郊大部分区域仍然是以农业生产为主的农村地区，城乡二元结构明显，城区与郊区的产业结构、经济发展水平和居民生活状况都存在较大差异。

从 2003 年开始，成都市立足于大城市带大农村的区域实际，启动了全面深入的统筹城乡"自费改革"，破解长期以来形成的城乡二元体制矛盾和"三农"问题顽症，率先探索城乡统筹发展的道路。

2007 年 6 月，国家批准成都市正式成为首批"全国统筹城乡综合配套改革试验区"要求成都市从实际出发根据统筹城乡综合配套改革试验的要求，全面推进各个领域的体制改革，并在重点领域和关键环节率先突破，大胆创新，尽快形成统筹城乡发展的体制机制，促进城乡经济社会协调发展，为推动全国深化改革实现科学发展与和谐发展，发挥示范和带动作用。

1. 双流"城乡融合"发展的基本情况

双流县地处成都市中心区南部，县域北部由西向东分布着县城、成都双流国际机场和西南航空港经济技术开发区，既是城市近郊工业强县，也是农业大县，境内山、丘、坝各占 1/3，94.8 万人口中有 48.8 万农业人口，城乡二元结构矛盾突出，城乡和区域发展差距很大。2003 年年初，双流县结合自身发展实际，统筹城乡经济发展，在全省率先提出"三个集中"的发展思路，即"工业向集中发展区集中，农民向城镇集中，土地向业主集中"，把减少农民、转移农民、富裕农民、发展现代农业作为破解"三农"难题的主要途径。通过征地拆迁安置、新农村建设、土地整理、拆院并院、土坯房改造等方式，有梯度、分层次推进农民向城镇、中心村、聚居点集中，向市民转化，取得了较好成效。

双流县的城乡统筹建设工作得到了中央、省、市的充分肯定，永安镇白果村被确定为国家住房和城乡建设部及四川省首批新农村建设试点，三星镇南新村被列为农业部在四川省唯一试点村，昆山村被评为"中国十佳小康村"。双流县闯出了一条促进城乡一体化的新路，被列为全省统筹城乡试点县。近年来双流县城市化进程进入全速发展时期，城市化率由 2000 年的 18.25% 上升到 2008 年的 48.53%，农民人均纯收入 7129 元，比成都市平均水平高 648 元。伴随着其城市化进程的加快，双流县为全国城乡统筹改革积累了大量的实践经验和成功做法，对推动中国其他区域新型城镇化建设具有较强参考价值。

2. 双流"城乡融合"发展的具体做法

（1）统筹城乡规划，以科学的规划引领城乡一体化建设。2005年双流县花费4000多万元聘请国内外知名机构，高水平策划、规划全县城乡发展，初步形成较为完善的城乡统筹一体化发展的规划体系。按照城乡统筹发展的要求，围绕全面深入推进城乡一体化的总目标，确定了县域村庄布局总体规划，完成了中心村和基层村的布点工作，合理安排农村村庄规模，加大农村土地整理、集中安置工作，最大限度节约用地。编制了坝区、丘陵、深丘不同类型村庄的产业、基础设施、社会事业发展规划，进一步完善了农村精神文明建设、人口与生态环境建设规划，以科学的规划引领和加快城乡一体化建设。

（2）采取多种有效措施和途径，为农民向城镇集中创造条件。一是城乡统筹规划，建好安居房，集中安置农民。双流县鼓励项目区农民根据自身经济状况、从业状况自愿选择购买商品房，采用统建集中安置或自建集中安置的方式，引导农民分层次向城市、城镇和中心村集中，促进农业劳动力向非农产业转移。二是组建新型农村经济组织。通过组建股份经济合作社或公司制企业，把农民的财产权、分配权转化为股权，"持股进城，按股分红"，促进"兼业型农民"非农化转移。三是广开就业路。通过进行就业强化培训（县财政投入750万元，实施农民增收教育工程），提高失地农民就业能力；通过成立绿化维护、家政服务、广告保洁等服务性公司，为失地农民提供更多就业机会；通过强化就业管理，实行政策扶持，鼓励企业优先录用本地失地农民，鼓励农民自主创业。四是筑牢保障线，解决农民后顾之忧。双流县启动了"三包一转"工程。本着让利于民的原则，政府出大头，农民出小头，建立失地农民基本养老保险制度，使其到退休年龄时每月能领到一定金额的养老金，做到老有所养；建立新型农村合作医疗制度，做到病有所医；将生活困难的失地农民纳入城镇低保，做到困有所助。

（3）发展农村专业合作组织推进城乡统筹建设。目前，双流县共发展各类农村专业合作经济组织112个，共有成员11 412人，带动农户154 577户，其中年销售收入500万元以上的5个，组织成员户均收入18 238元，带动农民户均收入16 038元，县扶持资金250万元。双流县农村专业合作组织主要有以下3个特点：一是兴办主体多元化。在现有112个专业合作组织中，由农民牵头发起成立的占68%，由企业、事业服务组织及农技人员发起成立的占25%，由其他组织或个人发起成立的占7%。二是合作形式多样性。近年来，专业合作社突破了过去单一劳动合作形式，主要形成了以产品和技术为纽带的关系比较松散的社团性专业协会、以交易和劳动联合为主的关系比较紧密的专业合作社和以劳动联合与资本联合相结合的股份合作社。三是合作内容综合性。随着农业综合生产能力的进一步增强和农业产业结构的不断优化，广大农户间的合作内容已从单纯的生产环节拓展到产前、产中、产后整个环节，合作领域从个别产品拓展到种植、养殖、加工、仓储、运销、技术、信息服务等全领域。

（4）加强农村成人教育，促进城乡一体化实现跨越式发展。双流县农村成人教育已经建立了一套比较完善的体系，基本满足农民继续接受各层次各类型的教育需要。狠抓"两后"教育，抓好初中、高中毕业后实用技术教育，使应届初中、高中毕业生掌握1~2门实用技术；建立了以市电大双流分校、党校、县成人中专学校、县农广校为中心，镇成人教育学校为主干，村级成人教育点为基础的三级培训网络，使农村成人教育出现多元化办学的态势；狠抓"跨世纪青年农民科技培训工程"，按照县政府有关文件精神，在培训工程领导小组的指导下，以镇成人教育学校为阵地，采取统一教学计划，统一教材，统一考试的方式，使青年农民系统地学习农技、农机、畜牧业等知识；依靠党校、农广校、电大等办学单位，加强对农民特别是村干部、党员的培训。

（5）大胆尝试村企合作，引导民营企业参与城乡一体化建设。民营企业是投入新农村建设的新增生力军，有助于推进双流县新农村建设跃上新台阶。县有关部门与县商会开展主题活动引导企业投入新农村建设。结合双流县的实际，县有关部门与县商会在全县开展以"新农村城乡统筹求跨越，实验区村企合作谋发展"为主题的"百企联百村，共建新农村"活动，希望通过政府、商会广泛动员、引导和扶持整合资源，使城乡资源实现有效对接，通过市场化手段，尽可能让更多的企业支援农村发展，最终达到工农同发展，城乡共繁荣的目标。民营企业积极投入社会福利事业和新农村建设。近年来，双流民营企业在捐资助学、慰问敬老院老人、扶助下岗人员和贫困户等方面共捐款1000多万元。双流县还采取投资项目、市场运作的光彩事业方式组织引导民营企业家积极投身社会主义新农村建设，如在大林镇石庙村启动的"百企联百村，共建新农村"活动仪式上，川开集团、四川恩威制药有限公司、四川国栋建设股份有限公司等24家企业，为新农村建设捐款

700 亿元。首批自愿参加"百企联百村，共建新农村"活动的企业已有 20 多家。

3. 成都双流推进"城乡融合"发展中可借鉴的经验

（1）规划在先，统筹引导城乡一体化发展。成都市在推进城乡一体化过程中，以"全域成都"为基本理念，以促进城乡空间合理布局、功能优势互补、要素自由流通、社会统筹发展、生态环境保护为基本目标，制定科学有效的规划体系。

一是加强城乡"规划一体化"。成都市率先打破传统二元规划格局，在编制发展空间规划、基础设施建设规划、产业发展规划和社会事业发展规划等具体规划时，均从城市和农村的实际情况出发，综合考虑，促进城乡之间协同程度、融合程度的日益提高。二是制定阶段性发展规划。根据区域经济社会发展实际水平，由中心到外围，划分圈层，制定阶段性发展规划。三是高度重视各项规划之间的协调与衔接。确保城市总体规划、土地利用规划、经济社会发展规划在总体要求上取向一致，下一层次规划以上一层次规划为指导，专项规划以总体规划为指导，实现"三规"的高度统一和有机融合。四是维护规划的严肃性和权威性。所有规划一经确定，不得随意改动，从市到乡镇组建规划管理机构和规划工作监督部门，确保规划的严格执行和顺利实施。

（2）深化改革，构建符合发展要求的体制机制。一是全面推进政府部门管理体制改革。成都市分别针对规划、交通、农业、园林、环保等 30 个部门进行行政管理体制改革，初步建立了城乡一体高效运转的管理体制；加强服务型政府建设，削减审批事项，简化审批程序，规范监管体系，切实解决政府在管理上缺位、越位和错位问题。二是强力推进城乡公共服务体制改革。成都市委、市政府始终以加快社会事业发展作为城乡一体化发展的基本着力点，用"看得见的手"供给与调控公共产品，卓有成效地进行了户籍、就业、社保、教育、卫生等一系列体制改革，有力地促进了城乡社会事业均衡发展。三是积极推进投融资体制改革。成都市采取政府指导、市场运作和社会参与相结合的方式，构建多元化融资机制，具体措施包括设立政府专项建设资金、构建融资平台、充分利用信贷资金等，此外，成都市还应用 BOT（建设——经营——转让）等融资模式兴建部分公用基础设施。

（3）实施配套政策，为推进城乡一体化提供保障。一是设置专门部门。

城乡一体化发展是一项复杂的系统工程，为深入开展工作，成都市成立了统筹城乡一体化发展委员会（统筹委）作为负责城乡一体化发展总体运作和综合协调的常设机构；成立小城镇建设领导小组、促进城乡比较充分就业工作领导小组等专业领导机构，负责相关具体工作的开展、管理及监督。设置统筹城乡发展的具体责任部门，提高了工作的主动性、规范性和实效性，为城乡一体化的顺利实施提供了体制保障。二是完善相应政策体系。成都市还十分注重配套政策框架的搭建，2004 年出台了《关于统筹城乡经济社会发展推进城乡一体化的意见》，该文件是成都市统筹城乡发展进程中的纲领性文件，明确了推进城乡一体化的思路、目标和措施，成为日后开展具体工作的指导和依据。随后，又相继出台了涉及城乡规划、公共财政、户籍管理、教育培训、医疗卫生、就业与社会保障、基础设施建设、乡镇机构改革等一系列 50 多个配套文件，形成了比较完善的城乡一体化配套政策体系。

（4）立足现实，对支撑产业加强引导与扶持。城乡一体化发展要以产业为支撑，产业的升级与发展是解决城乡一体化过程中人员安置、资金不足、生态保护等众多问题的关键所在。成都市坚持把加快产业发展作为推进城乡统筹发展的重点来抓，从 2005 年开始连续开展"项目年""加快产业发展年"等活动。一是农业方面，由于农民整体素质不高，为避免因市场前瞻性不足和对市场把握不准等带来不必要的损失，成都市政府对农业产业化进行了积极推进和全面引导。首先，建立健全市场化资源配置机制，增强农村发展动力，拉长农业产业链，使农民从生产、加工、运输等各个环节获得利润；其次，通过搭建农业投资平台和大力发展农村新型集体经济解决农业产业化过程中的资短缺问题，如先后引进伊利、蒙牛等大型农业投资项目，市区和县成立现代农业投资公司和小城镇投资公司等。除从资金和政策上给予支持外，成都市还鼓励各级地方政府因地制宜进行机制创新，深入挖掘并充分利用自身优势，发展特色农业，打造各区县自己的农产品品牌。二是工业方面，致力于建设产业基地和工业园区。在做大做强主导产业的基础上，引进并培育新能源、文化创意等新兴产业。成都市以"一区一主业"为定位，遵循工业集群发展规律，整合原有分散的工业开发区，形成 21 个工业集中发展区，打造电子信息、软件、汽车、生物制药、航空航天等 11 个现代产业集群，真正实现了完善配套、资源共享、降低成本。

（5）推行产权制度改革，盘活农村集体资产。2008 年年初，成都市出台了《关于加强耕地保护进一步改革完善农村土地和房屋产权制度的意见

（试行）》的文件，率先在全国开展农村产权制度改革试点工作。主要包括以下三个方面措施：一是创新土地流转机制。成都市以农村土地股份化改革为突破点，积极探索符合各地实际的土地流转新模式。例如，依托于"村企合一"理念的农村土地股份合作制，即农户以土地承包经营权入股，村集体以土地整理新增的部分耕地入股，企业以资金入股共同兴办公司，农民和村集体年底可以获取企业红利。二是搭建产权流转平台。成都市各级政府在广泛征求群众意见的基础上，完善土地流转服务机制，建立土地流转交易所、农村产权交易所等产权流转平台，并在各区县设立分所，镇村设立信息点；交易所设有土地流转信息触摸屏、土地流转电子显示屏，并实行信息联网，使农民可以方便快捷地获得土地流转信息；另外，政府还组织专家规范土地流转合同并建立专家咨询机制。三是完善信用担保机制。农民可以使用自己的土地承包经营权、林权、宅基地、农村房屋、新居工程等的权属证明或实物进行质押或抵押，向银行融资。2008年年初，成都市组织16家区（市）县农业投资公司、成都市小城镇投资有限公司、现代农业物流业发展投资公司及农发投公司共同出资，参股设立全国首家农村产权流转担保股份有限公司，为农民的相关融资行为进行信用担保和行为担保。

（6）探索改革户籍制度，梯度引导农民居住向城镇集中。深化户籍制度改革，放宽成都市落户政策。户籍制度改革是实现农民向城镇集中的前提和关键。2006年10月，成都市委、市政府联合发出《中共成都市委成都市人民政府关于深化户籍制度改革、深入推进城乡一体化的意见（试行）》，放宽成都市落户的户口政策成为此次改革的最大突破。例如，成都市行政区域内的农村户口在城市租房一年以上者，就可在实际居住地办理常住户口，农村大学生只要落实工作单位也可在成都市办理常住户口。成都市按照"把农民逐渐转变为城镇户口，空置出来的农村土地实行规模化经济，以推动整个社会的和谐发展"的战略思路。初步建立起了城乡一体化的户籍管理制度。推广双流县经验，引导农村人口向城镇集中。在促进农村人口向城镇集中方面，成都市总结并推广双流县成功经验，主要包括两个方面措施：一是建立区域转移安置机制。凡愿意向城镇迁移的农民可自由选择市域范围内的任意城镇；农民可以用宅基地及农村房屋置换城镇住房，有条件的社区还可以置换一定面积商业用房；自愿放弃宅基地到城镇购房的农民，政府给予一次性货币补偿；自愿永久放弃土地承包经营权的农民，可申请再就业优惠证，享受社会保障优惠政策等。二是开展土地整理，建立农村新型社区。以村为单位实施成片的土地整理与开发，引导农民向农村新型社区集中居住，稳步推进城镇建设用地增加与农村建设用地相挂钩的试点。

（7）统筹城乡就业社保，促进城乡"比较充分就业"。成都市在统筹城乡经济社会发展工作中，始终把扩大就业放在突出位置，在全国率先提出"将失地农民、农村富余劳动力的转移就业纳入与城镇失业人员就业再就业相同的扶持范围"，进一步打破了城乡就业二元结构格局。成都市促进城乡"比较充分就业"目标实现的具体做法包括：一是形成促进城乡比较充分就业的政策框架，并确立就业社保工作的责任体系。成都市委、市政府先后出台了《关于促进城乡充分就业的意见》和《关于促进农民集中居住区就业工作的意见》等文件，明确统筹城乡就业的总体目标和工作要求。相关部门及各区（市）县也结合本地实际制定配套文件，提出具体的政策措施和制度框架，同时将促进城乡就业社保工作纳入各级党委、政府的一级目标进行考核。二是形成了促进城乡比较充分就业的体制机制。对农民集中居住区进行同步规划、制订就业促进方案，设立完善的就业配套设施；中心城区与近、远郊区（市）县"结对子"，帮助近、远郊区（市）县失地农民在本市范围内转移就业；大力开展订单培训、定向培训和委托培训，努力提高培训的针对性、有效性和实用性。三是统筹城乡社保工作。形成城乡统筹的社会保险工作格局，积极推进征地农转非人员的社会保险工作，全市五项保险的参保人数、基金征收额等指标均有大幅上升。

（二）浙江"产城人文绿"融合特色小镇规划建设实践

浙江特色小镇是相对独立于市区，具有明确产业定位、文化内涵、旅游功能、社区特征的发展空间载体。它被赋予了全新的时代内涵和浙江特色，不是行政区划单元的"镇"，而是产业发展载体；也不是传统工业园区或旅游功能区的"区"，而是同企业协同创新、合作共赢的企业社区；更不是政府大包大揽的行政平台，而是企业为主体、市场化运作、空间边界明确的创新创业空间。

浙江计划重点培育和规划建设100个左右的特色小镇，分批筛选创建对象。力争通过3~5年培育创建，规划建设一批产业特色鲜明、体制机制灵活、人文气息浓厚、生态环境优美的特色小镇。

对于特色小镇建设而言，浙江可谓是先行者，浙江特色小镇建设经验曾受到习近平总书记的批示和高度赞赏。

1. 浙江特色小镇的发展背景

规划建设特色小镇是贯彻习近平总书记浙江讲话精神"干在实处永无止境、走在前列要谋新篇"的重要实践，更是具有历史传承、切合浙江实际的重大决策和创新。

从历史渊源看，改革开放 30 多年来，浙江培育并形成了一大批块状经济和区域特色产业。"集聚"和"特色"成为浙江产业发展的重要路径，也是浙江经济的重要"符号"。

时至今日，浙江经济发展迈上一个新台阶后，面临一个重大课题：传统块状经济强镇和区域特色产业在推进浙江经济前行的进程中，渐显乏力，显现出"产业竞争力日趋下降、过多依赖低端产业、资源利用效率低、创新能力不足"等问题。

在旧有路径难以为继的情况下如何走出转型升级的新路？

创建特色小镇是浙江深化和集成各项转型升级政策措施基础上提出的、用以解决上述问题的重要举措，其充分利用了浙江块状经济、山水资源、历史文化的比较优势，以及在新一轮信息技术和新业态发展中的领先优势，通过资源整合、项目组合、功能集合，助力产业转型发展，促进经济转型升级。

2. 浙江特色小镇的发展历程

2014 年 10 月 17 日，云计算产业生态小镇——云栖小镇举行首场阿里云开发者大会，在参观小镇"梦想大道"后，时任浙江省委副书记、省长李强鼓励说："让杭州多一个美丽的特色小镇，天上多飘几朵创新'彩云'。""特色小镇"首次被提及。

2014 年 10 月 30 日，李强在首届世界互联网大会新闻发布会上说："小镇故事多，浙江将通过系列小镇建设，打造更有激情的创业生态系统。"此后，在乌镇召开的首届世界互联网大会上，互联网精英们汇聚论道，畅想着让古镇在承载厚重历史文化的同时接轨未来，孕育新经济，并指出"浙江可以有更多这样的小镇"。小镇被各界寄予厚望，让省委、省政府坚定了打造特色小镇的信念。

2015 年 1 月，浙江省十二届人大三次会议通过的《政府工作报告》中，"特色小镇"作为关键词被提出，其重要性被提升到了新一轮更大范围的战略布局："加快规划建设一批特色小镇。按照企业主体、资源整合、项目组合、产业融合原则，在全省建设一批聚焦七大产业、兼顾丝绸黄酒等历史经典产业、具有独特文化内涵和旅游功能的特色小镇，以新理念、新机制、新载体推进产业集聚、产业创新和产业升级。"

规划建设特色小镇，得到了浙江全省上下的普遍关注和积极响应。第一批特色小镇创建名单时，征集到了 260 多个，最终筛选出了 50 个初选名单。

2015 年 4 月 22 日，浙江省政府公布《关于加快特色小镇规划建设的指导意见》，明确特色小镇概念，以及规划建设的总体要求、创建程序、政策措施和组织领导。要求入围的特色小镇必须符合"7 + 1"产业定位范围、四至及规划面积清晰、产业文化旅游社区功能叠加、投资主体明确、项目具体可行，投资额达到 50 亿元以上。

2015 年 6 月 4 日，第一批浙江省省级特色小镇创建名单正式公布，全省 10 个设区市的 37 个小镇列入首批创建名单，计划三年投资 2400 亿元左右，预计 2017 年可实现税收收入 190 亿元左右。同年 6 月 24 日，特色小镇规划建设工作现场推进会召开，进一步明确了特色小镇规划建设工作的目标和主要任务。至此，特色小镇正式步入全面实施阶段。

目前，特色小镇的工作重点是指导首批特色小镇创建单位编制，完善建设规划和工作计划，并将启动第二批特色小镇创建名单和培育名单筛选工作，同时做好特色小镇统计监测和年度考核。目前，位于杭州市的基金小镇、梦想小镇、云栖小镇已经初具规模与气候。

3. 浙江特色小镇的发展典型

（1）江南药镇

江南药镇位于磐安县新渥镇境内，距离磐安县城不到 10 km。自古以来磐安便是浙江省中药材之乡，尤其盛产以"白术、元胡、玄参、白芍、玉竹"为代表的磐安五味，被誉为"天然的中药材资源宝库"。中国药材城"磐安浙八味市场"是长三角地区唯一的大型药材特产批发地。磐安以此为基础，以浙江省特色小镇为发展契机，打造融"秀丽山水、人文景观、生态休闲、旅游度假、康体养生"于一体的江南药镇。近期建设用地面积 393 公顷，其中主要建设区用地面积 132 公顷。

江南药镇定位为"药材天地、医疗高地、养生福地、旅游胜地"，通过培育中医药健康产业、旅游服务业和养生养老产业三大新兴产业，融产业、旅游、社区、人文功能于一体，建设成为以中草药文化为主、集高端中药产业、旅游度假养生、区域联动发展的特色小镇；塑造一个尊重和传承中国中医药文化、一个人与自然和谐共生、一个可持续发展的精致特色小镇。

江南药镇总投资 51.5 亿元，主要用于非营利性基础及服务设施和重点工程项目，其中非营利性基础及服务设施投入约 11.5 亿元，主要用于打造文化旅游品牌、中医药养生园、特色文化街区和中药产业园建设。分为三大功能区：一是结合浙八味市场，通过药文化园、养生博览馆、中医药文化特色街区、中医院、康体养生园的建设打造江南药镇的核心区，作为药镇对外服务的主体部分；二是主题展示区，包括中医药主题公园、百草园，以中药材的种植和展示功能为主；三是以中医药产业园建设为代表的产业区。

磐安县"江南药镇"被列为浙江省首批特色小镇创建对象，由县委书记牵头专门成立了小镇建设指挥部。截至 2015 年年底，已开发建设面积 112公顷，完成固定资产投资（不包括商品住宅和商业综合体项目）10.05 亿元，吸引 120 家企业、990 家个体工商户、20 多个创业团队入驻。江南药镇初见成效，中药材特色产业服务业营业收入已经突破 5 亿元，百草园、中医药文化特色街区、中医院、康体养生园等项目也已经在规划建设中，逐步将药镇的功能从简单的种植、生产、销售延伸至旅游服务、医疗保健、养生研发等多个领域。江南药镇作为浙江省唯一一个以中药材特色产业为依托的特色小镇，正在成为全县加快跨越发展的新引擎，为全县中药材产业转型发展提供了新的契机。

（2）远洋渔业小镇

定海远洋渔业小镇位于舟山市定海区北部的干览镇境内，毗邻定海西码头渔港，距离定海中心城区 16 km，距舟山市政府所在地——临城新区19 km。舟山是中国远洋渔业起步较早、较为发达的地区之一；2015 年 4 月，农业部批准设立全国唯一的国家远洋渔业基地；全市共有远洋渔船 450 余艘、水产精深加工企业 40 余家，远洋渔船数量和远洋水产捕捞量均占全国的 22% 左右；是全国远洋捕捞鱿鱼最大的输入口岸和主要加工基地，鱿鱼捕捞量占全国的 70%；目前已形成远洋捕捞—海上运输—水产精深加工—冷链物流—水产交易、销售、服务等全产业链的远洋渔业发展体系。同时，定海西码头渔港具有"百年渔港"的传承历史，自古以来是舟山本岛北部的政治、经济、文化、交通和贸易中心，人文底蕴深厚，是舟山和浙江渔业振兴史的缩影。

定海远洋渔业小镇立足"远洋渔业"和"渔文化"的地域特色，抓住舟山国家远洋渔业基地建设的契机，遵循浙江省特色小镇倡导的"产、城、人、文"四位一体的发展理念，将重点打造集科研、生产、综合物流于一体的海洋健康食品、新型海洋保健品、远洋生物医药等海洋健康产业，采用"海洋健康产业＋"的创新发展模式，促进健康产业与新经济模式的充分"嫁接、契合、互融"，积极推动创意、文化、旅游、电子商务等新兴业态发展，构建形成多链条、高融合的新型产业生态圈，积极打造成为浙江富有浓郁海岛渔文化气息的远洋渔业特色小镇。

远洋渔业小镇规划面积约 3.18 km²，其中建设用地面积约 1.26 km²；总体布局为"一核五区"，包括核心区（远洋渔都风情湾区，即小镇客厅），以及远洋健康产品加工区、健康产品物流区、生活配套区、健康休闲体验区和综合保障区。通过创建"远洋渔业小镇"，不仅有利于更高品质地打造舟山国家远洋渔业基地，成为浙江海洋经济发展新的增长点；有利于完善浙江省健康产业体系建设，成为浙江健康产业发展示范区与产业基地；有利于海岛文化传承和高端要素集聚，成为浙江舟山群岛新区的形象展示窗口；更有利于优化浙江舟山群岛新区城乡空间格局，成为浙江"产城融合"的典范区。

定海远洋渔业小镇具有五个方面的发展优势：一是舟山远洋渔业全国领先，具备发展远洋健康食品产业的坚实基础。二是远洋渔业前景广阔，舟山拥有全国唯一的国家远洋渔业基地。三是岸线腹地资源极佳，定海西码头区域远洋渔业基地建设初步成型。四是百年渔港历史传承，定海西码头渔港人文底蕴深厚。五是各级领导高度重视，省市政府全力支持远洋渔业基地建设。

定海远洋渔业小镇未来将大力发展以"海洋健康食品和海洋生物医药研发制造"为主的海洋健康制造业，积极培育远洋渔业的总部服务经济和文化休闲经济功能，围绕"海洋健康制造"主题积极引进战略运营商，不断改善和塑造远洋渔业小镇的软硬件环境，建成"一港、一湾、一基地"的目标愿景。

定海远洋渔业小镇规划期内计划共新（扩）建项目 12 个，包括 9 个产业项目和 3 个基础设施配套项目，总投资 52.58 亿元，到 2015 年年底已完成13 亿元的投资额；到 2017 年年底，预计可实现年产值 60 亿元，产生年税收收入 1 亿元以上，集聚中高级人才 100 人以上，提供就业岗位 6000 人左右，年旅游人次 30 万人以上。目前，已经引进中国水产舟山海洋渔业公司总投资 10 亿元的深海鱿鱼健康食品加工和中农发远洋渔业基地项目；引进浙江兴业集团公司（与日本玛鲁哈公司合资）总投资 5 亿元的深海鱼油加工项目；积极与正大集团、新希望集团等集团洽谈合作。同时，与上海海洋大学国家远洋渔业工程技术研究中心在谈合作事项，已达成初步合作意向。按照"三年初见成效"的总体安排，定海将坚持政府引导、企业主体、市场化运作的原则，进一步强化规划引导、产业培育和要素保障，加快和督促特色小镇项目推进，积极打造一个产业特色明显、地方文化独特、生态环境优美、"产、城、人"三位一体的省内唯一的远洋渔业健康产业小镇，使之成为长三角地区乃至全国海洋健康产业的新样板、新典范。

（3）宠物小镇

宠物小镇选址于南雁荡山景区门户区域，四面环山，傍靠鳌江水系，距离平阳县中心 1.1 km。平阳宠物用品产业自 20 世纪 90 年代起步以来，各个环节配套服务齐全，已发展成为极具特色和竞争力的优势产业。2010 年平阳县被省商务厅、省财政厅联合认定为"浙江省宠物用品出口基地"；2014 年被确定为全国唯一一个"中国宠物用品出口基地"；2014 年全县宠物用品产业产值达 45 亿元（含在省外投资产值），产品远销欧美市场，产品种类已发展至几十个系列、上千个品种。2014 年成功举办了全国宠物狗冠军赛（CKU）平阳站比赛，这是该项赛事首次放在县级城市举行；小镇所属的南雁荡山景区是国家 AAAA 级风景名胜区，瓯南地区极具知名度的山岳型景区，2014 年景区游客接待人数达到 146 万人次，实现旅游收入 11.5 亿元。

平阳宠物小镇定位为国内知名宠物主题小镇，着力打造成为温州宠物用品研发制造基地、温州宠物主题文化时尚中心、南雁景区休闲旅游特色门户和北港片区新兴产城融合板块等四大功能。宠物小镇重点培育宠物用品产业和宠物休闲旅游产业这两大主导产业，将产业、旅游、社区、人文功能融于一体，建设成为集全国最重要的高端宠物用品研发制造基地、时尚展销窗口、主题旅游目的地和综合服务中心为一体的特色小镇。

平阳宠物小镇总投资 52.2 亿元，主要用于非营利性基础及服务设施和重点工程项目，其中非营利性基础及服务设施投入约 22.7 亿元，主要用于打造游客接待中心、宠物文化博物馆、溪心岛休闲旅游特色村和基础设施项目的建设。分为三大功能区：一是结合游客接待中心、宠物文化博物馆、产业研发与公共服务中心和宠物产业总部经济园的建设打造小镇的核心区；二是宠物用品产业核心制造基地，包括科创园、电商园、生产示范园，以及宠物用品小微创业园；三是以旅游和居住为主的综合服务性功能区块，包括宠物时尚主题乐园、特色旅游村、宠物用品商业街和综合商住区。

目前，平阳宠物小镇已完成投资额 10.05 亿元，主要用于宠物用品研发中心建设。引进宠物用品企业高级以上职称或硕士学历以上的高端人才有 27 人；皮革企业高级以上职称或硕士学历以上人才 15 人。宠物小镇基本完成了核心功能设施、平台建设，初步打响宠物时尚小镇品牌知名度。

（4）和合小镇

和合小镇位于天台县国清寺门的南部入口区，处于天台城区和天台山风景名胜区（北片）的过渡地带，距离县城中心 1.5 km 左右，总面积约 3.02 km²。天台山历史源远流长，其中最为重要和具有影响力的，是始于两汉、魏晋至隋唐，盛于两宋之后，逐步形成"儒释道"三教充分"和合、兼容、并蓄"的独特地域文化——"和合文化"。天台县以此为基础，以浙江省特色小镇为发展契机，打造融"文化地标、旅游门户、非遗基地、养生基地、创新社区"于一体的"天台山和合小镇"，建设用地面积 183.3 公顷，近期建设 99.6 公顷。

和合小镇定位为国际化的"和合文化"交流、展示、传播中心，浙江省内重要的文化地标，通过发展休闲文化旅游、健康服务产业和文化创意产业三大主导产业，融产业、旅游、社区、人文功能于一体，建设以"和合文化"为灵魂，以人文体验与自然风景旅游为主体，以非物质文化遗产和养生文化传统为特色的特色小镇。

和合小镇总投资 56.1 亿元，主要用于非营利性基础及服务设施和重点工程项目，其中非营利性基础及服务设施投入约 16.4 亿元，主要用于打造天台山旅游集散中心、主题文化广场、赭溪滨水景观和生态休闲游憩区等建设。小镇主要分为三大功能区：一是以"和合文化"研究、展示和传播为主的核心区，包括国际交流中心、天台县博物馆、文化广场、"和合人间"文化园、"和尚文"艺术村和民宿工艺制作区；二是以旅游综合配套服务为主的天台门户旅游区，主要包括天台山旅游集散中心、特色旅游村和生态休闲游憩区；三是以休闲度假、养生康体、宗教静养项目为主的和合天堂养心谷，主要以传教院、峧头"慢生活"区、"和合天堂"度假村和禅修习养园等项目为主。

目前和合小镇与多家国内外知名企业（公司）和创新团队洽谈合作，其中包括新湖集团、上海复兴集团、上海帝芙特茶叶有限公司等国内外知名上市企业，并与山东伟天实业、浙江明丰文化产业有限公司等企业达成合作意向并签署合作协议。国家级非物质文化遗产天台山"干漆夹苎技艺"项目代表性传承人汤春甫一直在和合小镇的佛教城内从事干漆夹苎技艺的传承和发展工作；和合小镇提出后，中国人民大学孔子研究院秘书长罗安宪教授，清华大学人文学院方朝晖教授，人民出版社哲学编辑室主任方国根，《光明日报》总编室副主任李亚彬，浙江省委党校陈海红教授，上海社会科学院研究员张志宏，孔子研究院刘增光、吉恩煦、白春燕和上海孟母堂吴飞等专家学者多次聚集和合小镇，研究探讨天台山和合文化的当代价值；此外，天台山和合小镇内的温泉山庄、和合文化园和中华佛教城项目已经开工并初具形象，30余家佛雕、根雕创业团队集聚于此；另外还聘请了徐永恩、周琦等专家作为文化研究员，同时，引进文化研究院和高级管理人员30余人。和合小镇建成后将极大提升城市文化品位，提升台州文化产业地域品牌，促进台州文化旅游事业持续发展。

（5）青瓷小镇

中国青瓷小镇于2012年正式启动建设，着力于打造集文化传承基地、青瓷产业园区、文化旅游胜地为一体的青瓷主题小镇。总体格局为"一核心、三组团"。核心区位于上垟镇，地处浙闽边境龙泉市西部，距市区36 km，龙浦高速、53省道穿境而过。山水资源优越、瓷土资源丰富、民间制瓷盛行，历百年不衰。上垟作为现代龙泉青瓷发祥地，见证着现代龙泉青瓷发展的历史。走进上垟镇，深山小镇的瓷风古韵，从旧屋翻新的大街小巷里飘溢出来，曾经的上垟国营瓷厂办公大楼、青瓷研究所、专家宿舍、工业厂房、大烟囱、龙窑、倒焰窑等至今仍在，成为不可复制的青瓷文化历史。因此，上垟在龙泉青瓷发展史上的独特地位、良好的产业文化基础，成为中国青瓷主题小镇的灵魂。

2015年年底，"中国青瓷小镇开发项目"正式签约，总投资30亿元。分三期投入建设，以上垟镇龙泉瓷厂旧址为核心，整合周边资源，深入挖掘龙泉青瓷文化内涵，建设成为开放式、生态化的人文景区。青瓷文化园是青瓷小镇项目的核心，保留原国营龙泉瓷厂风貌，设置青瓷传统技艺展示厅、青瓷名家馆、青瓷手工坊等各种青瓷主题的休闲体验区，为不可复制的青瓷文化历史增加了新的休闲体验。

青瓷小镇初见成效，目前已吸引了89家青瓷企业、青瓷传统手工技艺作坊入驻，带动了当地4000多名农民就业创业。依托小镇浓厚的青瓷文化底蕴和依山傍水的秀丽风景，城镇建设风生水起，一个集世界青瓷技艺传承地、青瓷文化创意集散地、青瓷文化交流汇集地为一体的世界级青瓷小镇已初具规模。

（6）基金小镇

玉皇山南基金小镇位于杭州市上城区玉皇山南，地处西湖世界文化遗产保护带的南端。车水马龙地，玉皇山脚下；背倚八卦田，南宋建筑群。这片南宋皇城根下的产业园，三面环山，一面临江，是千年皇城脚下的城中村，西湖边上的原住地。玉皇山南基金小镇核心区规划总占地面积 2.5 km²，总建筑面积约 30 万 m²。

玉皇山南基金小镇是为响应省委、省政府打造"特色小镇"的要求，以美国格林尼治基金小镇为标杆，运用国际先进理念和运作模式，结合浙江省和杭州市的发展条件和区域特质所打造的集基金、文创和旅游三大功能为一体的特色小镇。基金小镇用"微城市"的理念打造园区，加快建设生活配套服务平台，在玉皇山南集聚区内，公共食堂、商务宾馆、停车场、配套超市等正在加快建设，有的已投入使用。此外，基金小镇还将提供一系列特色配套服务。例如，引进由省金融业发展促进会组建和管理的"浙江省金融家俱乐部"，将创办成立"浙江金融博物馆"，成立对冲基金研究院，为小镇入驻私募机构提供专业化服务。

截至目前，基金小镇已集聚了 68 家私募、股权投资企业，到位资金 63 亿元，管理资产规模 300 多亿元，成为杭州市私募股权投资企业最多、管理资产规模最大的区块。入驻企业中，既有新引进的阿里巴巴旗下杭州湖畔山南资本管理有限公司、宁波远大物产等，也有"老牌"的敦和资产管理有限公司。此外，位于安家塘 19 号的莫言工作室也已完成装修施工，即将迎接莫言团队正式入驻。

未来五年，基金小镇将以玉皇山南二、三、四期为核心区块，集约化引进和培育 100 家以上、辐射带动周边 300 家以上各类私募基金、私募证券期货基金、量化投机基金及相关财富管理中介机构等，预计管理资产金额超过 5000 亿元。

根据规划，一期的山南国际创意产业园已建成，入驻企业以文创、私募（对冲）基金为主；二期甘水巷、海月水景公园、鱼塘北地块正在建设中，主要集聚私募基金龙头型企业；三期三角地仓库区块和四期白塔片机务段区块，引进为基金小镇提供配套金融服务的私募中介机构、初创型机构等。

一次设计将碎片化的基金小镇整合入微小镇生活圈，描绘着线上线下、工作生活紧密关联的小镇蓝图。

（7）梦想小镇

梦想小镇位于杭州未来科技城仓前区域，临近西溪湿地，拥有仓前粮仓、太炎故居等极具人文气息的历史遗迹。筹建于 2014 年 8 月，规划面积 3 km²，是浙江省、杭州市、余杭区三级重点培育的创新创业综合服务平台，致力于打造众创空间的新样板、特色小镇的新范式和信息经济的新增长点，成为世界级的互联网创业高地。

梦想小镇定位于"互联网创业小镇"和"天使小镇"双镇融合发展。其中，互联网创业小镇重点鼓励和支持"泛大学生"群体创办电子商务、软件设计、大数据、云计算、动漫等互联网相关领域的企业；天使小镇则重点培育和发展科技金融、互联网金融，集聚天使投资基金、股权投资机构、财富管理机构。

梦想小镇的互联网村、天使村和创业集市 3 个先导区块已经建成投用，一个低成本、全要素、开放式、便利化的创业社区基本建成。梦想小镇的筑梦理念主要分为记忆、织补、共享、梦想 4 个部分：记忆——仓前老街承载了几代人的生活，有乡愁、有历史、有回忆；织补——以老街的空间肌理为脉络，增建建筑、院墙、梳理水街、巷道，添补小桥、河埠，恢复枕河而居、夹岸为街、宅院四合的老街风韵；共享——作为互联网的众创办公基地，既是工作空间，更是思想与理想的碰撞空间、人才与技术的交流空间、新老文化的融合空间、服务器等公共资源的共享空间；梦想——泛大学的创客们，从校园出发，回到记忆中的校园，这里有乡愁有机遇也有梦想。

目前，梦想小镇已入驻创业项目 500 余个，新注册投资机构和各类基金 108 家，集聚管理资本总额逾 362 亿元。其中，累计有 54 个项目获得百万元以上融资，融资总额达到 14.7 亿元。梦想小镇正在成为新的创新驱动和经济增长点。

（8）云栖小镇

云栖小镇位于美丽幸福的首善之区杭州市西湖区转塘科技经济园区，地处之江核心，四面环山、碧水中流。

按照浙江省委、省政府关于特色小镇要产业、文化、旅游、社区功能四位一体，生产、生活、生态融合发展要求，秉持"绿水青山就是金山银山"的发展理念，云栖小镇着力建设以云计算为核心，大数据和智能硬件产业为主导产业的特色小镇。

园区总用地面积为227公顷,规划建筑面积212.95万 m^2,已建成20万 m^2。云栖小镇建设仅仅一年,发展非常迅速。截至目前,云栖小镇已引进了各类企业328家,其中涉云企业255家,阿里云、富士康、英特尔都是小镇居民。产业覆盖APP开发、游戏、互联网金融、移动互联网、数据挖掘等各个领域,已初步形成较为完善的云计算产业生态。2015年实现涉云产值近30个亿,完成财政总收入2.1个亿。

云栖小镇努力建设成为浙江特色小镇建设的示范镇、中国创业创新第一镇,探索出一条产业、文化、旅游、社区功能融合发展,体制机制灵活的新型城镇化建设之路。未来,云栖小镇计划以云计算为科技核心,以阿里云计算为龙头,通过3~5年时间的努力,打造一个富有科技人文特色的中国首个云计算产业生态小镇。云栖小镇将进一步着眼供给侧改革,紧紧围绕转型升级,加快实施腾笼换鸟,着力培育新兴产业,加快集聚高端要素,全力实施"双创"行动,加快构建产业生态,培育小镇经济。

(9)艺尚小镇

艺尚小镇位于临平新城核心区,规划面积3 km^2。作为未来的城市副中心,规划区成为临平要素集聚、交汇的链接区块,其建设对整合临平的区域资源、梳理城市空间结构、优化城市服务功能、提升城市生活品质有着至关重要的作用。

艺尚小镇以时尚产业为主导,把推进国际化、体现文化特色与加强互联网应用相结合作为小镇主要定位特色。规划形成"一心两轴两街"的基本格局,"一心"为小镇的形象之心、交通之心、功能之心,"两轴"为沿望梅快速路及其延伸段形成的山水文化轴和沿迎宾路形成的产城融合轴,"两街"即中国·艺尚中心项目形成的时尚艺术步行街和调整后的汀兰路时尚文化步行街。艺尚小镇产业规划由时尚设计发布集聚区、时尚教育培训集聚区、时尚产业拓展集聚区、时尚旅游休闲集聚区、跨境电子商务集聚区和金融商务集聚区六部分组成。

艺尚小镇聚焦国际性服装和珠宝配饰产业,按照企业主体、项目组合的原则,从2015—2017年,分三期实施。2015年投资15个亿,产业定位于设计与研发、销售展示、旅游休闲及教育与培训等,引进品牌服装企业80家左右。目前已引进中国·艺尚中心项目,一期37亩已开工建设,二期193亩计划开工。"中法青年时尚设计人才交流计划"基地已落户"艺尚小镇";

中国服装协会、中国服装设计师协会、法国时尚学院、中法时尚合作委员会已签署入驻协议，美国纽约大学时尚学院、英国圣马丁艺术学院和意大利马兰欧尼时尚学院三大国际知名时尚学院正在积极引进中，七匹狼、太平鸟等40余家国内知名品牌已签订入驻协议。未来的艺尚小镇，将是时尚产业驱动、弘扬人文价值，让设计师们"聚集灵活思想、人性回归"的圣地。

（10）酷玩小镇

酷玩小镇位于绍兴市柯桥区西南部，柯岩风景区内，地理位置优越，区域环境优美，区域交通便利。酷玩小镇核心目标及定位是：旅游小镇—体验传统小镇的地方风情，运动小镇—引领"酷玩"运动新时尚，产业小镇—打造体育旅游产业生态链。

打造酷玩小镇主要是结合柯岩旅游开发建设项目、特色山水资源及城镇发展实际，通过加快环境的美化、设施的完善、旅游休闲、体育项目的引进、景区标准化创建等举措，将各体育健身、旅游休闲项目串点成线，连线成片，逐步形成以酷玩（体育健身、旅游休闲）为主体的特色小镇。

东方山水乐园和总投资 12 亿元的浙江国际赛车场是柯岩酷玩小镇的两个核心项目，小镇计划利用 3 年时间，规划总面积 3.8 km^2，以体育运动、山水休闲为主题，根据对现有资源、建设项目的梳理，把柯岩规划设计成高端休闲区、山水游乐区、大众运动区三大片区，以游艇、自行车、赛车、马拉松、直升机等水陆空游线串联各个片区。项目包括公共设施、体育运动及休闲旅游三大类，除公共设施外，相关项目共有 11 个，预计总投资 110 亿元，其中"东方山水"综合体投资 80 亿元，占地近 400 亩的主体建筑已经基本完工，目前正在进行外围扫尾和机电调试工作。

在体育设施方面，包括八大体育休闲类项目，如已建的鉴湖高尔夫场、乔波滑雪馆，在建的若航直升机场、天马（F2）赛车场，另外还将新建环鉴湖慢行道、鉴湖码头、酷玩乐园、综合体育场等。其中，乔波滑雪场从 2009 年开始就已投入使用，是长三角地区唯一一家室内滑雪馆，2015 年接待 12 万人次。

酷玩小镇的"酷"体现在三个方面的不受限制：从户外到户内，酷玩场地不受限制；从普通到特殊，酷玩方式不受限制；从大众到专业，酷玩人群不受限制。目前，"酷玩小镇"已具备了山水环境、产业基础等先天优势，经过政府、企业之间的接洽已有了初步的小镇蓝图。通过今后 3 年的时间，力争打造出一个涵盖低中高端游乐特色，融合基础服务、休闲旅游、运动体验于一体的特色小镇，为柯桥和绍兴带来经济、社会和生态的多重效益。

4. 浙江特色小镇的发展经验

浙江特色小镇不是行政区划单元上的"镇"，也不同于产业园区、风景区的"区"，而是按照创新、协调、绿色、开放、共享发展理念，结合自身特质，找准产业定位，科学进行规划，挖掘产业特色、人文底蕴和生态禀赋，形成"产、城、人、文"四位一体有机结合的重要功能平台。

（1）产业定位突出"特而强"。产业选择决定小镇未来，不能"百镇一面"、同质竞争，必须紧扣产业升级趋势，锁定产业主攻方向，构筑产业创新高地。特色小镇的建设，不要华而不实的增长指标，要的是"转型"与"创新"的含金量。环保、健康、时尚、高端装备制造等 4 大行业的特色小镇 3 年内要完成 50 亿元的有效投资，信息经济、旅游、金融、历史经典产业等特色小镇 3 年内要完成 30 亿元的有效投资。这个投资必须突出"有效性"，与实体经济紧密结合，聚焦前沿技术、新兴业态、高端装备和先进制造。截至 2015 年 11 月，首批 37 个重点培育的特色小镇新集聚了 3300 多家企业，引进了 1.3 万多人才，包括大批青年人才，带来了含金量较高的新增投资、新建项目和新增税收。

（2）小镇功能力求"聚而合"。林立的高楼大厦不是浙江要的特色小镇，"产业园＋风景区＋文化馆、博物馆"的大拼盘也不是浙江要的特色小镇，浙江要的是有山有水有人文，产业功能、文化功能、旅游功能和社区功能高度融合，让人愿意留下来创业和生活的特色小镇。发掘文化功能，要把文化基因植入产业发展全过程，培育创新文化、历史文化、农耕文化、山水文化。嵌入旅游功能，每个特色小镇打造 3A 级景区，旅游特色小镇打造 5A 级景区。例如，嘉善巧克力甜蜜小镇突出"旅游＋工业"特色，2014 年接待游客 112 万人次，旅游营业收入突破 3500 万元。夯实社区功能，建立"小镇客厅"，提供公共服务 APP，推进数字化管理全覆盖，完善医疗、教育和休闲设施，实现"公共服务不出小镇"。

（3）建设形态力求"精而美"。根据地形地貌，做好整体规划和形象设计，确定小镇风格，建设"高颜值"小镇。规划空间要集中连片，规划面积控制在 3 km² 左右，建设面积控制在 1 km² 左右。坚持规划先行、多规融合，联动编制产业、文化、旅游"三位一体"，生产、生活、生态"三生融合"，工业化、信息化、城镇化"三化驱动"，项目、资金、人才"三方落实"的建设规划。同时，从小镇功能定位出发，强化建筑风格的个性设计，系统谋划规划品牌打造、市场营销和形象塑造。例如，龙泉青瓷小镇建筑虽然低密度、低容积率，但"小镇味道"十分独特，引来了4位重量级工艺大师，设立了46个创作工作室。

（4）制度供给力求"活而新"。特色小镇的定位是综合改革试验区。凡是国家的改革试点，特色小镇优先上报；凡是国家和省里先行先试的改革试点，特色小镇优先实施；凡是符合法律要求的改革，允许特色小镇先行突破。政策突出"个性"。对如期完成年度规划目标任务的特色小镇，省里按实际使用建设用地指标的50%给予配套奖励，其中信息经济、环保、高端装备制造等特色小镇再增加10%的奖励指标，对3年内未达到规划目标任务的，加倍倒扣奖励指标。特色小镇在创建期间及验收命名后，规划空间范围内的新增财政收入上交省财政部分，前3年全额返还、后2年返还一半给当地财政。服务突出"定制"。在市场主体登记制度上，放宽商事主体核定条件，实行集群化住所登记，把准入门槛降到最低；在审批流程再造上，削减审批环节，提供全程代办，创新验收制度，把审批流程改到最便捷，让小镇企业少走弯路好办事。例如，义乌市打造了从市场主体登记到项目验收的"一条龙"审批流程，政府部门审批时限从原来的30个工作日缩减到4个工作日，对入驻省级特色小镇的企业申请冠省名的，注册资本从1000万元降低至500万元。

在加强政策支持的同时，强调运营机制实行"企业主体"。特色小镇不能由政府大包大揽，必须坚持企业为主体、市场化运作。引入有实力的投资建设主体，让专业的人干专业的事。创新融资方式，探索产业基金、股权众筹、PPP等融资路径，加大引入社会资本的力度，以市场化机制推动小镇建设。引入第三方机构，为入驻企业提供专业的融资、市场推广、技术孵化、供应链整合等服务，使特色小镇成为新型众创平台。

5. 浙江特色小镇发展的启示

浙江利用自身的信息经济、块状经济、山水资源、历史人文等独特优势，加快创建一批特色小镇，符合经济社会发展规律，有利于破解经济结构转化和动力转换的现实难题，是浙江适应和引领经济新常态的重大战略选择，也为全国各地人本城镇化建设提供了启示。

（1）注重抓好"城产"融合。浙江只有10万 km² 陆域面积，而且是

"七山一水两分田",长期以来一直致力于在非常有限的空间里优化生产力布局。瑞士的达沃斯小镇、美国的格林威治对冲基金小镇、法国的普罗旺斯小镇、希腊的圣多里尼小镇等,虽然体量都不太大,但十分精致独特,建筑密度低,产业富有特色,文化独具韵味,生态充满魅力,对浙江优化生产力布局颇有启迪。

特色小镇是浙江产业转型升级的重要抓手。绍兴纺织、大唐袜业、嵊州领带、海宁皮革等块状经济,是浙江从资源小省迈向制造大省、市场大省、经济大省的功臣。然而,步入新常态的浙江制造,并没有从"微笑曲线"底端走出来,产业转型升级滞后于市场升级和消费升级,导致有效供给不足和消费需求外溢。特色小镇聚焦支撑浙江长远发展的信息经济、环保、健康、旅游、时尚、金融、高端装备等七大产业,以及茶叶、丝绸、黄酒、中药、木雕、根雕、石刻、文房、青瓷、宝剑等历史经典产业,通过产业结构的高端化推动浙江制造供给能力的提升,通过发展载体的升级推动历史经典产业焕发青春、再创优势。特别是在"大众创业、万众创新"到来的时代,竞争的关键是生态竞争。浙江建设特色小镇,瞄准建成3A级以上景区打造自然生态,并着力于优化政务生态和社会生态,集聚创业者、风投资本、孵化器等高端要素,促进产业链、创新链、人才链等耦合,形成良好的创新创业平台。借鉴浙江经验,建设特色小镇,应立足主导产业,打造完整的产业生态圈,培育具有行业竞争力的"单打冠军",推进城产融合。

(2)注重抓好"城绿"融合。浙江特色小镇,生态环境优美。特色小镇一般规划在城郊接合部,规划面积在 3 km² 左右,建设用地面积在 1 km² 左右,将按3A景区目标建设,其中旅游特色小镇按5A景区标准建设。每个小镇的建筑、旅游设施和植物群落、自然环境将与产业融合协调、相得益彰,成为城乡统筹发展的美丽浙江新样板。借鉴浙江经验,建设特色小镇,应远离城市中心,走生产、生活、生态融合发展的新路。

(3)注重抓好"城乡"融合。浙江的城市化进程走到今天,交通拥堵等"大城市病"已经出现,公共服务向农村延伸的能力已经大大增强。在城市与乡村之间建设特色小镇,实现生产、生活、生态融合,既云集市场主体,又强化生活功能配套与自然环境美化,符合现代都市人的生产生活追求。例如,梦想小镇是"产、城、人、文"四位一体的新型空间、新型社区,在互联网时代和大交通时代,这种新型社区会对人的生活方式、生产方式带来一系列的综合性改变。这种改变,就是破解城乡二元结构的有效抓手。借鉴浙江经验，建设特色小镇，应着力促进城乡融合。

（4）注重抓好"城人"融合。浙江特色小镇具有独特的历史人文气息或现代文化气息。特色小镇是高校毕业生等90后、大企业高管、科技人员、留学归国人员创业者为主的"新四军"创新创业地，有独特的人文气息；是历史经典产业的传承新生地，散发浓浓的历史底蕴；是传统特色产业＋互联网的发展新高地，拥有活跃的创新文化；是新产业新业态的孵化诞生地，将形成独特的产业文化。每个小镇都是产业、文化、旅游和一定社区功能的叠加与有机统一的"融合"，是宜居、宜业、宜游的创新创业空间载体。借鉴浙江经验，建设特色小镇，应坚持以人为核心，着力为人民群众解决创业之需、生活之便。

（三）长沙浔龙河"城产乡绿"融合发展探索

如何有效破解城乡二元结构，真正解决农民集中居住、就业、社会保障等民生问题，是实施城乡一体化发展的初衷。长沙县委、县政府在认真借鉴和汲取四川省成都等地的成功经验基础上，大力创新试点示范建设。目前，该县果园镇浔龙河生态小镇建设已形成了一条由政府主导推动、企业为主投资建设、基层组织参与决策、人民意愿充分表达的发展新思路，各界反响非常好，效果也非常明显，也非常具备借鉴意义。

浔龙河生态小镇位于长沙县果园镇双河村，现有土地总面积11 584亩，其中耕地1177亩、林地6645亩、水塘197亩、宅基地573亩、公共道路512亩、其他2472.95亩；有13个村民小组、472户，户籍人口1562人。该村地形地貌独特，整体呈现出"两多两少"的特点，即"山多、水多、田少、人少"。村内自然资源丰富，山清水秀，拥有大片竹林、树林；水系尤其发达，浔龙河、金井河、麻林河3条河流交织环绕，与典型的江南丘陵地形地貌互为映衬。区位优势明显，接近长沙市三环，处在长沙县"一心三片"中经济核心区东北部，距长沙县城10分钟车程，距市区25分钟车程，距黄花国际机场25分钟车程。同时，拥有众多流传久远的民间传说和古迹，如关帝庙、拖刀石、义云亭、华佗庙等，历史文化资源丰富。

依托得天独厚的资源优势，浔龙河生态小镇开发建设项目顺势而为，彰显特色，积极推进，呈现良好的发展态势。

1. 主要做法和成效

浔龙河生态小镇项目在企业、政府和村民的共同推动下，完善发展思路,建立运作机制,分步骤开展实施,项目成效初显。在试点推进过程中,主要做法和成效如下。

(1) 明确发展定位。为确保项目运行方向准确,操作内容具体可行,项目开发企业在准确把握中央、省、市关于"三农"及开展城乡一体化试点的政策文件精神,深入调研本村发展实际,积极借鉴外地先进理念和成功做法的基础上,确定了一条以农村土地流转、农民集中居住为切入点,以推进农业产业化、提高农民收入、建设生态小城镇等为目标,开发建设集农业生产及农产品深加工、生态观光旅游、城市资本集中下乡、农民实用技术培训、小城镇建设于一体的浔龙河生态小镇,逐步实现人口集中居住、产业集中发展、资源集约利用的城乡一体化发展新思路。最终达到农民满意、政府满意、企业满意的目标。围绕思路和目标,提升规划,形成"三基三主导""一中心两园两区"的发展格局,包括生态宜居、绿色农业、艺术园林三大基础产业和休闲农业与乡村旅游、生态养生、生态休闲商务三大主导产业;"一中心两园两区"功能布局指一个生态小镇、华佗生态养生园及田汉艺术文化创意园、休闲农业与乡村旅游区和休闲商务度假区。目前,已完成13 500亩总体规划,并通过审查;1570亩小城镇建设详规、5780亩现代农庄及乡村旅游修建性详规等已经完成设计。

(2) 创新运作模式。项目推进过程,是各方利益博弈的过程。通过一系列复杂、细致的工作,项目已逐步形成了由企业为主投资建设、政府主导推动、基层组织参与决策、农民意愿充分表达的"四轮驱动"模式。一是市场主体投资。改变以往由政府为主体投资、市场参与建设的模式,由公司作为投资主体,政府主导推动,将政府与市场的资源优势有机整合,形成项目建设推动力。为确保项目建设期间资金运行安全、充足,公司制定了一整套科学稳健的投融资计划,拟以自筹资金和部分银行贷款作为项目建设启动资金,以土地增减挂钩、土地异地置换所产生的收益作为中期运转资金,以六大产业效益作为项目建设长期发展资金。二是政府主导推动。长沙县政府先后4次组织召开现场办公会议,专题研究浔龙河生态小镇建设问题,在用地及水、电、路、气、网等基础设施配套上给予了很大的政策支持,并对建设过程中遇到的困难给予及时解决。浔龙河生态小镇已被确定为省两型示范创建项目;省"三个一"重点工程;省国土厅土地增减挂钩置换试点项目;湖南省电力局电气化试点项目;长沙市2012年重点工程;长沙市重点招商项目及市农业产业化龙头企业;长沙市2012年中小河流治理重点项目。目前,政府对水、电、气、有线电视等公共配套服务建设和道路、水利等基础设施建设已投入近1亿元；企业在土地整理、项目建设、农业开发等方面已累计投入资金达1.8亿元。三是农民意愿充分表达。项目最初决策由村干部提出意见，村民代表大会表决通过，村委会向上级党委政府写出申请报告，并最终获得批准实施。建设过程中的重大事项，均举行村民代表大会，由全体村民公投形成决议。2010年9月19日，村支两委和公司联合组织召开了申请城乡一体化试点村民公投大会，全村村民支持率为97.2%；同年11月24日，召开村民集中居住地选址公投大会，村民投票通过率达到98%。同时，投资公司、村委会经常向村民代表大会汇报工作，确保村民的知情权、参与权。项目建设以来，组织村干部和村民代表召开会议多达52次，充分了解群众想法，达成共识，为项目顺利推进打下了良好的群众基础。四是基层组织参与决策。实行村企合一，成立浔龙河生态小镇协调管理委员会，设主任1名，由企业董事长、双河村第一书记担任，下设副主任2名，分别负责管理村集体和企业事务。同时，打破村级管理现有模式，建立经济管理中心、公共服务中心和文化发展中心。其中经济管理中心主要负责土地合作社管理，重点对农村土地资源进行经营管理；公共服务中心主要负责社会治安、计划生育、就业指导等，为农民提供日常所需的管理服务；文化发展中心主要负责全村的精神文明建设和文化活动的开展。企业按照市场经济原则，负责浔龙河生态小镇的综合开发。秉持"团队、创新、品牌"的企业核心价值观，打造专业团队，目前已拥有正式员工100多人，其中高层管理18人，专业技术人才36人。通过协调管理委员会搭建桥梁，既能充分发挥村企双方在项目建设中的作用，又能做到有分有合确保健康发展。

（3）做活土地文章。土地是民生之本、发展之基、财富之母。在统筹城乡发展过程中，土地问题是核心问题之一。为做好土地文章，项目一方面积极推动土地流转，实现土地规模经营，发展现代农业；另一方面推进农民集中居住，开展土地增减挂钩和异地置换工作，通过土地节约集约利用换取产业和资本支撑。为盘活土地资源，集中开展四个方面的工作：一是开展土地权属界定。2010年由双河村委会组织的双河村土地确权工作小组在浔龙河生态小镇综合开发公司支持下，开展宅基地使用权、耕地承包经营权、山林地使用权及塘坝、河流、道路等集体土地权益调查，明晰集体土地产权，重点解决人口与土地分配不协调、林地分配不公、宅基地权属不明等问题，使村、组、农民对土地的所有权、使用权更明晰，为减少土地收益分配矛盾、推进土地全面开发利用奠定基础。出台了《双河村土地权属调查报告》。二是成立土地合作社。明确土地合作社组织机构，全体村民以土地入股成为合作社股东，由村民选举产生50名村民代表为股东代表，股东代表选举产生监事会和理事会，负责土地合作社的运营管理。合作社采取企业化运作模式，与政府、企业一起分配土地流转、出让所产生的效益，强化农民对集体土地所有权的认知，按照政府50%、企业30%、合作社20%的分配原则，使农民能持续分享土地增值带来的收益。三是开展土地集中流转。根据依法、自愿、有偿原则进行土地流转，价格由公司和农户双方约定，按市场价格计算；凡改变土地性质转为建设用地，按土地征用政策执行，核减相应土地流转数量；实施土地综合整治后，按相应类别土地流转费标准执行；以村民小组为单位流转土地，各村民小组根据村民自治法自行决定分配方案。四是推动农民集中居住。为集约节约用地，提高土地使用效率，促进城镇化建设，改善居住条件，在尊重民意基础上，分步骤实施农民集中居住。目前，已经制定了集中居住的具体实施方案和操作办法，解决农民永久宅基地置换新房和住房分配问题。①农民永久宅基地置换新房。置换标准将参照长沙市政府第103号令《长沙市征地补偿实施办法》计算（按照拆迁货币安置区农户房屋的合法面积认定标准）。全村472户、1562人搬迁费用约需22 248万元。在永久性宅基地置换新房后，节约下来的宅基地根据增减挂钩和异地置换政策，将其中一部分置换到星沙或暮云，县级及县级以下土地收益部分用于小城镇基础设施建设，全面改善农民居住环境。②农民住房分配。按照长发〔2010〕1号第一部分第2条规定执行，基本原则是：1~3人户按210 m² 建筑面积的基准分配，每增加1人增加70 m² 建筑面积；原基户主户口已迁出，未享受国家房改政策的，可以参与住房分配；夫妻一方为农村农业人员，另一方为非农户口未享受房改政策的，可以参与住房分配；凡符合独生子女条件的，按政策认定可享受增加一人建筑面积（70 m²）的优惠待遇；经批准的五保户可统一安排住房；要求退保的，列入监护人户合并安置。按照绿色环保、生态宜居原则，高标准建设农民集中居住用房，户型分为花园洋房、电梯洋房和联排别墅，购买价格为建筑成本价（花园洋房和电梯洋房800元/m² 左右、联排别墅1300元/m² 左右），村民可根据实际情况自主选择。以四口之家为例，按103号令，一户四口之家可获置换货币50万元左右。在住房分配上，可获得280 m² 建筑面积的住房分配指标。如果其购买联排别墅，需支付新房购房款约36万元，购房后，置换货币还剩约 14 万元，这笔款按中等标准可将新房装修好，实现了新房换旧房住进崭新的别墅。如果其购买花园洋房或电梯洋房，其可以买 1 套 120 m² 三房两厅、2 套 80 m² 的两房两厅，其需支付新购房款约 22 万元，购房后置换货币还剩约 28 万元，其可以用约 10 万元以较高标准将三房两厅装修好，作为自住房，另 2 套两房两厅可以作为自持物业出租或出售，也可以以约 15 万元1 套（按 1800 元/m² 计算）由企业回购。这样，农民新房换旧房后，其不仅自主拥有了 1 套洋房，还留下了近 20 万元存款和 2 套可以出租出售洋房。

（4）突出产业支撑。培育壮大产业，逐步形成成熟产业，是项目的活力所在。浔龙河生态小镇着力打造农业、农产品加工业、旅游业、小城镇建设等多产业形态，推动区域内产业融合，形成复合型多元化产业结构，实现互动互促、融合发展。①着力打造现代高效农业。采用先进的科技手段和信息技术，建设生态、优质、高效、安全的蔬菜、花卉苗木、观光果园等基地。目前已流转 3600 多亩土地，对部分土地进行了综合整理，已形成了优质稻 1100 亩、绿色蔬菜 600 亩、花卉苗木 300 亩的"一片两线三亮点"的产业格局。基地建设累计投资 5000 万元，2012 年预计投资 6000 万元。②生态休闲旅游业。依托当地得天独厚的山水资源及人文景观优势，打造充满自然生态、返璞归真、让人身心放松的心灵目的地。片区内旅游产品包括依托浔龙岛打造现实版开心农场、生态酒店、生态餐厅和农耕文化长廊；依托丰富的山水资源打造山水游乐区；依托华佗庙打造华佗药膳园；依托宋水线和大塘冲等打造艺术精品苗木园与珍稀植物园。目前正推进旅游项目基础设施建设，开展河流生态治理，游乐设施设备及绿化、景观设施建设，观光大棚、接待中心、管理中心也正在建设之中。③小城镇建设。在黄兴大道两厢建一个集居住、商业、旅游为一体的村民安置的新型城镇。今年计划投入资金 2 亿元，启动农民安置区及生活配套区、商业配套中心、污水厂等建设工作。④乡村旅游地产。依托项目区内独特的江南丘陵山水风貌、优越的交通区位优势及巨大的工业城区市场消费资源，承接城市资本下乡，致力发展"休闲、商务、养生"为主题的开发模式。着力打造华佗生态养生园、商务度假休闲区、高级老年公寓区、田汉文化艺术创意园等主题地产。⑤绿色农业产业。主要包括绿色蔬菜产业园、体验式租赁区。体验式租赁区将提供时尚流行的菜地租赁，依托绿色蔬菜产业园生产优质绿色农产品，并整合多样化农产品资源，打造从种植、加工、配送到电子商务及营养顾问的服务一体化、产品一站式商业模式。⑥艺术园林产业。承接园林建设、绿化工程和名贵花草、苗圃经营，形成浔龙河特色，目前花木建设已初具规模。

（5）改善民本民生。民本民生问题是牵一发而动全身的问题，因此项目着重要解决的就是民本民生问题。紧紧围绕这个问题，项目精心展开设计并稳步付诸实施，保障农民利益从眼前到长远、从物质到精神全方位实现。具体来说是以下几个方面：一是改善农民居住环境。通过永久宅基地置换新房、农民集中居住住房分配、小城镇开发建设、基础设施建设及生活居住配套设施完善等举措，使农民居住和生活条件提升。二是实现土地资源增收。土地专业合作社统一管理、经营全村集体土地，其土地收益由合作社统一分配。村民年底可得到两部分收入：一部分是土地流转费，即为"保底"；另一部分是企业通过土地经营创造的价值中按村民流入土地份额所分配利润，即为"分红"。目前，公司已流转村民土地共计约 11 000 亩，村民每年可获得土地流转费共计约 200 万元，不但大大提高了土地的利用效益，也使部分农民获得了稳定的土地收入。土地集中流转前后收益情况比较：除去耕地成本、收插成本、种子成本、化肥农药成本等，1 亩田 1 年最多可产生 400 元利润（其中不含劳动力成本）。根据目前情况，除去耕地以外的其他土地均未得到有效开发（水塘数量少，忽略不计），平均每人土地收益几乎为零。流转后，村民人均每年可获得土地流转费 1194 元。三是促进就业增收。引进品牌培训机构，在小城镇范围内办一所实用技术培训学校，为工业企业和蔬菜花木种植、农产品精深加工等农业产业以及旅游、物业管理等服务业培训输送人才。成立浔龙河农民就业服务中心，依托本村产业发展吸纳农民就业，真正实现农民向产业工人转变。四是完善养老保险。将全体村民纳入新农保范畴，并适当提高参保金额和保障力度。凡将土地进行流转的村民，可每年直接领取土地流转费，也可用土地流转费置换养老保险参保费用。参保村民到退休年龄后，每月可领取养老保险金。五是丰富精神文化生活。以村级文化建设为着力点，高标准建设各类文化阵地，成立浔龙河文化艺术团，开展各类文化娱乐活动，构建浔龙河生态小镇良好人文环境。同时，企业通过产业发展，实现投资合理回报；政府找到解决"三农"问题的新途径，为城乡一体化发展探索新道路，多方共赢，共享发展成果，真正实现农民满意、政府满意、企业满意。

2. 主要启示

通过对浔龙河生态小镇的了解，我们看到了项目发展特色给人印象深刻，前景期待令人心驰神往，作为城乡一体化试点探索，尤其发人深思。当前，在全市大力推进城乡一体化发展进程中，如何把握重点，实现突破，浔龙河生态小镇建设项目给人以启示。

（1）"三个满意"是基石。项目能否持续发展，关键看能否满足参与各方利益，调动各方积极性。浔龙河生态小镇项目准确把握农民当前生存发展现状和需要，深刻领会党和政府发展"三农"的着力点及相关政策体系，正确衡量自身追求，提出了要让农民满意、政府满意、企业满意的"三个满意"原则，三者相辅相成，缺一不可。"三个满意"的实现是项目价值体现，是项目存在的基石，失去这"三个满意"，项目犹如镜中月、水中花。

（2）社会参与是动力。由于项目建设投入大，如果单靠政府财政投入，势必造成相当压力，甚至难以为继。浔龙河项目以企业为主投资建设，充分发挥市场作用，探索市场运作模式，融资与建设合一。成立了投融资建设公司作为项目建设投融资主体，动员社会力量参与，按照市场化原则，具体负责项目投融资、建设开发、土地整理的运营。这样，项目不仅获得持久资金动力来源，资金利用效率也大大提高。

（3）产业发展是核心。只有产业发展有了一定的基础，特别是现代农业发展到一定程度，有了一定的规模，才能为土地流转搭建一个好的平台；才能使农民充分就业，调动广大农民参与的积极性；才能带动商业发展，聚集人气。

（4）惠及民生是根本。富裕农民，增加农民可支配收入，改善农村民生，是党和政府推进城乡一体化发展的最终目的。只有农民的切身利益得到有效保障，企业才能良性发展，也才能获得投资回报。所以，项目自始至终都将保障农民利益放在首位，围绕实现农民利益，开展各项工作。

第十章 人本城镇化的湖南实践

近年来，湖南城镇化增速加快。2015年，全省常住人口6783.03万人，其中城镇常住人口3451.88万人，常住人口城镇化率达到50.89%，城镇人口首次超过农村人口，标志着湖南全面进入城市时代。根据诺瑟姆的城镇化S形曲线分析，当前湖南处于城镇化水平的第二阶段，属快速增长时期（图10.1）。

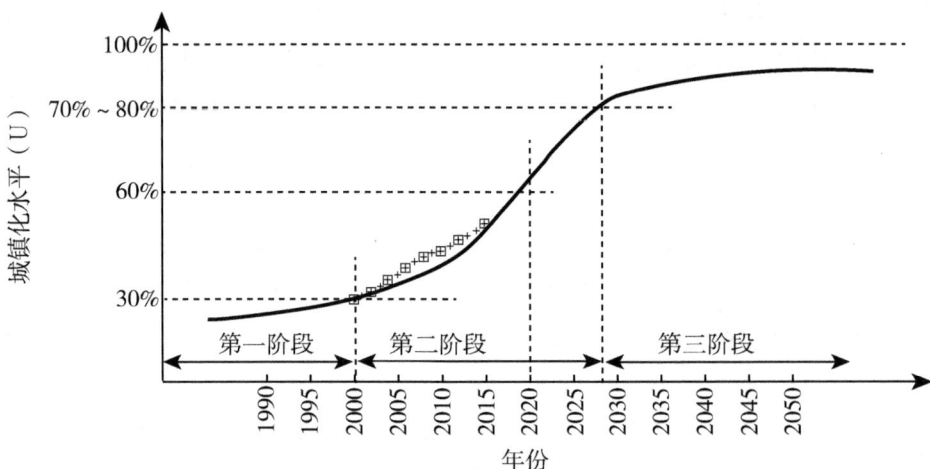

图 10.1 湖南城镇化发展阶段

一、"五维融合"的发展成效

（一）"城产融合"有新拓展

1. 经济增长与城镇化进程同步推进

"十二五"期间，湖南城镇化率提高7.59个百分点，共吸纳606.8万农业转移人口进城，GDP增幅达12 864.2亿元，全社会固定资产投资总额增幅16 133.21亿元，城镇化率提高与经济发展呈现明显的正相关性。

根据周一星对城镇化与人均国民生产总值关系的规律性探讨（图10.2），湖南开始步入全面建设成小康社会的后期，城镇化与经济发展呈共同增长趋势。

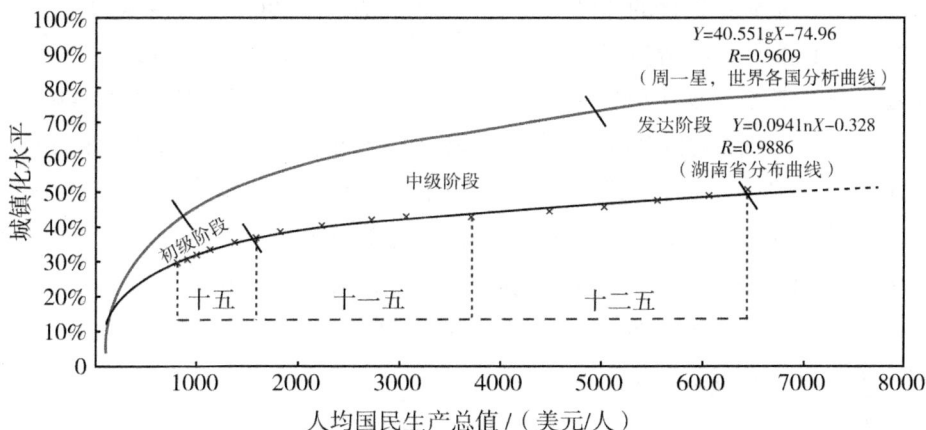

图 10.2　2000 年以来湖南城镇化与经济发展的相关性分析

2. 产业结构日趋优化，工业化与城镇化协调发展

"十二五"期间，全省三次产业结构逐渐优化，三次产业结构由 2010 年的 14.5∶45.8∶39.7 调整为 2015 年的 11.5∶44.3∶44.2（图 10.3），第一产业、第二产业分别下降 3 个和 1.5 个百分点，第三产业上升 4.5 个百分点，且第三产业从业人员 1425.7 万人，比 2010 年增加了 48.4 万人，占三次产业从业人员的比重比 2010 年提高 1.2 个百分点。说明"十二五"期间第三产

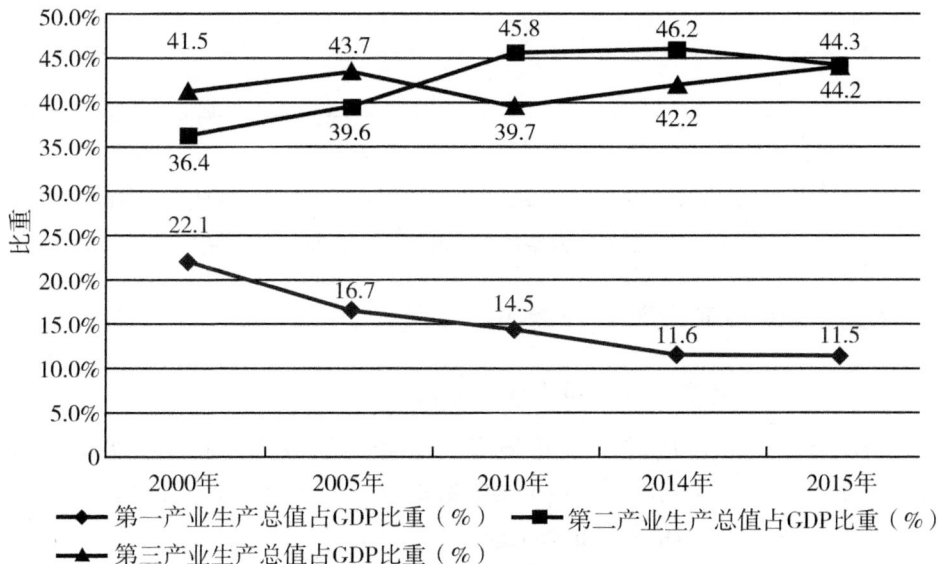

图 10.3　2000 年以来湖南三次产业结构变化分析

业发展势头强劲，这种经济结构变化符合经济发展的内在要求。

从工业化与城镇化的协调关系看，"十二五"期间，全省规模以上工业增加值增长1.7倍，达到10 117.0亿元，年均增长11.31%；到2015年，全省规模以上工业实现主营业收入、利润总额、利税总额分别达到35 410.45亿元、1808.70亿元和3904.90亿元，在过去5年内分别年均增长13.66%、4.50%和6.61%。工业化率与城镇化率的比值（IU）由2010年的0.53下降到2015年的0.46，非农化率与城镇化率的比值（NU）由2010年的1.33调整为2015年的1.17（图10.4），接近IU、NU比的0.5和1.2国际标准值，城镇化与工业化的协调性进一步增强，并呈现由城镇化滞后于工业化向城镇化快于工业化的转变迹象。

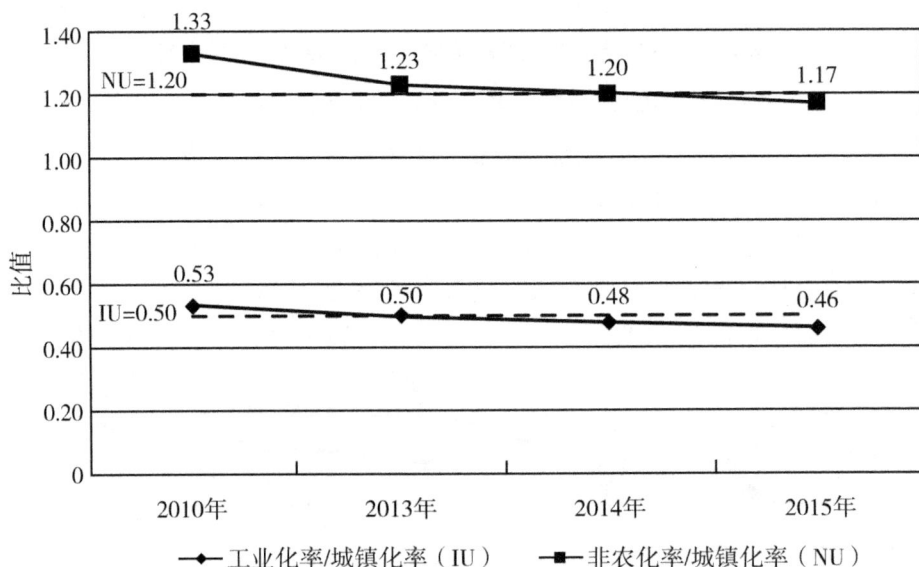

图10.4 "十二五"湖南城镇化与工业化、非农化协调关系

（二）"城乡融合"有新突破

1. 城镇体系初步完善，城乡空间布局更趋优化

2015年，全省共有29个设市城市（13个地级城市，16个县级城市），71个县城和998个建制镇，其中Ⅰ型大城市1个，Ⅱ型大城市4个，中等城市7个，Ⅰ型小城市18个，Ⅱ型小城市70个。

"十二五"期间，长沙市由Ⅱ型大城市发展成为了Ⅰ型大城市，株洲、衡阳、岳阳、常德 4 个城市相继步入大城市（Ⅱ型）行列，怀化、耒阳也发展为中等城市，湘乡、常宁、武冈、长沙县、攸县、祁东、隆回、澧县、桂阳、新化 10 个县级城市扩大到Ⅰ型小城市的规模。初步形成了以长株潭城市群为核心，区域中心城市为依托，县城和中心镇为基础的大中小城市与小城镇相互协调、共同发展的城镇体系。

从各城镇等级的人口规模占比来看，大城市比重增加，中等城市、县以下建制镇比重逐步减少。"十二五"期间，大城市城镇人口占全省总城镇人口的比重为 22.55%，较"十一五"提升了 13.67 个百分点；中等城市城镇人口占全省城镇人口的比重相应由 2010 年的 21.24% 下降至 2015 年的 13.56%；县以下建制镇城镇人口占全省城镇人口的比重相应由 2010 年的 28.19% 下降至 2015 年的 24.62%（图 10.5）。说明大城市是吸引进城人口的主要城市层级，建制镇的城镇人口有明显外流趋势。

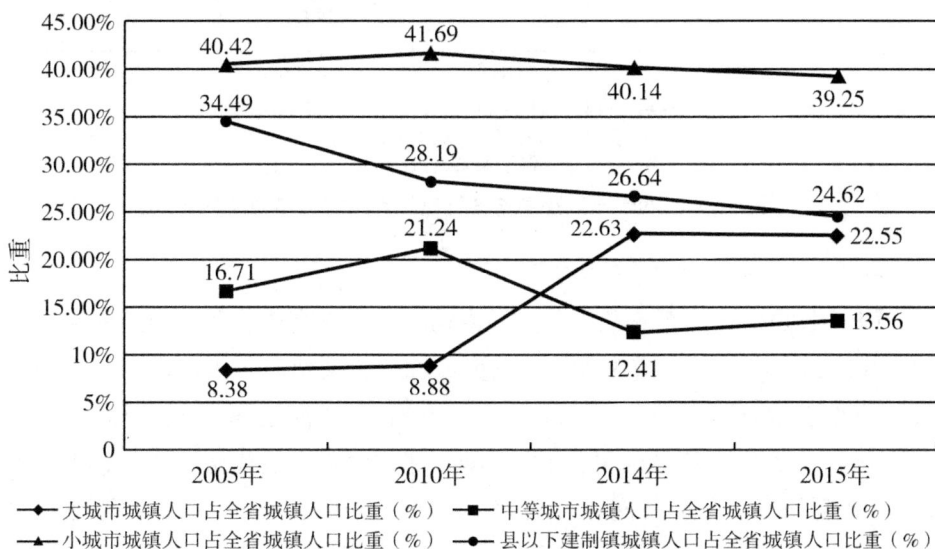

图 10.5 2005 年以来湖南各等级城镇人口规模占比分析

从各行政级别容纳的城镇人口规模来看，县级城市（含县城）比重持续增加，县以下建制镇比重逐步减少，地级市比重相对均衡。

2015 年，地级市城镇常住人口占全省城镇常住人口的比重为 36.7%，县级市城镇常住人口占全省城镇常住人口的比重为 38.8%，县以下建制镇城镇常住人口占全省城镇常住人口的比重为 24.62%。

"十二五"期间，县级市城镇常住人口占全省城镇常住人口的比重较

"十一五"提高了6.56个百分点;地级市和县以下建制镇城镇常住人口的比重有所降低。

从2005—2015年来看,县以下建制镇城镇常住人口的比重下降了9.87%,县级市城镇常住人口比重增加了9.24%,地级市城镇常住人口比重大约维持在36%~40%。这说明县级市是容纳城镇人口的主要地域空间(图10.6)。

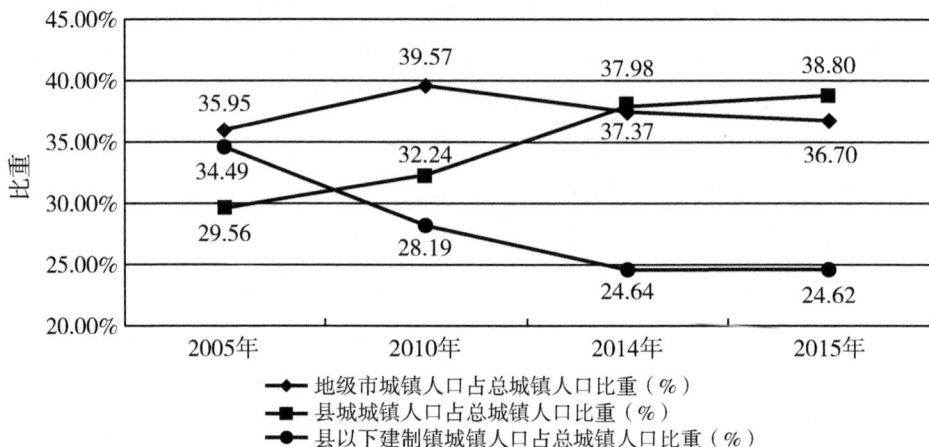

图10.6 2005年以来湖南各行政级别城镇人口规模分析

2. 城乡基础设施不断改进

(1)各类交通体系不断完善。湖南初步建成以高速公路、快速铁路、国省干线公路、高等级航道为骨架,以大型综合交通枢纽、内河港口、空港为依托的综合交通运输网络。2015年,全省铁路营运里程达4521.10 km(图10.7),其中高速铁路里程1110 km;建成轨道交通线路3条,其中地铁2条,磁浮快线1条,线网总长度45.33 km。"十二五"期间,铁路营运里程年均增长4.1%,其中高速铁路里程比2010年增加503.71 km,年均增长12.86%。全省高铁、普铁、地铁、城际铁路和磁浮等"多点发力",建设稳步推进。

2015年,全省公路总里程23.69万 km,其中等级公路21.35万 km。"十二五"期间,湖南实施"高速崛起"战略,累计完成投资2414.21亿元,高速公路通车总里程达到5653 km,居全国第6位,基本建成"五纵六横"高速公路网。2015年,全省有通航河流373条,内河航道总里程1.20万 km,占全国内河通航里程的9.2%,居全国第3位。等级航道里程近10年基本保持不变，基本形成了以洞庭湖为中心，长江、湘江、沅水干流为依托，岳阳港、长沙港等重要港口为节点的水路交通运输体系。湖南有长沙黄花、张家界荷花2个国际机场和常德桃花源、怀化芷江、永州零陵、衡阳南岳4个支线机场。2015年，湖南有南航、厦航和奥凯三家基地航空公司，新增国际（地区）航线17条；累计开通了直达国内外83个大中城市的158条航线，国外通航城市25个。2015年，全省管道运输里程达2052 km，同比增长0.39%。

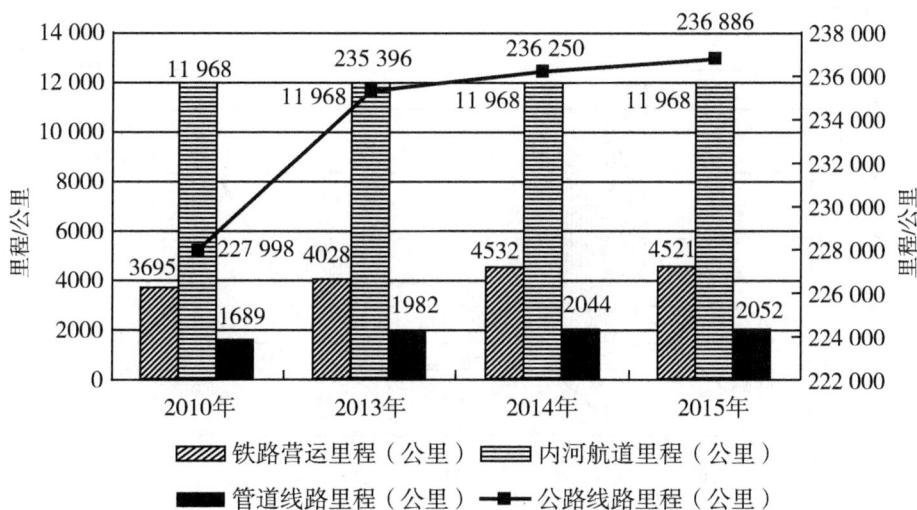

图 10.7 "十二五"湖南各种运输线路基本情况

（2）交通发展方式快速转变，公路运输主体地位进一步巩固。2015年，全省铁路分别完成客、货运量10 368.18万人和4183.56万吨（图10.8），"十二五"期间客运量年均增长7.8%，货运量年均下降6.1%；其中，武广高铁湖南境内8个站和沪昆高铁湖南境内10个站（不含长沙南站）全年共发送旅客4568.57万人，同比增长42.9%。2015年，全省水路客、货物运输量分别为1533.90万人、2.51亿吨；其中，货运量同比下降2.2%，呈现低迷态势；客运量保持平稳增长。"十二五"期间，水路客、货运量年均增长10.8%和9.7%，总体呈增长态势。2015年，全省公路完成客、货运量分别为13.82亿人、18.48亿吨。"十二五"期间，受高铁客运量迅速攀升的影响，全省公路客运量呈先增长后下降的态势，在2012年达到峰值（17.44亿人）；货运量整体呈增长态势，年均增长率达7.7%。2015年，全省民航累计完成客运量935.44万人，完成货运量6.08万吨。"十二五"期间全省航空旅客周转量年均增长 12.6%，呈现较快增长态势。2015 年，管道运输完成货运量 994.78 万吨，同比增长 23.76%，"十二五"期间全省管道货运年均增长 9.4%。

高铁的持续发力，铁路、水路、公路、航空、管道五种方式运量的起伏变化，说明交通发展方式正在快速转变。2015 年公路运输在客运、货运总量中分别占 91% 和 86%；从"十二五"时期来看，公路客运和货运占全部客运和货运的平均比重分别为 93.5% 和 86.2%，这说明公路的主体地位得到进一步巩固。

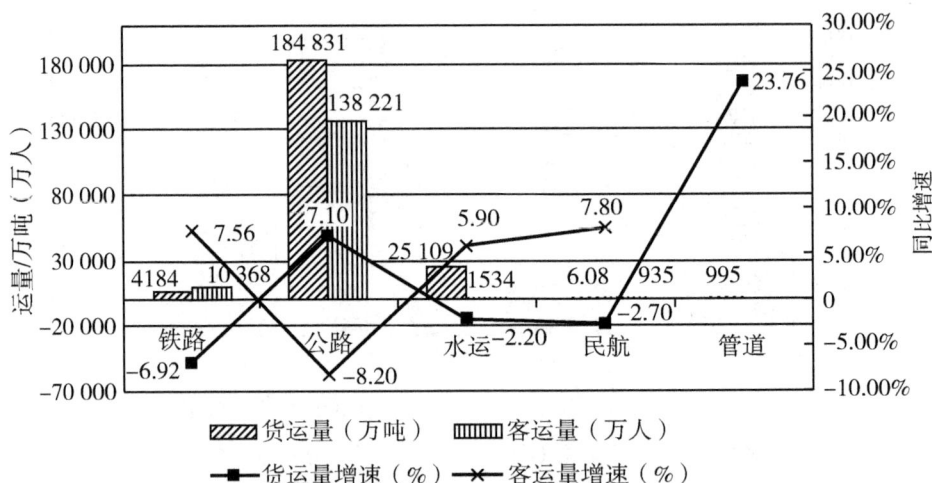

图 10.8　2015 年湖南各种运输方式完成客货运量及同比增速

（3）城镇公用设施不断完善。城市道路交通和公共交通不断发展。2015 年，全省道路长度 11 437 km，道路面积 21 333 万 m^2；人均城市道路面积为 14.3 m^2，同比增长 6.7%。2015 年，私人小汽车拥有量为 466.14 万辆，同比增长 18.5%（图 10.9）。2015 年，全省公共交通运营线路长度为 15 954 km，万人拥有公交车辆 11 标台（图 10.10）；公交客运总量 277 934 万人次，同比增长仅为 1%。2015 年，正式运营地铁线路 2 条，运营里程 26.79 km，配置地铁车辆 234 辆；在建地铁 4 条，在建里程 116.17 km；国内第一条具有完全自主知识产权的中低速磁浮列车商业运营示范线长沙磁浮快线也于 2015 年 12 月试运行（2016 年 5 月已正式通车运营），总长 18.54 km。

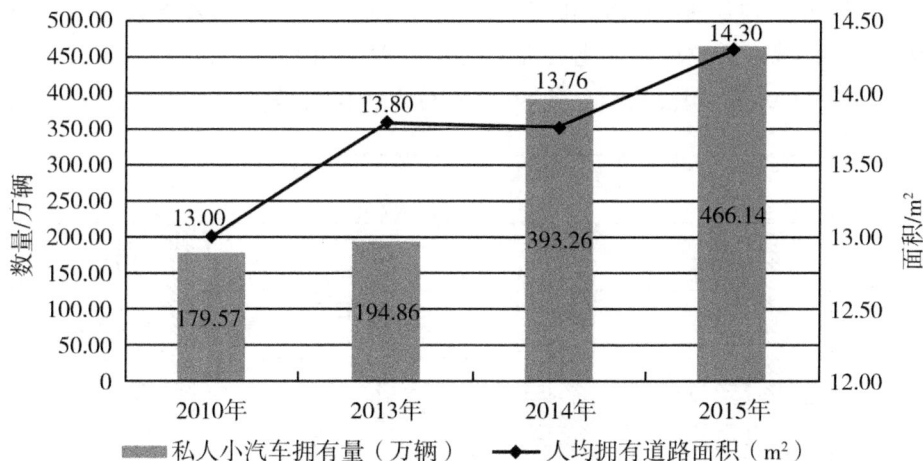

图 10.9 "十二五"湖南人均城市道路面积与私人小汽车拥有量

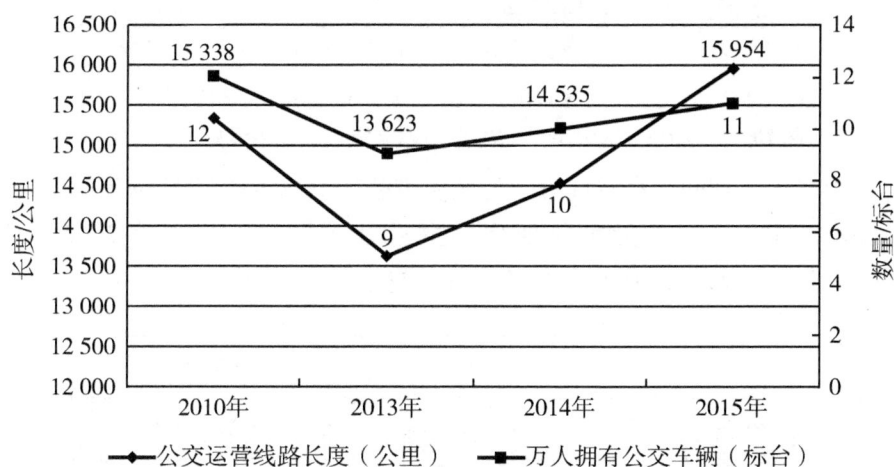

图 10.10 "十二五"湖南公交里程与万人拥有公交车辆

2015 年，全省城市用水普及率为 97.30%、燃气普及率为 92.28%，县城用水普及率为 88.11%、燃气普及率为 75.69%；而建制镇用水普及率为74.72%、燃气普及率仅为 36.54%（图 10.11），与城市和县城普及率差距较大。

2015 年城市污水处理厂 61 座，城市污水处理厂日污水处理量提高到467.4 万 m^3，全省城市污水处理率为 92.7%，县城污水处理率为 90.75%；而建制镇污水处理率为 30.32%，对生活污水进行处理的建制镇有 136 个，仅占全部建制镇的 13.4%，与城市和县城的差距较大。

2015 年城市垃圾无害化处理场 32 座，城市生活垃圾无害化处理率为 99.8%，县城生活垃圾无害化处理率为 98.49%；而建制镇生活垃圾无害化处理率为 73.94%，比城市低 25.86 个百分点，比县城低 24.55 个百分点。

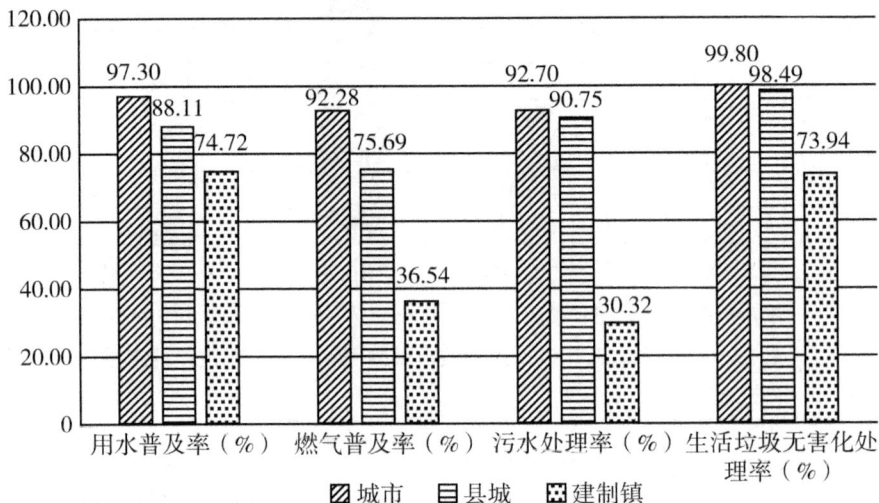

图 10.11 2015 年湖南城市、县城与建制镇市政公用设施水平对比

"十二五"期间，全省城市、县城城市公用设施水平不断提升，其中污水处理率和生活垃圾无害化处理率提升最为明显，分别由 74.95% 和 78.99% 上升至 92.7% 和 99.8%（图 10.12）。

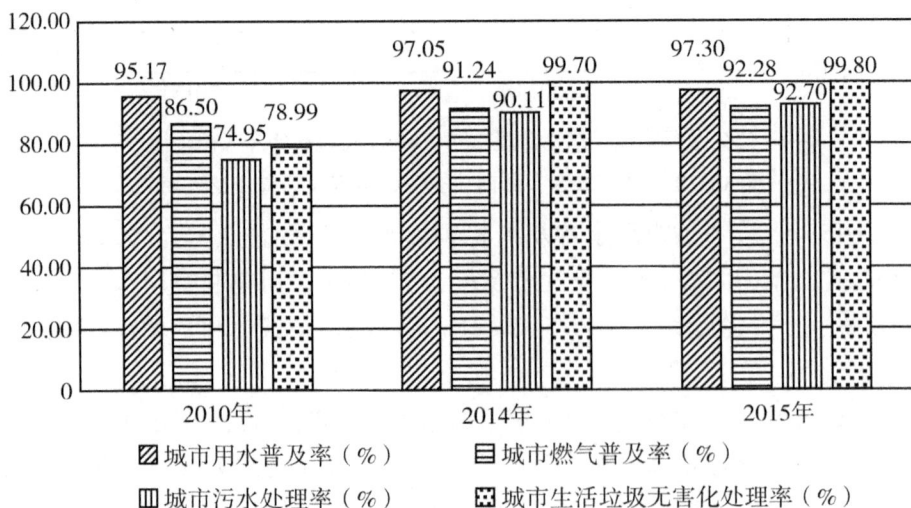

图 10.12 "十二五"湖南城市市政公用设施水平增长情况

（4）农村基础设施不断改善。2015 年，全省村庄建设完成投资 363.76 亿元；其中，房屋建设投资 295.69 亿元，市政公用设施建设投资 68.07 亿元，村庄建设投入力度不断加大。同时，农村公共基础设施建设力度加大，新增供水管道长度 6796 km，新增排水管道沟渠长度 1523.5 km，基础设施水平不断改善。2015 年，农村道路桥梁完成投资 32.24 亿元，全省村庄道路总长 13.4 万 km；新建村庄道路长度 5282.2 km，更新改造 3074.8 km，硬化道路 35 629.7 km，实现了乡乡通公路和 99.8% 的建制村通公路（数据来源于 2015 年全国分省村镇报表）。

3. 城乡民生不断改善

（1）基本公共服务水平不断提升。全省教育水平不断提升。2015 年，全省有普通小学 8412 所，普通中学 3906 所；初中、小学升学率和学龄儿童入学率分别为 86.90%、101.15% 和 99.97%。"十二五"期间，小学升学率和学龄儿童入学率持续保持在 99% 以上（图 10.13）；初中升学率回落 11.42 个百分点，原因是普通中等职业教育学校学生数减少（由 2010 年每万人的 107.88 人减少至 2015 年每万人的 96.19 人）；高中阶段教育毛入学率 2015 年首次超过 90.0%，提前达到了国家"十三五"规划纲要（草案）提出的普及高中阶段教育的指标要求。高等教育稳步发展，人口文化素质大幅提升。2015 年，全省共有普通、成人高等学校 121 所（不含国防科技大学、独立学院），其中普通高校 109 所。全省共有研究生培养单位 20 所，其中普通高校 17 所（不含国防科技大学），科研机构 3 所。2015 年，每万人在校研究生数和在校大学生数分别为 8.43 人和 221.44 人；"十二五"期间，每万人

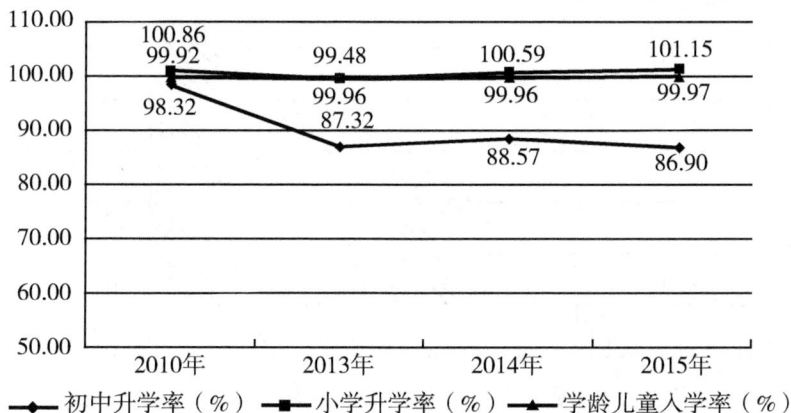

图 10.13　"十二五"湖南学龄儿童入学和中小学教育升学情况

在校研究生数和在校大学生数分别增长了 0.5 人和 74.14 人（图 10.14），每万人在校大学生数增长迅速，每万人在校研究生数增长则趋于稳定。

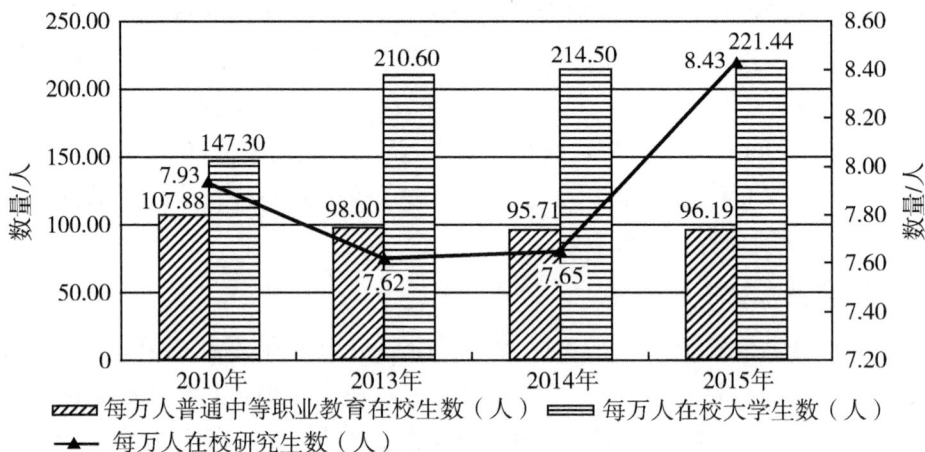

图 10.14　"十二五"湖南每万人中等职业教育和高等教育在校生数变化情况

医疗卫生力量持续壮大，服务水平稳步提高。2015 年，财政性医疗卫生经费支出达 493.74 亿元，占地方公共财政支出的 8.62%；全省拥有卫生机构 1.78 万个（不含村卫生室），医院和乡镇卫生院共拥有床位总数 36.85 万张，卫生技术人员 37.08 万人。2015 年，全省万人拥有床位数 58.4 张，万人拥有医生数 22.2 人，均高于全国平均水平；"十二五"期间，万人拥有床位数增加 5.1 张，万人拥有医生数增加 1.5 人，自"十五"时期以来呈现线性增长态势（图 10.15），表明湖南的医疗服务水平正稳步提高。

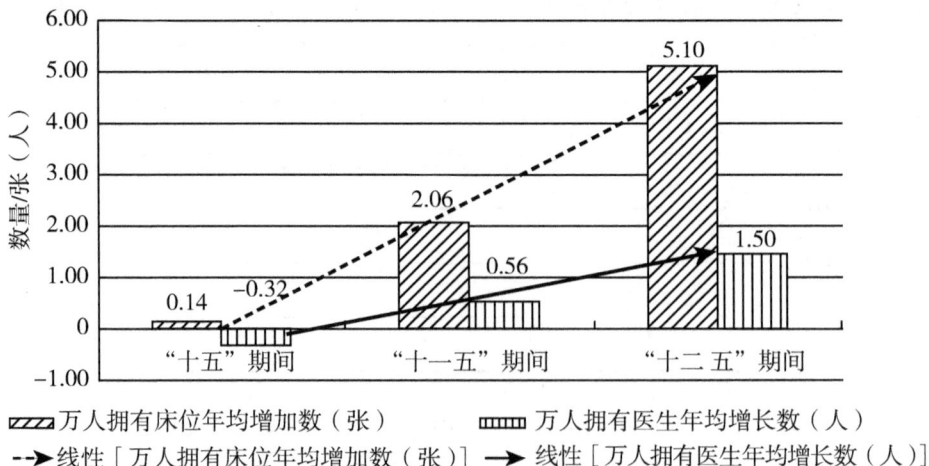

图 10.15　2000 年以来湖南医疗卫生水平情况

　　城乡居民医疗保障覆盖面不断扩大，保障系统运行平稳。2015 年，湖南城镇基本医疗保险参保人数 2662.4 万人，参保率达到 77.13%。其中，城镇职工基本医疗保险参保人数 818.8 万人，城镇居民基本医疗保险参保人数 1843.6 万人。参加新型农村合作医疗人数 4412.1 万人（不含长沙、益阳），参合率达 99.03%。"十二五"期间，城镇基本医疗保险参保人数增加 767.93 万人，参保率提升 18%（图 10.16）；农村参合率稳定在 95% 以上，城乡居民医疗保障覆盖面扩大，保障系统运行趋于平稳。

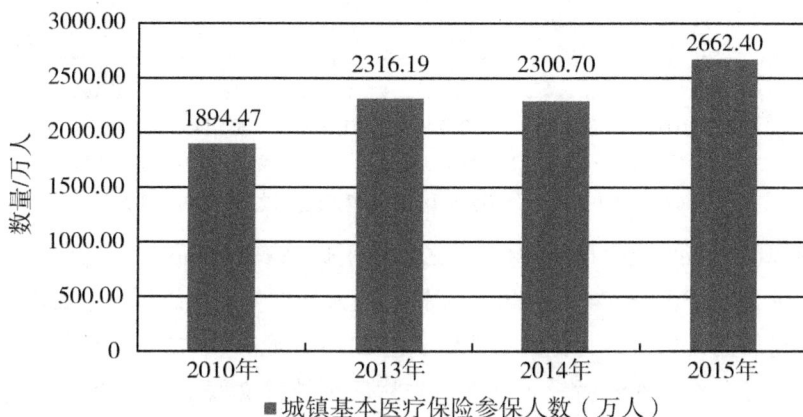

图 10.16　"十二五"湖南城镇基本医疗保险参保人员情况

　　文化体育服务得到长足发展。文化基础设施不断完善。2015 年，全省拥有包括职业剧团在内的艺术表演团体 271 个，拥有公共图书馆 136 个，博物馆、纪念馆 115 个，群众艺术馆、文化馆 143 个，"送戏下乡、演艺惠民"、长沙市"三馆一厅"免费开放等文化民生工程积极推进（数据来源于《湖南省 2015 年国民经济和社会发展统计公报》）。2015 年，有线电视用户 1133.6 万户，比上年增加 255.6 万户；广播综合人口覆盖率 94.06%，电视综合人口覆盖率 97.98%；出版图书 11 364 种、报纸 48 种、杂志 248 种；图书出版量 4.85 亿册，报纸出版量 13.36 亿份，杂志出版量 1.4 亿册，文化产品服务不断提升。文化和创意产业支柱性地位稳固，文化消费稳步提升。2015 年，全省财政性文化经费支出 44.95 亿元，同比增加 58%，占地方财政支出的 0.78%；文化和创意产业实现增加值 1707.18 亿元，同比增长 12.8%。"十二五"期间，文化和创意产业增加值年均增长 15.6%，高出同期经济现价增长速度 3.1 个百分点；增加值占 GDP 比重提升，2015 年占比达 5.9%，比 2010 年提高 0.7 个百分点（图 10.17）。财政性文化投入增长迅速，文化和创意产业支柱性地位稳固。

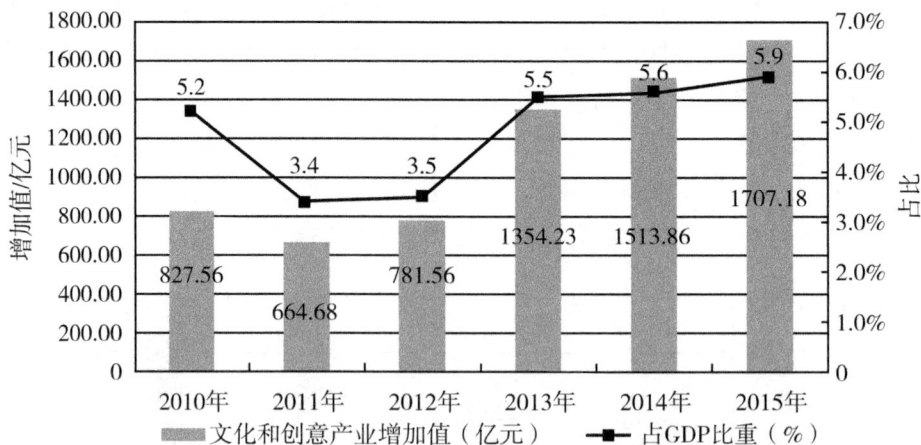

图 10.17 "十二五"湖南文化和创意产业增加值及占 GDP 比重

自 2013 年起，湖南每年投入 2 亿元用于提高农村寄宿制学校运行补助标准和改善学生寄宿条件。2015 年，城镇居民人均教育文化娱乐消费支出 2934.1元，农村居民人均教育文化娱乐消费支出 1276.4 元。"十二五"期间，随着选择在校就餐和寄宿的农村学生增多，农村居民教育文娱消费自 2014 年起有了大幅提高；城镇居民文娱消费支出年均增长 15.6%，农村居民文娱消费支出年均增长 32.2%，城乡居民人均教育文化娱乐消费支出占总支出比重较"十一五"分别提高 3.05% 和 5.84%（图 10.18），文化消费稳步提升。

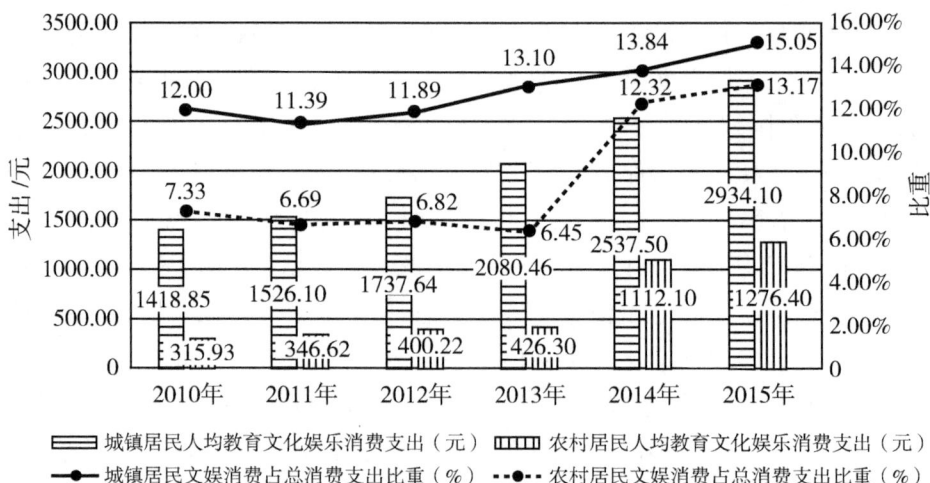

图 10.18 "十二五"湖南城乡居民人均教育文化娱乐消费支出及占总支出比重

体育服务水平逐年提升。2015 年，财政性体育经费支出 11.43 亿元，占地方财政支出的 0.2%。全省体育场地 83 575 个，其中体育馆 220 个，游泳跳水场（馆）459 个。"十二五"期间，湖南财政性体育经费支出年均增长 9.72%，体育场地数量增长了 3.45 倍，平均每万人拥有体育场地由 3.69 个增长到 12.32 个，湖南体育投入增长迅速，服务水平逐年提升。

根据《体育发展"十三五"规划》的要求，到 2020 年人均体育场地面积要达到 1.8 m^2 的目标。而第六次全国体育场地普查数据显示，2013 年年末湖南人均体育场地面积为 1.09 m^2，低于全国平均水平（1.46 m^2），体育场地建设仍有待提高。

（2）居民收入增速较快。2015 年，全省全体居民人均可支配收入19 317 元，比上年增长 9.6%。其中，城镇居民人均可支配收入 28 838 元，居全国第 11 位、中部第 1 位；农村居民人均可支配收入 10 993 元，居全国第 15 位、中部第 3 位。"十二五"期间，城乡居民人均可支配收入年均增速分别为 11.72% 和 14.35%，增长较快；城乡居民人均可支配收入比由 2010 年的 2.95 缩小为 2015 年的 2.62（图 10.19），城乡差距逐步缩小。

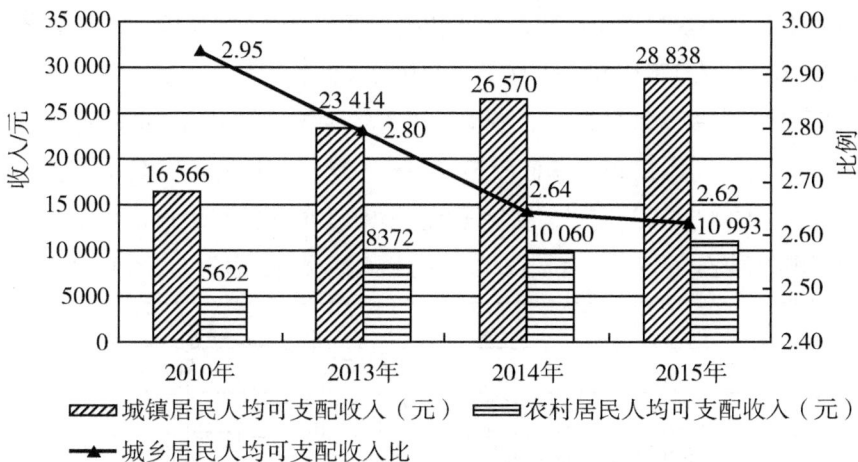

图 10.19　"十二五"湖南城乡居民收入基本情况

社会保障覆盖面广，城乡居民基本生活得到保障。2015 年，全省城乡居民社会养老保险参保人数 4440.16 万人，其中新型农村养老保险参保人数 3280.1 万人，城镇基本养老保险参保人数 1160.06 万人。"十二五"期间，城镇基本养老保险参保人数年均增长 44.48 万人；失业保险参保人数达 521.00 万人，年均增长 24.3 万人；工伤保险参保人数达 777.98 万人，年均增长 52.4 万人；生育保险参保人数达 544.00 万人，年均增长 3.37 万人（图 10.20），社会保障覆盖面日臻完善。

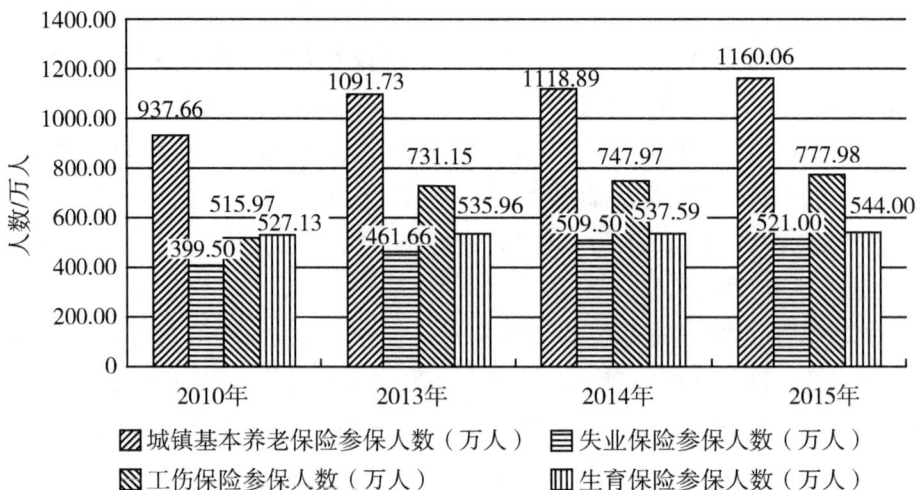

图 10.20 "十二五"湖南社会保险参保人员情况

城乡居住条件进一步改善，居民人均住房面积差距有所扩大。2015 年，全省支持 21.3 万户农村危房改造，新增公共租赁住房 20.1 万套，城市棚户区改造 27.8 万套，国有工矿棚户区改造 1.4 万套（数据来源于《湖南省 2015 年国民经济和社会发展统计公报》）；城市居民人均居住面积 41.02 m²，较上一年增加 1.5 m²；农村居民人均住房面积 57.26 m²，较上一年增加 3.01 m²，居住条件进一步改善。"十二五"期间，农村居民人均住房面积持续增长，城市居民人均居住面积增长趋于稳定；城乡居民人均住房面积差距有所扩大（图 10.21）。

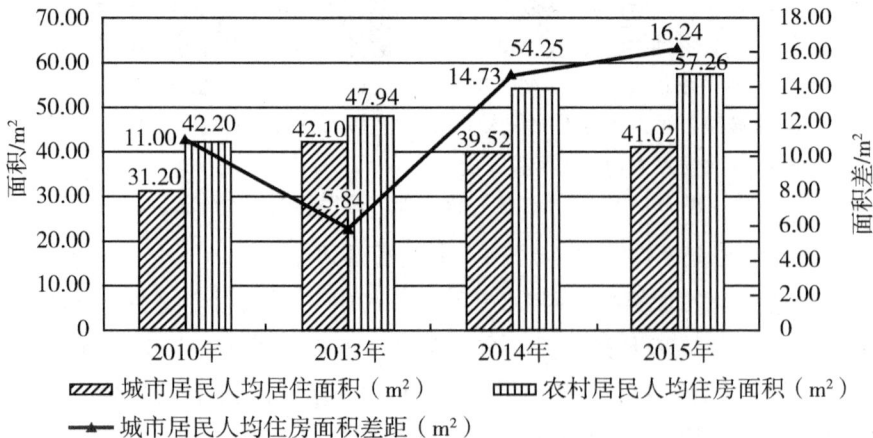

图 10.21 "十二五"湖南城乡居民人均住房面积

（三）"城数融合"有新亮点

1. 智慧城市已成为推进城数融合的发展战略

2011 年，《数字湖南规划（2011—2015 年）》（以下简称《规划》）正式发布，把"数字湖南"作为湖南国民经济和社会发展信息化当前的主要目标，把"智慧湖南"的发展明确为必由之路。《规划》明确了推进智慧城市建设的框架要求，要建设感知充分、覆盖全面、无处不在的智能网络，开展平安城市视频监控和数字化管理、数字城市建设和面向民生、面向公众服务、面向城市服务的智慧应用系统。2014 年 11 月，《湖南省推进新型城镇化实施纲要（2014—2020 年）》发布，提出了推进智慧城市建设的具体要求，重点在交通管理、城市生命线管理、公共服务等领域推动智慧城市建设。全省 14 个市（州）都把智慧城市建设作为信息化、城镇化的发展战略。长沙市把建设"智慧长沙"列入《长沙市建设国家创新型城市总体规划》，提出建立"智慧城市信息系统"，公众以多种方式享受智能化、全方位的公共信息服务。常德市出台了《关于加快推进智慧常德建设的实施意见》，提出用 3～4 年时间，通过智慧城市建设，全面创新城市管理与发展模式，推进促进信息化与民生领域的深度融合，让全市人民共享智慧常德建设成果。株洲、常德、衡阳、永州等市（州）都成立了智慧城市建设领导小组和办公室，智慧城市建设在推进湖南"四化两型"战略的实施中将发挥重要作用。

2. 国家试点已成为推进城数融合的重要抓手

住房和城乡建设部于 2013 年开始在全国组织智慧城市试点，首批试点城市共 90 个，湖南有株洲市、株洲市云龙示范区、浏阳市柏加镇、长沙市梅溪湖国际服务区、韶山市 5 个；第二批试点增加长沙县、长沙大河西先导区的洋湖生态新城和滨江商务新城、岳阳市岳阳楼区、郴州市嘉禾县、郴州市永兴县、常德市桃源县漳江镇。湖南入围的试点城市包括地级市、县区、镇和特色小区几个层级，各有重点。株洲市是唯一入围的地级市，也是参加全国有关部委信息化项目试点较多的城市。株洲在智慧城市的规划中充分体现整合试点与顶层设计，在现有数字株洲的基础上，结合下一代互联网应用示范城市建设、电子商务示范城市建设、信息消费试点城市建设、智慧城市4 个全国试点，统筹视频融合工程等重点信息化工程建设，加强顶层设计，建设智慧株洲。智慧嘉禾主要注重城乡一体化与信息化的结合，体现"智慧城乡"的创新，将信息化的基础设施延伸到乡村，对环保卫生、公众民生、公共安全、公共服务等信息化的应用进行城乡统筹考虑，实现同步发展，把"智慧城乡"作为城乡一体化的高级形态进行推进。长沙梅溪湖国际服务区智慧城市试点主要是探讨在片区（园区）内开展高水平的智慧管理和智慧服务，在网络建设上首创"网运分离"，建设全光纤城市区域网和全覆盖无线网，"三网融合"一次性到位；运用智慧城市最新技术，建设统一服务和管理平台，按照协同运作的思路，提升片区环境、管理、交通、监控、服务等城市功能，提高片区品牌、提升片区环境。试点示范进展顺利，已成为湖南推进智慧城市的重要抓手。

3. 云计算数据中心已成为推进城数融合的重要基础设施

湖南在推进智慧城市建设中，将云计算中心的建设摆在了一个十分突出的位置，云计算中心建设列入了所有市县的智慧城市规划。从已经完成发布的智慧城市规划看，把建设云计算中心作为重点工程的占 100%，常德、韶山、嘉禾等地都提出建设区域云计算中心，株洲将建设"智慧株洲"IDC 机房和基础服务云平台，部署统一通信平台、统一共享平台、统一搜索平台和统一指挥调度平台；从已启动的智慧城市建设看，云计算中心建设更是一马当先。衡阳已经基本建成云计算数据中心，初期配置小型机、PC 服务器 120 多台，通过虚拟化技术，实现硬件资源和软件资源的统一管理、统一分配、统一部署、统一监控和统一备份，支撑智能交通监管系统、数字城管系统、应急指挥联动系统、城市监控与报警联网系统；常德投入 6000 多万元建设高标准云计算机房，初期配置 300 台左右 PC 服务器，支持 2000 多个虚拟机的应用需求。

4. 智慧城管、智能交通已成为推进城数融合的切入点

湖南在推进智慧城市建设的过程中，把数字城管、智慧城管、大城管及智能交通作为切入点开展示范应用，取得较好的效果。长沙、株洲、衡阳、郴州、岳阳、常德等城市基本建成数字城管、智慧城管系统。岳阳数字城管于 2011 年 8 月启动建设，现已基本建成。岳阳"数字城管"采用了"一级监督、二级指挥、三级考评、四级联动、分口处理"的管理模式和大城管平台，系统划分万米单元网格 3400 多个，监督网格 100 多个，纳入城市部件 55 万件，覆盖中心城区面积 89.7 km^2；郴州正式建成"数字城管"系统，

采用智慧城市的最新技术，对 60 多 km^2 主城区进行精细化管理，划分万米单元网格 1305 个、工作网格 45 个，并将路灯、桥梁、井盖、古树名木等 40 多万个城市部件逐一编码建库，纳入城市信息化精确管理范畴。数字城管、智慧城管是湖南智慧城市建设较为成功的项目，基本实现信息化条件下，GPS 定位、视频监控、地理信息编码三位一体，巡查、处理、监督同步开展的智慧城市管理模式。智能交通也成为湖南智慧城市建设的新亮点，长沙、株洲、常德、益阳、湘潭、娄底、郴州等大多数市（州）基本建成智能交通系统。株洲是湖南开展智能交通建设较早的城市，投资 3900 万元于 2010 年基本建成，以智能交通指挥调度平台、交通管理数据中心为基础，集成 122 接处警系统、交通信息采集系统、信号控制系统、道路交通电视监控、交通诱导等 10 余个系统，基本建成数字、高清、智能、实战的交通管理系统；益阳主城区智能交通系统将投入使用，益阳智能交通主要建设交通诱导信息发布、交通电视监控、道路信号控制、闯红灯违法记录、公路车辆监测记录等系统和指挥中心、核心机房。城市公交智能信息化工程已经成为智慧城市智能交通的主要组成部分，长沙市、株洲市城市公共交通智能化应用示范工程已经启动，通过信息化手段，有效提升城市公交运营调度与管理效率、应急处置能力和乘客出行的便捷性。

5. 智能安防、治安视频监控系统已成为推进城数的建设重点

湖南智慧城市建设结合为民办实事"新增社会治安视频监控摄像头 2 万个"的具体任务，开展智能安防、治安视频监控系统的建设。全省 14 个市（州）在原有视频监控网络的基础上进行了重新规划设计，部分完成建设。智能安防、治安视频监控系统是一项投资较大的工程，占据智慧城市建设投入的较大份额。一个地级市城市高清视频监控点一般超过 5000 个，每个建设费用 2 万 ~ 3 万元，加上数据中心、存储等设施，投入都在 1.5 亿 ~ 2 亿元；智能安防除了视频监控信息采集存储外，还设计了视频智能检索及视频研判，对海量视频信息，通过浓缩、切片等技术进行智能筛选后，交由软件、警员、专家进行研判；株洲、常德、郴州等城市还提出了视频融合规划，整合治安视频监控、城管、交通、林业等部门及社会视频监控资源，建设视频共享平台。

6. 电子政务建设已成为推进城数融合的重要业务

湖南智慧城市推进的主要部门为住房和城乡建设部门、经济和信息化部

门及电子政务管理部门。不论主管部门是谁，智慧城市的规划中，都把智慧政务作为一个重点领域。湖南 14 个市（州）提出的数字城市、智慧城市规划中都进行了电子政务的总体规划。数字郴州、智慧郴州规划中明确提出整合服务资源，优化服务渠道，突出市长热线、政府门户网站、政务服务中心的服务整合，优化基于语音通信、互联网及新媒体、实体办事大厅的服务渠道，实现服务出口、过程监管、后台支撑的统一管理，提升智慧政务服务水平；智慧常德提出以电子政务数据资源共享为基础，建立统一的信息资源共享交换平台，整合现有和在建的信息资源，建成法人、人口、空间地理、宏观经济、房屋、电子证照等基础信息数据库和专题数据库，实现信息资源的整合共享。各市（州）在智慧城市建设中，注重电子政务的引领作用，特别关注业务协同、资源共享、优化服务方式、开拓服务渠道，提高公共服务的便捷性和智能化。

（四）"城绿融合"有新加强

1. 资源利用

（1）耕地保护力度加强。2015 年，全省实有耕地总资源 4153.45 千公顷，人均耕地面积 0.91 亩/人，低于全国平均水平（1.4 亩/人）。"十二五"期间，全省人均耕地由 2010 年的 0.94 亩/人递减至 2015 年的 0.91 亩/人。从 2000—2005 年来看，"十五"期间湖南人均耕地持续递减，到 2005 年全省人均耕地只有 0.85 亩/人（接近联合国规定的人均耕地 0.8 亩/人的警戒线）；"十一五"期间，湖南开始实施最严格的耕地保护制度，通过农村土地整治等措施，到 2010 年全省人均耕地增至 0.94 亩/人；"十二五"期间实施占补平衡，全省耕地资源得到有效保护（图 10.22）。

（2）水资源利用效率进一步提高。2015 年，全省水资源总量 1919 亿 m^3，比近年平均偏多 13.6%，属平水偏丰年份；全省用水总量和各部门实际用水量为 330.4 亿 m^3，比上年减少 2 亿 m^3；全省人均综合用水量 487 m^3，城镇居民生活（不含公共用水）日用水量 156 升；万元 GDP 和万元工业增加值用水量分别为 114 m^3 和 81 m^3。"十二五"期间，万元 GDP 用水量降低 36.3%，万元工业增加值用水量降低 42.7%。

（3）节能降耗成效明显。2015 年，全省能源消费总量 15 468.61 万吨标准煤，单位 GDP 能耗 0.70 吨标准煤/万元，比上年下降 6.98%；全省规模

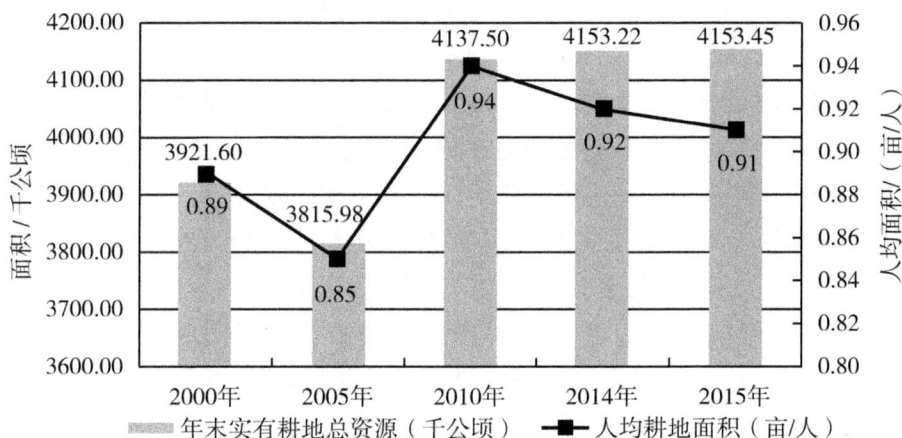

图 10.22　湖南近年耕地总量和人耕地面积变化情况

工业综合能源消耗 6060.07 万吨标准煤，全省规模工业单位增加值能耗同比下降 12.7%，下降率居全国第 5 位，中部六省第 1 位。"十二五"期间，全省规模工业综合能源消耗量累计年均减少 3.3%，而规模工业增加值累计增速上升 65.6%，全省规模工业以较少的能耗支撑了较快的经济增长，结构调整取得成效。其中，全省规模工业单位增加值能耗累计降低 46.2%，提前超额完成五年累计下降 18% 的节能目标任务。从产品的单耗看，2015 年火电厂煤耗 309.53 克标准煤/千瓦时，吨钢综合能耗 579.5 千克标准煤/吨，水泥熟料燃料消耗 104.81 千克标准煤/吨，分别比 10 年前国际先进水平仍高 20%～30%；六大高耗能行业综合能源消费量占全省规模工业企业的比重为 79.3%，而其工业增加值占规模工业企业增加值的比重为 30.3%，能耗比重比 2010 年提高了 1.2%，而增加值比重却降低了 4.6%。湖南在淘汰落后产能，调整产业结构上仍面临较大压力。

2. 环境保护

（1）生态环境保护力度明显加强。2015 年，全省已批准建设各类自然保护区 128 个，其中国家级自然保护区 23 个、省级自然保护区 28 个、县市级自然保护区 77 个，总面积 130.9 万公顷，占全省土地面积的 6.18%。2015 年，湖南率先在全国出台《湖南省环境保护工作责任规定（试行）》和《湖南省重大环境问题（事件）责任追究办法（试行）》，被环保部面向全国范围转发。"十二五"期间，全省突出抓治理、建两型，生态建设卓有成效。全省森林覆盖率由 2010 年的 57.01% 提升至 2015 年的 59.57%。长株潭两型社会试验区改革建设积极推进，形成了一批可复制、可推广的好经验、好做法。编制了《长株潭城市群生态绿心地区总体规划》，将长株潭中心约 522 km² 的生态用地纳入绿心保护范围，出台了《湖南省长株潭城市群生态绿心地区保护条例》《湖南省湘江保护条例》《湖南省贯彻落实〈大气污染防治行动计划〉实施细则》等一系列生态环境保护的法律法规，制定了《湖南省生态文明体制改革实施方案（2014—2020 年）》，进一步强化生态环境保护力度。

（2）人居环境显著改善。2015 年，全省设市城市建成区公园绿地总面积 149.30 km²，建成区绿地率和建成区绿化覆盖率分别达到 35.7% 和 39.7%，人均公园绿地面积 9.99 m²/人，较上年增加 0.14 m²/人。湖南已有岳阳、株洲、长沙、湘潭、娄底和郴州 6 个市（州）成功获评为国家园林城市。"十二五"期间，全省设市城市建成区公园绿地总面积由 109.69 km² 增长至 149.30 km²，人均公园绿地面积由 8.9 m²/人提升到 9.99 m²/人，建成区绿地率和建成区绿化覆盖率一直保持平稳上涨趋势（图 10.23）。

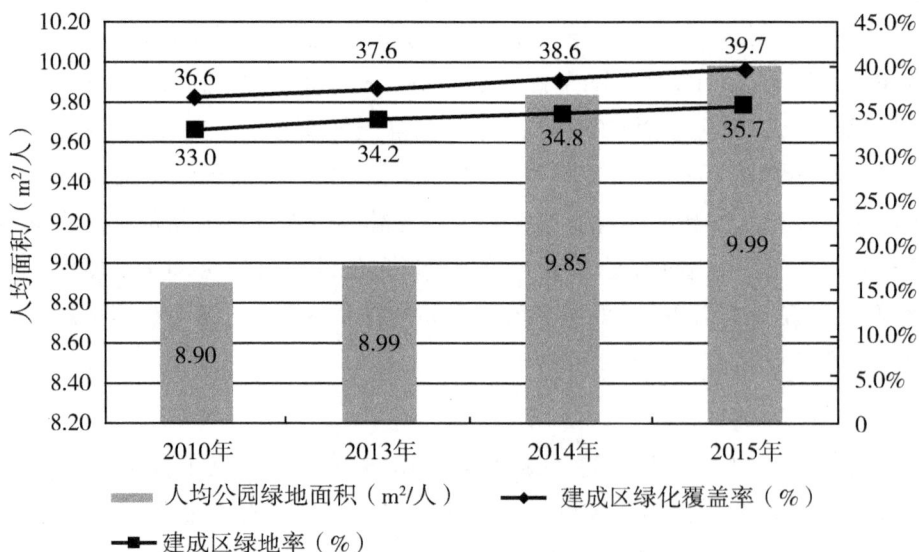

图 10.23　"十二五"湖南设市城市园林绿化情况分析

（五）"城人融合"有新提升

1. 城镇经济快速发展，居民收入大幅提升

随着城镇化进程的稳步推进，湖南的投资需求和消费需求持续扩大，有效促进了全省经济的持续快速协调健康发展。2015 年，全省 GDP 达到 28 902.21亿元，经济总量居全国第 9 位、中部六省第 3 位，同比增长 8.5%；人均 GDP 达 42 754 元，同比增长 7.8%，超过全面小康目标值（31 400 元/人）；城镇居民人均可支配收入达 28 838 元，同比增长 8.53%。

"十二五"期间，全省 GDP 总量增加 12 864.2 亿元，年均增长 2572 亿元，年均增幅达 12.5%（高于全国年均增幅 1.9 个百分点）；人均 GDP 增加 18 035 元，年均增长 3607 元，年均增幅达 11.58%；城镇居民人均可支配收入增加 12 272 元，年均增长 2454 元，年均增幅达 11.72%。这表明全省经济快速发展，居民生活水平逐年提升（图 10.24）。

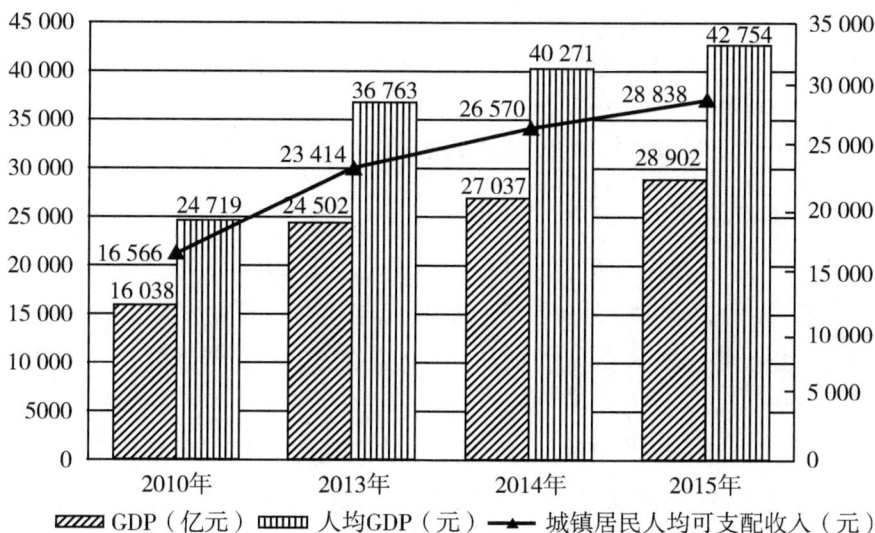

图 10.24 "十二五"湖南全省经济发展水平、居民生活水平情况

2. 就业结构进一步优化

2015 年，全省从业人员 3980.3 万人，相比 2014 年，减少 63.8 万人，首次出现从业人员减少，就业压力增大、形势严峻；全省三次产业从业人员结构为 40.7∶23.5∶35.8。

"十二五"期间，湖南第一产业从业人员比重持续下降，年均下降

0.82 个百分点;第三产业从业人员比重持续提升,年均提升 0.68 个百分点;第二产业从业人员比重基本维持在相对稳定范围(图 10.25),这表明在湖南城镇化发展过程中,第三产业已成为吸纳农村转移就业人口的主要平台。

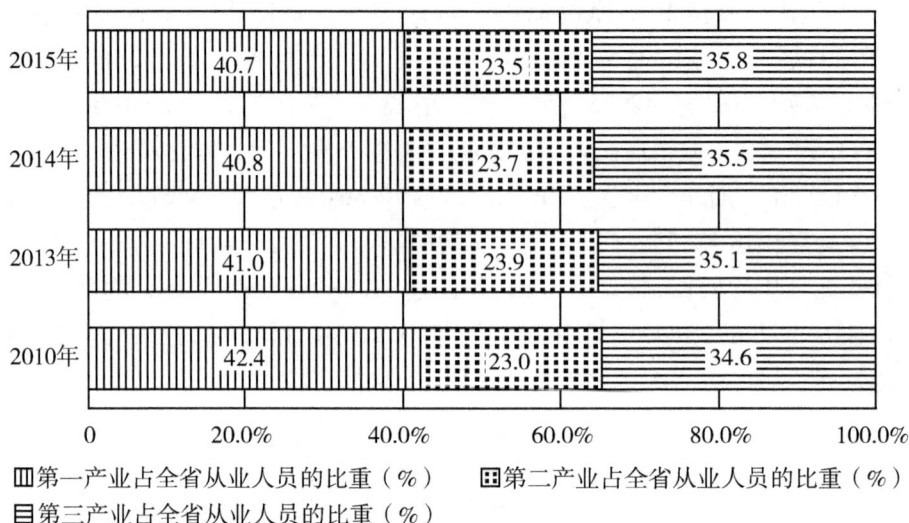

图 10.25 "十二五"湖南三次产业从业人员情况

3. 人居环境不断改善

2015 年,全省在外务工人口 459 万人,比 2014 年减少了 5.8 万人。"十二五"期间,全省在外务工人口总量逐年递减,说明湖南就业形势和人居环境不断改善,城镇吸引力增强,外出务工的趋势逐年减缓,人口开始呈现回流趋势。

"十五""十一五"期间,湖南人口外流趋势明显,户籍总人口比常住人口差值最高多达 560 万人,是典型的人口流出大省。"十二五"期间,随着湖南经济实力、就业环境、生活水平等的提升,人口外流趋势逐步放缓且部分外出人员开始回流,全省在外务工人口减少至 450 万人(图 10.26,图 10.27)。

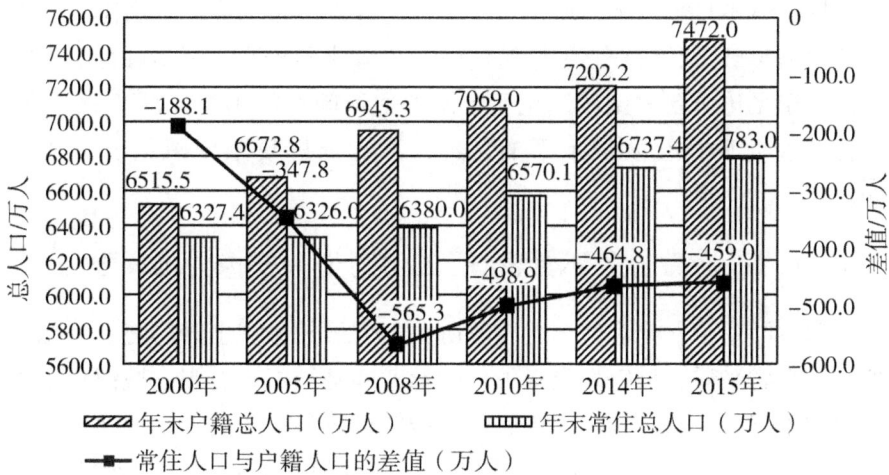

图 10.26　2000—2015 年湖南人口流动情况分析

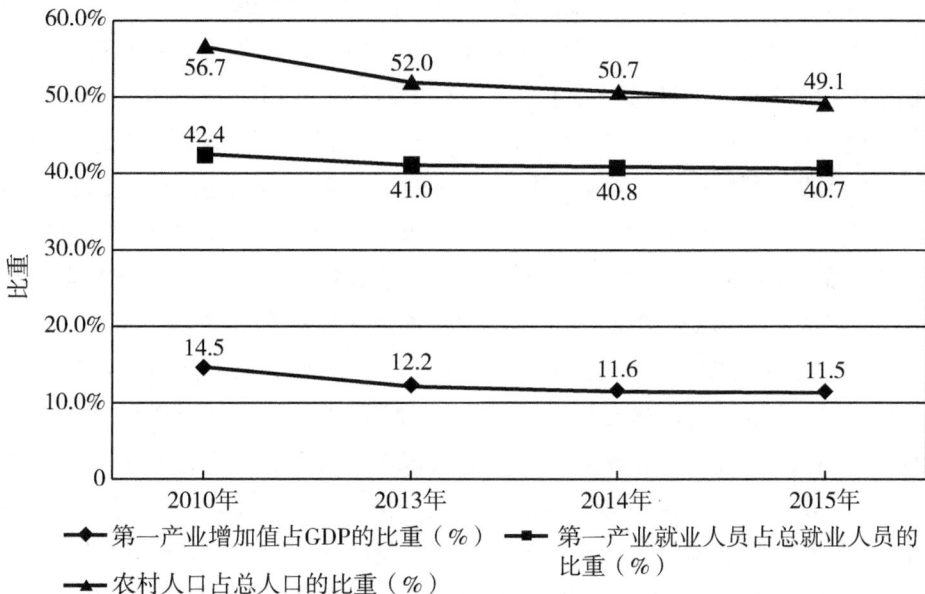

图 10.27　"十二五"湖南第一次产业增加值、就业人员、人口比重分析

二、"五难并存"的系统难题

目前，湖南已进入工业化、城镇化、农业现代化、信息化、绿色化快速发展阶段和转型阶段，"五化同步"发展格局已初步形成。城镇化水平稳步

提升，城镇体系日趋完善，城镇化发展已进入以质量为导向的新阶段。以新型城镇化为突破口，依托新型城镇化引领"五化同步"发展是可行的现实选择。但由于受传统粗放型城镇化所带来的遗留问题的影响，以及受工业化、信息化及农业现代化发展水平的制约，深入推进新型城镇化仍存在诸多难题。

（一）"城产融合"不紧密，"五化同步"支撑力难增强

当前，湖南工业化和城镇化发展协调程度虽然呈现上升趋势，但总体上较低。从全省来看，城镇发展对人口的承载和吸纳能力有限，城镇化质量和效益总体不高。一是产业与城市脱节。城镇化进程也滞后于工业化进程，国际上通用的城镇化率与工业化率的比值合理区间是 1.4~2.5，2015 年湖南城镇化率与工业化率的比值为 1.32，比合理区间低位值低 0.08，比全国平均水平低 0.34。这表明湖南城镇化与工业化融合发展程度不高。二是产业与就业脱节。湖南就业增长明显滞后于产业的发展，产业结构升级和就业的矛盾突出，就业结构的转换滞后于产业结构的转换。2015 年，全省三次产业结构为 11.5：44.6：43.9，2015 年，全省三次产业从业人员结构则为 40.7：23.5：35.8，可以看出，产业结构中工业的比重高，但工业对就业的吸纳能力有限，工业的就业结构与产业结构严重偏离；产业结构中的农业比重低，但就业结构中高农业化的现象并没有改变。这说明湖南城镇非农产业发展较滞后，就业吸纳力低，与农村人口进城务工的矛盾突出。三是人口与城市脱节。"十二五"期间，全省城镇建设用地共增加 85 653 公顷，年均增长 17 130 公顷，按照人均建设用地 100 m² 的标准计算，全省应增加城镇人口 860 万左右，而同期湖南城镇人口仅增加 600 万人左右，土地城镇化速度明显快于人口城镇化速度。导致城镇化与工业化的"非同步性"发展的主要原因在于传统城镇化建设的人本偏差，只有规模、数量、速度成城镇化的"主角"，产业、就业往往只是城镇化的"配角"，城镇发展缺乏内在的产业支撑，大大降低了城镇化所应发挥的人口、产业、资本及技术的积聚效应。

（二）"城乡融合"不紧密，"五化同步"基础力难稳固

城镇化与农业现代化是建设社会主义新农村的两条重要道路。城乡一体化是城镇化与农业现代化协同发展的重要体现。近年来，湖南城镇化与农业现代化都进入了快速发展阶段。但与整体现代化进程相比，农业现代化进程

缓慢，并远远滞后于城镇化。在城镇化的过程中，农业现代化的基础作用有待于进一步巩固。总体来看，当前湖南城镇化与农业现代化发展关联不够紧密，主要体现在三方面：一是城乡经济脱节。由于长期侧重城市经济发展，牺牲农村经济发展。先进、高效、集约的经营模式与管理理念没有很好地推广应用于农村经济发展中，使得城乡经济出现了脱节现象。二是城乡产业脱节。长期以来，城镇发展与农业发展存在相对孤立发展的现象，现代工业、服务业与农业存在相互脱节的现象。城市产业发展的同时，农业现代化产业并未得到应有的发展。湖南作为传统的农业大省，特色农业、生态农业的发展还远远不够，农业的优势资源没有得到充分的开发。农业产业化程度不高，按食品工业产值与农业总产值之比来衡量，世界平均水平在 1∶1 左右，发达国家是 3∶1 左右，而湖南仅为 0.6∶1 左右，表明农产品深加工不够，附加值较低。三是城乡居民脱节。由于城乡二元户籍制度及自身能力的限制，农民工不得不往返于"城乡"之间，处于"半城市化"状态，在制度上没有享受完全的市民权。这在一定程度上限制了农村土地的规模化、现代化、集约化、专业化经营，使得城镇化进行得并不彻底，也加大了城乡居民收入和消费的差距。2015 年湖南城镇居民人均可支配收入 28 838 元，农民人均可支配收入为 10 993 元，城乡居民收入差异系数为 2.62；2015 年，城镇居民食品消费支出占消费总支出的比重（恩格尔系数）为 31.2%，农村居民为 32.9%，城乡恩格尔系数相差 1.7 个百分点。说明城乡居民的生活质量存在着明显的差异性。

（三）"城数融合"不紧密，"五化同步"驱动力难加大

大数据是中国信息化发展进入深水区后的核心主题和战略选择，将大数据的新理念、新技术融合到城市建设中，有助于推动城市的新型城镇化质量。城数融合主要体现在两个方面：于居民角度，主要体现在"衣食住行"的大数据化；于政府角度，主要体现在城市管理高智能化。湖南城数融合不足体现在以下三个方面：一是数据开放共享不足。尽管政府掌握的公共数据量大、面广、价值密度高，但由于部门利益不协调、技术规范不一致、安全责任不明晰等原因，不同行业、部门、地域的数据普遍被隔离，相关数据之间天然的关联性和耦合性被割裂。部门之间和层级之间亟须交换、融合、共享、开放的各类数据难以产生联系，"信息孤岛""信息盲点""数据垄断"和"数据打架"现象大量存在，大数据的价值深度达不到相对位置，最终导

致信息化的优势和作用没有得到充分发挥，城市管理信息化水平较低。二是数据挖掘分析能力不足。目前政府公务人员的信息化应用能力和意识水平参差不齐，政府部门信息化专职人员数量普遍无法满足业务需求，复合型人才匮乏，应用大数据分析提升业务水平的能力有待提升。在大数据浪潮下，部分地方政府对于大数据理念和技术的理解不到位，决策层仍然比较倚重传统的管理方式和手段方法，导致大量的信息资源没有得到有效利用，处于浪费和闲置状态：一方面容易导致城市数据重建设轻应用，大量建设机房，却忽视对政府数据进行有效分析应用，城市信息服务的智慧化、便捷化程度依然较低；另一方面容易导致重投资轻成效，无法匹配城市发展的实际需求。三是数据管理规范不足。信息化建设中"信息碎片化"的根源在于管理体制的碎片化，不同部门之间职能交叉重叠，政府部门各自为政，信息共享存在壁垒。管理制度不健全、标准规范不统一、信息数据保密和公开的法律法规发展滞后，更助长了壁垒的存在。

（四）"城绿融合"不紧密，"五化同步"保障力难提升

近年来，湖南城镇综合承载能力显著增强。但受传统城镇化发展模式影响，城绿融合仍有明显不足。一是自然资源难承载。粗放发展的城镇化使湖南土地资源、水资源、能源等自然资源的支撑面临的困难日益严重。从土地资源看，2015年，全省城镇人均建设用地面积达151.8 m^2/人，远高于国标确定的90～110 m^2 的建设用地标准；2015年，全省实有耕地总资源4153.45千公顷，人均耕地面积0.91亩/人，低于全国平均水平（1.4亩/人），人均耕地面积仅为全国平均水平的一半左右，但人口密度却是全国平均水平的2倍多。土地资源承载力已经到了相对饱和的地步。从水资源看，随着城市化的加速发展，工业、农业和居民生活用水有增无减，更是加重了水资源开发的难度。2015年，全省用水总量和各部门实际用水量为330.4亿 m^3，水资源对城镇化的支撑能力显得更加脆弱。从能源看，湖南是一个能源较为贫乏的省份。随着全省城镇化进程的加速推进，基础设施和住宅的大规模建设需要大量的能耗密集型产品，居民生活用能也在不断增长，但是能源利用的高投入、高消耗、低产出、低效益的状况还没有完全改观。第三次全国经济普查数据显示，全国六大高耗能行业主营业务收入占全部规模工业的33.6%，湖南为36.2%，比全国高2.6个百分点。能源不足对城镇化的制约作用逐步显现。

二是环境污染难缓解。城镇化快速发展造成资源的过度使用和浪费，同时，产生大量污染物，造成环境污染，给城镇化的协调发展带来较大压力，甚至导致环境容量的不足。2015 年，全省每生产 1 亿元 GDP 需排放 10.87 万吨废水，每生产 1 亿元工业增加值排放 34.74 吨粉尘、6510.26 吨工业固体废物，污染物排放强度超过环境自净能力，水和大气环境受到一定程度污染。2015 年湖南主要污染物化学需氧量、二氧化硫、氨氮排放和氮氧化物四项主要污染物排放总量削减率分别低于全国平均水平 1.4、1.3、1.5 和 0.8 个百分点，在全国分别居第 23 位、第 20 位、第 26 位和第 18 位。这表明城镇发展与环境保护之间的矛盾日益尖锐，环境保护形势依然严峻。

（五）"城人融合"不紧密，"五化同步"导向力难加强

城镇化作为推进经济社会发展的载体，最终目标仍是促进人的全面发展。经过几十年的发展，湖南城镇化建设的势头较好，城镇化率有了大幅提高，与全国平均水平的差距虽在缩小，但依然明显。一是常住人口城镇化水平依然不高。2015 年，湖南的城镇化率与全国平均水平的差距仍有 5.21 个百分点。湖南的城镇化水平在中部六省仅居中游，城镇化率排在湖北、山西、江西之后居第 4 位，2000 年以来的城镇化率年均增速排在江西、安徽、河南之后。人口城镇化的速度远远低于土地城镇化，2010—2015 年，全省城市建成区扩大超过 100%，而吸纳的城镇人口只增长了 21.33%。二是户籍城镇化率增长偏缓，农业转移人口市民化进程滞后。2015 年全省户籍人口城镇化率仅为 28.13%，低于常住人口城镇化率 22.76 个百分点，这一差距高出全国 6.56 个百分点。2015 年城镇养老保障参保人数 1160.70 万，城镇医疗保险参保人数 2660.5 万人，但相对于 3451.88 万城镇人口，覆盖率分别只达到 33.63% 和 77.07%。说明湖南大量农业转移人口进入城镇，但并未真正实现市民化。农业转移人口市民化进程滞后的主要原因在调整人的城镇化特别是农民市民化的利益格局。现实的城乡利益格局下，城镇居民大多不愿意和农民工共同享受城镇的医疗卫生、公园交通等公共资源。企业只愿享有大量农民工廉价劳动力的红利，而不愿承担农民工医疗、工伤、住房等方面的保险支出。地方政府缺少为农业转移人口提供公共服务的动力、财力，要"人手"不要"人口"仍是其最现实的选择。

三、"五管齐下"的推进路径

（一）以"产城一体"为切入路径，深入推进产城融合，增强"五化同步"支撑力

1. 探索产城融合发展新机制

针对当前工业化与城镇化互动不足的问题，探索推动建立新型工业化与城镇化融合发展联席会议制度，促进地区之间、部门之间沟通合作，及时研究解决融合发展中的困难和问题。加强省新型工业化领导小组和省城镇化领导小组工作会商，研究建立科学合理的测评体系，加强对不同地区的分类监测，对融合发展效果进行评价。

2. 探寻产城融合发展新路径

产业园区既是产业集聚的重要平台，也是加快城镇化的主要载体。我们将进一步大力推动工业向园区集中，推动工业企业和项目进园区，通过工业产业和产业工人的相对聚集，促进物流、商贸、住宿、餐饮、娱乐、教育、文化等服务业发展，把一大批产业园区打造成宜工宜业宜居的城市新区。同时，加快园区工业地产建设，完善园区配套功能，大力培育优势主导产业，让产业园区成为发展工业、吸纳就业、集聚人口的主阵地。

3. 优化产城融合发展新布局

依据每一个区域的经济发展特征、经济社会发展需求及生态环境承载能力配套基础设施，给予资金支持，推进产业集聚发展，培育特色产业体系，促进地区、区域产业有序转移，逐步形成城市群与城市群之间、城市与城市之间及城市与农村之间"分工协作、优势互补"的产业格局。具体来说，支持长沙等大城市中心城区加快"退二进三"步伐，推动产业结构向高端、高效、高附加值转变，促进形成服务业为主的产业结构。鼓励中等城市推进制造业"退城入园"，加快发展高新技术产业和先进制造业，提高服务业吸纳就业能力，积极融入大城市产业链条。引导中小城市加强基础设施和公共服务设施建设，壮大特色产业，培育龙头企业，发展优势项目，以增强市场竞争力，夯实产业基础。引导小城镇和农村地区要注重提升质量、集约用地、发展特色产业，发展与其资源环境承载力相适应的劳动密集型产业。形成大

中小城市产业错位发展的产业格局，同步实现产业转型升级和空间结构调整。

（二）以现代农业为切入路径，深入推进乡城融合，增强"五化同步"基础力

1. 优化现代农业布局

加强粮食等农产品主产区建设，加快形成各具优势和特色鲜明的长株潭都市农业圈、洞庭湖现代农业示范区、大湘南丘陵农业区、大湘西山地农业区。转变农业发展方式，拓展农业的多功能性，提高农业综合生产能力。

2. 推进农业产业化

根据区域资源比较优势，发展特色、高效、生态、安全的农业产业，突出发展生态有机高效农业、农产品精深加工业及观光农业，提高农业竞争力。充分发挥湖南作为农业大省的农产品资源优势，加快发展粮食加工、肉类加工、水产品加工、精制茶加工、植物油加工等子产业，力争食品产业成为全省经济的一大支撑点。同时，有效引导城市资本、技术人才、管理人才、营销人才等生产要素向农村合理倾斜，将城市先进的经营、管理、营销理念推广到农村地区，推进农业产业化发展，充分发挥农业现代化对新型城镇化的基本保障功能。

3. 创新农业经营主体

在农产品优势产业带培育各类专业大户，加快农户专业化分工、规模化生产和集约化经营。适应市场需求，支持家庭农场扩大自身经营规模，推进家庭农场牵头领办、加入合作社。引导同类合作社、不同地域合作社进行联合，发展联合社，引导有条件的合作社跨地域、跨行业发展。

4. 深化土地制度改革

土地是农民最基本的生产资料和维持生存的最基本保障，也是农业转移人口市民化的最大资本。必须以土地物权化为重点，以保护农民的土地财产权利为核心，深化"一块地"与"三块地"改革。进一步整合规划土地用地，探索土地有序流转方式，合理分配土地增值收益，提升土地节约集约利用水平，探寻农业规模化发展和新型城镇化可持续发展的最优土地安排。

（三）以"智慧城市"为切入路径，深入推进数城融合，增强"五化同步"驱动力

1. 推进数据开放共享

强化信息网络、数据中心等信息基础设施的共建共享。促进跨部门、跨行业、跨地区的政务信息共享和业务协同，建立跨部门跨地区业务协同、共建共享的公共服务信息服务体系。强化信息资源社会化开发利用，推广智慧化信息应用和新型信息服务。充分发挥物联网、云计算、第三代移动通信技术等信息技术的作用，大力推进电子政务建设，努力实现城市管理的互联化、智能化、数字化，通过建立健全统一的电子政务系统及电子政务应用平台，实现政务管理的公开化、透明化、规范化，提升社会治理水平，为城市发展提供良好的社会环境。

2. 提升数据分析应用能力

人才的培养才是信息化推进的关键。加强信息化应用有关知识的宣传与培训，提高大数据的运用能力，从而推进城数融合发展。以发展智能交通、智能电网、智能水务等智能系统为重点，综合应用物联网、云计算、大数据等新一代信息技术，统筹城市发展的物质资源、信息资源和智力资源利用，形成可供开发利用的高质量、高价值密度的"大数据集"，建设智慧城市，提高城市管理服务民生的水平。在注重智慧城市的技术便利和秩序保障的同时，更加注重人文关怀和文化精神，以城市居民为主体，强调居民体验，实现居民满意幸福，获得终极的城市生活之"美"。

3. 探索数据管理协调机制

分享是大数据的要义。要破解信息碎片化难题，推动城市范围内相关部门、行业、群体、系统之间的数据融合、信息共享、业务协同和智能服务，强有力的统筹协调机制是必要条件。探索建立大数据局、大数据管理局等统筹机制，对政府数据进行统筹，并将大数据、智慧城市等信息化工作有机结合、统一部署，推进城市管理数字化、基础设施智能化、公共服务便捷化、社会治理信息化。

（四）以生态城市为切入路径，深入推进绿城融合，增强"五化同步"保障力

1. 以"心"育生态，涵养城镇绿色文化

坚持以人为核心，加强群众生态伦理教育，培育绿色发展理念。宣传推广低碳居家、绿色出行、适度消费等健康文明生活方式，倡导生活绿色化，养成与社会经济发展和个人收入相适应的理性消费习惯。提高践行生态文明、共同建设美丽湖南的自觉性。

2. 以"优"保生态，发展城镇绿色经济

优化产业结构，发展低能耗、低污染、高效益"两低一高"产业，通过新型工业化来促进与城镇化、农业现代化、绿色化的良性互动，推动城镇产业绿色化发展。优化生产方式，倡导可持续的生产方式，采用高新生产技术，建立循环的、可持续的发展方式，实现资源、能源和废弃物的合理有效利用，以优化、促进城镇绿色化生产。发展绿色生态经济，高效循环利用资源，严格保护生态环境，实现绿色经济和绿色社会与生态建设相协调。

3. 以"制"治生态，健全城镇绿色制度机制

落实新型城镇化进程中各项生态文明建设的具体政策措施，实行最严格的生态环境保护和环境监管制度。建立健全各项体制机制，从体制机制层面保障生态城市文明建设。建立健全城镇化建设规划机制、官员政绩绿色 GDP 考评机制、责任追究机制、资源有偿使用机制、产业绿色化机制、生态环境补偿机制、公众参与机制和绿色消费责任机制等，引导和规范政府行为、企业生产、公众参与。

（五）以农民工市民化为切入路径，深入推进人城融合，增强"五化同步"导向力

1. 优先满足创业就业之需，让农民工留得住

秉持"以人为本"的核心理念，突出群众主体地位，始终把促进农民就业增收作为民生之本，优先解决农民工市民化过程中群众最关心、最迫切的现实问题。加强农村劳动力转移就业技能培训、失业人员再就业技能培训、新成长劳动力技能储备培训、创业促进就业培训、企业职工技能提升培训

等，提升农民技能和素质，提高农民工创业就业能力。大力发展就业容量大的劳动密集型产业、服务业和小微型企业，增加农民工就业机会。

2. 优先解决安身之所，让农民工住得起

尽快出台省级层面"人房挂钩""人地挂钩""人钱挂钩"新政策，强化政府责任，千方百计降低农民工进入城镇的住房门槛。将农民工住房问题与城镇居民住房问题一并纳入当地经济社会发展规划和住房建设规划，支持农民工通过租、购、集体宿舍等多种方式解决住房问题；进一步完善激励政策，支持城中村、城郊村等组织利用农村集体建设用地建设农民公寓；建立和完善保障性住房体系，逐步将符合条件的农民工纳入覆盖范围，完善覆盖农民工的住房公积金制度，大规模推进公共租赁住房、廉租住房、经济适用住房等保障性住房建设，真正让农民工"居者有其屋"。

3. 优先安排生活之便，让农民工过得好

把加强社会保障作为安稳之计。做好农业转移人口就业、养老、医疗等社会保障与城镇居民社会保障的有机对接，建立健全全覆盖、均等化、可持续的基本公共服务体系和社会保障制度，让农民工在共建共享中有更多获得感。逐步实现农民工子女学前教育同市民同等待遇，将农民工随迁子女学前教育纳入输入地城镇学前教育发展规划；将农民工随迁子女接受义务教育纳入各地教育发展规划中予以统筹安排。创造条件允许农民工子女异地参加中考、高考。最终实现"员工融入企业，子女融入学校，家庭融入社区，农民工融入城市"。

参考文献

［1］朱传一．美国小城镇诺伍德的社区发展［J］．中国人口资源与环境，1994，2：79－82．

［2］张智乾．国外城镇化模式对比及对我国的启示［J］．中国财政，2014（8）：71－72．

［3］周彦珍，李杨．英国、法国、德国城镇化发展模式［J］．世界农业，2013（12）：122－126．

［4］李洪涛．新型城镇化进程中的小城镇规划建设管理研究：以潜江市为例［D］．武汉：华中师范大学，2014．

［5］欧阳世芳．19世纪下半叶至20世纪初美国城市化历史分析及启示［D］．湘潭：湘潭大学，2008．

［6］纪晓岚．英国城市化历史过程分析与启示［J］．华东理工大学学报（社会科学版），2004（2）：97－101．

［7］舒慧琴，石小法．东京都市圈轨道交通系统对城市空间结构发展的影响［J］．国际城市规划，2008，23（3）：105－109．

［8］张晓兰．东京和纽约都市圈演化机制与发展模式分析［D］．长春：吉林大学，2010．

［9］胡娜．东京大都市圈形成过程地理分析［D］．长春：东北师范大学，2006．

［10］郑振源．新型城镇化与土地制度改革［J］．科学发展，2014（3）：26－29．

［11］顾朝林，袁家冬，杜国庆．全球化与日本城市化的新动向［J］．国际城市规划，2007，22（1）：1－4．

［12］卢明华，李国平，孙铁山．东京大都市圈内各核心城市的职能分工及启示研究［J］．地理科学，2003，23（2）：150－156．

［13］杨风，陶斯文．中国城镇化发展的历程、特点与趋势［J］．兰州学刊，2010（6）：75－78.

［14］张占斌．我国新发展阶段的城镇化建设［J］．经济研究参考，2013（1）：3－13.

［15］陈琼，施劲松，代胜．新型城镇化下咸宁市园林发展一体化思路［J］．中国园艺文摘，2011，27（9）：108－109.

［16］张承．城市开发区产业集聚发展策略研究［D］．苏州：苏州科技大学，2011.

［17］李景欣．中国高新技术产业园区产业集聚发展研究［D］．武汉：武汉大学，2011.

［18］周慧玲．以新型城镇化为引领助推中原农业现代化［J］．农业经济，2013（10）：50－52.

［19］吴志强，吕菱，青星静．崇明智慧生态岛规划与建构［J］．上海城市规划，2013（2）：15－18.

［20］郑振源．新型城镇化与土地制度改革［J］．科学发展，2014（3）：26－29.

［21］陈柳钦．产业发展的集群化、融合化和生态化分析［J］．华北电力大学学报，2006（1）：16－22.

［22］谢丽威．我国当前阶段城镇化与生态文明融合发展问题探析［J］．四川行政学院学报，2014（2）：68－70.

［23］刘宇．PPP项目再融资最优资本结构研究［D］．天津：天津大学，2013.

［24］邹佳佳．智慧城市建设的途径与方法研究［D］．杭州：浙江师范大学，2013.

［25］刘守英．中国土地制度改革的方向与途径［J］．上海国土资源，2014，35（1）：1－8.

［26］中国金融40人论坛课题组．土地制度改革与新型城镇化［J］．金融研究，2013（5）：114－125.

［27］王学斌，孟颖．仁川松岛：数字化智能新城［J］．城市，2007（5）：48－49.

［28］ 云朋．未来智慧生态城市探索：韩国仁川自由经济区研究［J］．北京规划建设，2014（1）：47－53．

［29］ 屠锐．走访未来的"共生城市"：瑞典斯德哥尔摩皇家海港生态城［J］．公关世界，2014（8）：42－43．

［30］ 张莉．尔湾：解读美国后大都市时代城市发展［J］．国际城市规划，2012，27（3）：80－84．

［31］ 林明文．长沙梅溪湖国际新城开发建设研究与对策［D］．湘潭：湘潭大学，2013．

［32］ 向群，董海文，陈豪．梅溪湖新城：正在崛起的绿色生态城［J］．建设科技，2013（24）：61－63．

［33］ 陈豪，梁天若．长沙梅溪湖新城国家绿色生态示范城区能源规划及实施［J］．北京规划建设，2013（6）：17－20．

［34］ 王刚，王勇．长沙梅溪湖新城生态城市低碳策略研究［J］．建筑学报，2013（6）：113－115．

［35］ 刘少才．巴黎新区：拉德芳斯［J］．城市开发，2012（9）：84－86．

［36］ 盛来运．大国城镇化：新实践新探索［M］．北京：中国统计出版社，2014．

［37］ 吴志强，李德华．城市规划原理：第4版［M］．北京：中国建筑工业出版社，2009．

［38］ 于晓滨，裴东慧．世界城镇化发展历程及趋势［J］．时代金融，2013（12）．

［39］ 张扬扬．新型城镇化：内涵、制约因素及对策［J］．中南财经政法大学研究生学报，2013（2）．

［40］ 刘培林．世界城市化和城市发展的若干新趋势新理念［J］．理论学刊，2012（12）：54－57．

［41］ 李芬，鄯涛，史敬华，等．新型城镇化进程中低碳生态城市实践探索［J］．北京规划建设，2014（2）：55－59．

［42］ 中国人口与发展研究中心课题组．中国人口城镇化战略研究［J］．人口研究，2012（3）：3－13．

［43］ 王静．城镇化中土地制度改革的未来走向：中国近10年研究成果综述［J］．

甘肃行政学院学报，2013（4）：102－124.

［44］万鹏龙. 中国集约型城镇化研究［D］. 成都：西南财经大学，2007.

［45］李光辉. 我国产城融合发展路径研究［D］. 合肥：安徽大学，2014.

［46］刘畅，李新阳，杭小强. 城市新区产城融合发展模式与实施路径［J］. 城市规划学刊，2012（S1）.

［47］龚培兴，冯志峰. 探索生态城镇建设的新路［J］. 中国发展观察，2013（11）：22－25.

［48］王燕. 政府投资项目建设市场化改革及其绩效研究［D］. 长沙：中南大学，2012.

［49］李慧. 中国实现新型城镇化的路径研究［D］. 长春：吉林大学，2014.

［50］付敏英. 天津市城镇化融资决策研究［D］. 天津：天津大学，2011.

［51］许兰，王大成. 长阳模式的变迁：从投融资规划到智慧新城［J］. 中国信息界，2013（1）：94－99.

［52］霍照伟. 小城镇建设投融资体制改革问题研究［D］. 泰安：山东农业大学，2009.

［53］张超，陈民. 用投融资规划方法指导新城建设［J］. 中国投资，2007（7）：110－113.

［54］彭继东. 国内外智慧城市建设模式研究［D］. 长春：吉林大学，2012.

［55］韩天瑛. 智慧城市建设及运营模式研究［D］. 北京：北京邮电大学，2013.

［56］肖应旭. 面向智慧城市的信息服务体系构建与运行模式研究［D］. 长春：吉林大学，2012.

［57］倪铭娅，王颖春，徐文擎. 土地城镇化难持续，人口城镇化待提速［N］. 中国证券报，2012－12－06.

［58］国土资源部规划司办公厅. 活用腾挪之手，巧解用地之困：《国土资源部关于推进土地集约利用的指导意见》解读之三［N］. 中国国土资源报，2014－10－20.

［59］许英. 论我国农村土地产权制度的完善：兼论土地征收制度改革之困境与突破［J］. 天津商业大学学报，2011，31（4）：41－45.

［60］贺雪峰. 地权的逻辑［M］. 北京：东方出版社，2013.

[61] 樊千，邱晖．我国产业结构演进与城镇化互动发展研究 [J].商业经济，2013（21）：19－20.

[62] 祁林德．浅析如何促进城镇化进程中的产业结构调整 [J].中国商贸，2013（19）：171－172.

[63] 彭雪辉．城市化率及其与经济发展水平关系研究：以日本和美国为例 [D].上海：同济大学，2005.

[64] 张占斌，张青，赵小平．城镇化发展的产业支撑 [M].石家庄：河北人民出版社，2013.

[65] 黄渤，杨爽．通过产业转型升级加快推进新型城镇化建设 [J].经济纵横，2014（1）：44－47.

[66] 宋洪远，赵海．我国同步推进工业化、城镇化和农业现代化面临的挑战与选择 [J].经济社会体制比较，2012（2）：135－143.

[67] 赵冰琴．以产业集群式发展助推城镇化进程 [J].石家庄经济学院学报，2011，34（6）：47－50.

[68] 李伟，陈民，彭松．政企合作：新型城镇化模式的本质 [M].北京：社会科学文献出版社，2013.

[69] 吴文军．农业产业领域的投资与公私合作：以中国农业产业发展基金的运作实践为视角（上）[N].中国财经报，2014－2－13.

[70] 吕炜．中国新一轮财税体制改革 [M].大连：东北财经大学出版社，2014.

[71] 鹏元资信评估有限公司．我国城镇化过程中地方政府融资研究 [M].北京：中国经济出版社，2014.

[72] 魏加宁．地方政府债务风险化解与新型城市化融资 [M].北京：机械工业出版社，2014.

[73] 李自海．我国多重视角下的城乡差距 [J].农村经济与科技，2014（2）：128－130.

[74] 陈锡文．我国城镇化进程中的“三农”问题 [J].国家行政学院学报，2012（6）：4－11.

[75] 钱易，吴良铺，等．中国特色新型城镇化发展战略研究：第3卷 [M].北京：中国建筑工业出版社，2013.

[76] 习近平. 不要搞奇奇怪怪的建筑 [N]. 人民日报，2014 – 10 – 16.

[77] 沈开举. 进一步加快我国土地税费制度改革 [M]. 北京：法律出版社，2014.

[78] 洪慧民. 进一步加快我国土地税费制度改革 [J]. 经济界，2014 (2).

[79] 李二超，韩洁. "四化"同步发展的内在机理、战略途径与制度创新 [J]. 改革，2013 (7)：152 – 159.

[80] 郁世怡. 上海市信息化与工业化融合推进策略研究 [D]. 上海：上海交通大学，2013.

[81] 张厚明. 韩国推进城乡发展一体化的启示 [N]. 中国高新技术导报，2014 – 06 – 25.

[82] 潘斌，陆嘉. 上海郊区新城"产城融合"的策略研究 [C] //中国科协年会：产城互动与规划统筹研讨会论文集，2013.

[83] 锥海潮，苗长虹，李国梁. 不同区域尺度产业转移实证研究及相关论争综述 [J]. 人文地理，2014 (1)：1 – 8.

[84] 李平. 论产业发展生态化 [J]. 玉溪师范学院学报，2008，24 (2)：58 – 61.

[85] 马云霄. 松花江开启生态回归路 [N]. 黑龙江日报，2014 – 4 – 9.

[86] 李晓鹏等. 地方政府投融资模式研究 [M]. 北京：机械工业出版社，2014.

[87] 连季婷，王雅莉. 中国新型城镇化应走多元化发展模式 [J]. 中国管理信息化，2014 (4)：122 – 123.

[88] 周干峙，邹德慈，等. 中国特色新型城镇化发展战略研究：第1卷 [M]. 北京：中国建筑工业出版社，2013.

[89] 辛同升. 新型城镇化实践与探索 [M]. 北京：中国建筑出版社，2015.

[90] 陈学明，王喜梅. 城乡一体化视角下新型城镇化改革研究 [M]. 成都：西南交通大学出版社，2015.

[91] 新玉言. 新型城镇化模式分析与实践路径 [M]. 北京：国家行政学院出版社，2013.

[92] 新玉言. 新型城镇化理论发展与前景透析 [M]. 北京：国家行政学院

出版社，2013.

[93] 新玉言. 国外城镇化比较研究与经验启示 [M]. 北京：国家行政学院出版社，2013.

[94] 李振中. 问道新型城镇化 [M]. 北京：北京师范大学出版社，2015.

[95] 上海同砚建筑规划设计有限公司. 新型城镇化思考 [M]. 上海：同济大学出版社，2015.

[96] 吴殿廷，杨春志，等. 中国新型城镇化战略及其推进战略 [M]. 南京：东南大学出版社，2014.

[97] 辛岭，胡志全，崔奇峰. 农业现代化与新型城镇化研究 [M]. 北京：中国农业科技大学出版社，2016.

[98] 李超，万海远. 新型城镇化与人口迁移 [M]. 广州：广东经济出版社，2014.

[99] 张平，等. 中国新型城镇化道路与人的城镇化政策选择 [M]. 广州：广东经济出版社，2015.

[100] 王千，赵俊俊. 城镇化理论的演进及新型城镇化的内涵 [J]. 洛阳师范学院学报，2013，32 (6)：98 – 101.

[101] 高宏伟，张艺术. 城镇化理论溯源及我国新型城镇化的本质 [J]. 当代经济研究，2015 (5)：61 – 66.

[102] 程茜. 近五年来我国新型城镇化理论研究综述 [J]. 漯河职业技术学院学报，2016，15 (6)：63 – 67.

[103] 方喜. 基于经济学"人的发展"城镇化理论与实践 [D]. 成都：西南财经大学，2014.

[104] 杨柳. 中国城镇化：理论总结与研究趋势 [J]. 中国管理信息化，2015，18 (2)：210 – 212.

[105] 李一凡. 中国特色城镇化理论与实践的历史考察 [D]. 北京：中国青年政治学院，2015.

[106] 张占仓. 中国新型城镇化的理论困惑与创新方向 [J]. 管理学刊，2014，27 (1)：27 – 33.

[107] 郭美清. 中国新型城镇化理论研究 [D]. 漳州：闽南师范大学，2015.

［108］李斌，毛鹏飞．走向更具包容性发展的新型城镇化理论［J］．湖南师范大学社会科学学报，2016，45（6）：26－36．

［109］王玲玲，张艳国．"绿色发展"内涵探微［J］．社会主义研究，2012（5）：143－146．

［110］李光亚，张敬谊，童庆．大数据在智慧城市中的应用［J］．微型电脑应用，2014（12）：1－4．

［111］田文富．马克思城市观视野下"多维融合"绿色人本城镇化发展模式研究［J］．淮阴师范学院学报，2015（3）：288－290．

［112］田文富．新型城镇化的人本绿色取向和"产城人"融合发展模式探索［J］．中共郑州市委党校学报，2015（2）：81－84．

［113］谢鑫鑫．新型城镇化的人本诉求［J］．中共山西省直机关党校学报，2015（6）：40－42．

后　记

提笔写此后记时，文稿墨香犹存。

著书是一项繁巨的工作，但苦中有乐。历时三年不断修正、反思，《新型城镇化道路理论与实证研究》终于得以问世。本书是本人专著《新型工业化道路理论与实证研究》的姊妹篇。饮水思源，掩卷思量，在对新型城镇化的研究探索中，深感"学无止境"与"力有不逮"，如果没有各位专家学者、学校领导、业内同行和同事的群策群力，本书不可能顺利付梓。在此，感谢湖南省直机关党校校委的精心指导，感谢湖南省直机关党校科研处、教研室等部门同事们的热情关心，感谢科学技术文献出版社的大力支持。

发展新型城镇化道路是项大战略，对新型城镇化的研究是大课题、大文章，其路遥遥，要研究透、写出彩，确非易事。因此，本书在内容表述、问题研究及数据选用方面，难免存在遗漏和不足之处，恳请广大读者不吝赐教、批评指正，希望将来有机会进一步完善它。笔者希望本书能起到抛砖引玉的作用，引起读者对中国新型城镇化建设的关注和思考，群策群力，为新型城镇化建设建言献策，为新型城镇化建设贡献绵薄之力，这便是本书的写作目的。我将继续致力于新型城镇化系列问题研究！

在本书写作的过程中，作者参考了许多著作、论文，吸纳了不少专家、学者的观点，引用了大量实例和数据，由于篇幅有限，不能一一列出，在此，谨向有关作者致以诚挚的谢意。

行文之中，专业重于文笔，内容难免有些许枯燥晦涩，特向读者致歉！

作者

2017 年 9 月于长沙